中国城镇住房保障制度设计研究

郭玉坤　著

中国农业出版社

本书由以下基金提供资助

西南民族大学博士创新基金

西南民族大学中央高校基本科研业务费专项资金（09SZYZJ11）

前　言

随着我国城镇住房制度改革的不断深入，市场机制在住房资源配置方面发挥着越来越重要的基础性作用。但是，在市场机制条件下，中低收入家庭在住房方面往往表现为支付能力不足，仅靠其自身的力量难以解决基本居住问题。特别是近几年城镇住房价格快速上涨，使得住房价格已远远超出了中低收入家庭正常的经济承受能力，要解决这部分家庭的居住问题，政府必须建立和实施住房保障制度。

自1998年实行住房分配货币化改革以来，为改善居民的居住条件，特别是解决中低收入家庭的居住条件，我国政府采取了一系列政策措施。目前，经济适用房、廉租房和住房公积金政策共同构成了我国城镇住房保障体系的主要内容，这三项政策在解决中低收入家庭住房问题上发挥了一定的作用。但这些政策在实施过程中均出现了这样或那样的问题，使得现有住房保障制度的实施效果难以令人满意。这要求我们对现行城镇住房保障制度进行全方位的思考，根据我国城镇社会经济和住房发展的实际情况，构建一个更为科学、合理、高效、公平的城镇住房保障制度，以更好地解决城镇中低收入居民的住房问题，促进和谐社会的建立。

目前，城镇居民的住房保障问题引起了学术界的广泛关注，但研究成果大多研究如何完善现有住房保障政策，而对城镇住房保障制度进行深入系统研究，探索全新住房保障模式的成果较少。

本书运用规范分析和实证分析相结合的方法，对我国城镇住房保障制度的设计和实施进行了系统性研究。

本书的研究目标是：通过研究国内外住房保障理论研究最新成果，对不同住房保障方式进行经济效应比较分析，借鉴发达国家或地区住房保障政策和运行机制方面的成功经验，结合我国住房保障制度的变迁，构建适合我国国情的城镇住房保障的动态发展模式，以尽量满足住房困难的城镇中低收入家庭对住房的需求。从理论和实践两方面为我国各级城镇住房保障制度的建立和政策完善提供科学的决策依据。

本书主要包括以下内容：

1. 构建住房保障制度设计的理论基础。指出我国城镇住房保障制度的构建应以住房的商品性和福利性理论、共同富裕理论、社会保障理论、垂直公平和水平公平理论、住房过滤理论以及住房梯度消费理论等理论为指导。

2. 各类住房保障措施的经济效应分析和国际经验借鉴。指出住房需求补贴方式比住房供给补贴方式更有效率，更能满足中低收入居民的住房需求。随着社会经济发展、住房供求关系的改善和居民住房情况的变化，发达国家或地区的住房保障制度不断地进行调整和完善，其发展演变趋势为：直接干预向间接干预转变、购房补贴向房租补贴转变、住房保障水平不断提高、多种保障方式并行等。

3. 我国现行住房保障制度运行效果的具体分析。

4. 城镇住房保障制度创新个案分析。本书对近几年各地出现的住房保障创新政策（如宁波市的“限价商品房”政策、日照市的经济适用房“货币直补”政策、扬州市的“解困定销房”政策等）进行分析，得出这些政策大多是现有政策的翻版，依然难以摆脱现有政策的固有局限。

5. 明确界定城镇住房保障制度设计的目标和原则。城镇住房保障制度设计的目标是：建立健全城镇住房保障制度，通过各种有效的途径和方式，解决城镇中低收入家庭的居住问题，分层次地逐步实现“居者有其屋”，最大程度地满足居民的居住需要。

构建城镇住房保障制度应坚持政治可行性原则、行政可行性原则、经济可行性原则、保障水平刚性原则、适度保障和水平协调原则、市场主导原则、社会公平原则、原则性与灵活性相结合原则以及动态调整原则等。

6. 我国城镇住房保障制度方案的设计。方案包括住房保障对象的识别、保障水平的确定以及保障方式的选择。通过国际经验的借鉴，结合我国的实际情况，本书主要依据住房消费收入比、房价收入比等指标，采用统计分组法与倒推法相结合的方法来识别住房保障对象，得出城镇住房保障制度的保障对象涵盖城镇居民中的最低收入户、低收入户和中等偏下收入户，住房保障程度为40%。

为使住房保障制度更加简洁、更易于实际操作，在制定城镇住房保障制度的住房面积标准时，本书选择按人均住房面积确定住房困难标准。结合我国住房发展实际情况和相关政策的规定，本书确定了我国城镇住房保障制度的最低面积标准为人均住房使用面积10平方米。按照分步实施的战略，确定了住房补贴的面积标准，并给出了住房保障面积标准的4个方案。

本书提出在我国新型城镇住房保障制度设计中，住房保障方式应以“人头”补贴为主，具体可细分为购房补贴和租金补贴。

7. 建立城镇住房保障制度的实施模型。住房保障制度的实施可分为六步走：第一步，划分城镇居民家庭收入水平线（七分法）；第二步，识别住房保障对象；第三步，确定住房保障面积标准；第四步，确定住房保障方式；第五步，计算、发放住房补贴；第六步，评估住房保障制度的实施效果。

最后，提出了我国城镇住房保障制度的管理运行机制和城镇住房保障制度实施的有关政策建议。

本书包含以下创新之处：

第一，构建了城镇住房保障制度的总体理论分析框架。①根据居民的住房支付能力指标确定住房保障对象；②根据居民实际生活需要和社会经济发展状况确定保障型住房的面积标准；③计算住房补贴的具体数额。

第二，提出建立住房保障制度应坚持“公平优先，兼顾效率”的原则。市场经济的原则是“效率优先，兼顾公平”，作为国民收入的二次分配，住房保障应坚持“公平优先，兼顾效率”的原则。

第三，提出用租房补贴代替廉租房、用购房补贴替代经济适用房，将租房补贴和购房补贴有机结合，建立住房补贴的“反向递减”补贴机制，并提出了具体的实施方案。

第四，指出就全国城镇平均水平而言，按收入七分法，住房保障对象包括最低收入者（10%）、低收入者（10%）和中等偏下收入者（20%）。其中，最低收入者和低收入者以房租补贴方式解决住房问题，中等偏下收入者可在购房补贴和租房补贴中自由选择。

第五，建立了住房补贴额计算模型。按住房补贴对象有无收入、原先有无住房四种情况，分别建立住房补贴额计算模型。

第六，建立了我国城镇住房保障制度的实施模型。该模型具有普遍适用性，各地可依照此模型设计出适合本地实际的住房保障制度。

目　录

第一章 总 论

第一节 研究背景

住房保障制度是为中低收入居民提供满足其基本生活所需住房的若干制度安排，是政府寻求解决中低收入居民住房问题、满足其基本居住需要的一种努力，同时发挥调控房地产市场、调节收入分配的作用。国务院总理温家宝在十一届全国人大一次会议上作政府工作报告时说，要抓紧建立住房保障体系，要坚定不移地推进住房改革和建设，让人民群众安居乐业。

政府既要关注住房的总体供应量，又要确保各个社会阶层都能在合理的价格水平下享受到适当的住房及居住环境，实现“人人享有住房”的社会发展目标。即政府不仅要注重住房的数量和质量，而且要注重住房的公平分配，保障中低收入阶层的住房需求。

一、社会背景

住房是人类生存的基本条件，人人需要住房，但住房又属于高价值商品。在任何一个国家或地区，除了高收入和部分中等收入家庭外，大部分中低收入家庭需要借助政府的帮助，才能解决住房问题或改善其居住条件。从另一个方面看，保障居民的生存权，也是任何一个国家或地区政府的义务和责任，政府有义务和责任去解决中低收入家庭的住房问题。因此，无论在经济发达国家还是在发展中国家，住房问题都不仅仅是一个经济问题，而且是一个重要的社会问题和政治问题。

我国城镇居民的住房问题，是继解决十三亿人口“温饱”问题之后出现的又一重大经济社会问题。在“温饱”问题尚未解决之前，住房问题被“温饱”问题所掩盖。当“温饱”问题解决之后，住房问题就显得特别突出了。

在温饱问题已基本解决的当今中国，拥有一套属于自己的住房，是每个家庭的梦想和奋斗目标。而如何解决居民的住房问题，实现“居者有其屋”，则是当今我国政府面临的首要任务之一。

我国自 20 世纪 80 年代经济体制改革以来，特别是政府在住房领域实施的一系列改革措施，如鼓励住房私有化、住房分配货币化、大力发展房地产市场等，大大改善了城镇居民的居住条件，城市人均住房建筑面积从 1978 年的 6.7 平方米提高到 2008 年的 28 平方米。但是，全国城市低收入家庭中至少有 988 万户人均居住面积还不足 10 平方米。“应保尽保”的目标与实际保障到位差距较大，社会保障压力巨大。

因此，改善居民的居住条件、解决中低收入家庭的住房问题，仍是我国政府所面临的首要任务之一。

实行住房制度改革以来，为了改善居民的居住条件，特别是解决中低收入家庭的居住问题，我国政府也采取了一系列政策，如安居工程的实施、经济适用房的建设、住房公积金制度的推广等，但效果不甚明显。因此，如何借鉴发达国家在解决中低收入家庭住房问题方面的经验，设计适合我国社会经济发展现状的城镇住房保障制度，已经成为我国政府的当务之急。

二、经济背景

本书研究的经济背景分为三个方面：一是宏观经济背景，二是住宅业的行业发展背景，三是居民收入背景。

（一）宏观经济背景

我国经济自 20 世纪 80 年代以来保持了较高的增长速度，有些年份甚至出现了两位数的增长，但这种过快的增长速度所带来的弊病也较为明显，其中最重要的是较高通胀的出现。在物价上升到一定幅度后，政府必然采取强制性的手段对经济进行宏观调控，包括住宅建设在内的大量建设项目必将纷纷“下马”，这样既会造成社会财富的浪费，又会使经济的发展速度大起大落，加重经济发展的波动性。因此，在今后相当长的一段时间内，政府将会继续采取适度从紧的财政和货币政策，以保持宏观经济有一个稳定、持续的发展速度（见表 1－1）。

表 1－1　2001—2050 年中国经济增长预测

年　份	GDP 增长率（%）	期末 GDP 总量（亿元）	期末人均 GDP（亿元）	产业结构变化（一、二、三产业结构比重）
2001—2010	8.6	200 000	14 000	14∶52∶34
2011—2030	6.0	620 000	40 000	9∶48∶43
2031—2050	4～6	1 530 000	100 000	6∶42∶52

引自：姚玲珍．中国公共住房政策模式研究．上海财经大学出版社，2003 年，第 38 页。

从近期来看，“十一五”计划期间，我国经济每年仍将会保持 8%～8.5%的增长速度[①]。随着经济的较快发展，人均 GDP 将会大幅度上升，产业结构也将朝着有利于住宅市场完善的方向发展，这对国家财力的增加、居民购买力的提高都是有利的。

（二）行业发展背景

我国房地产业经过二十多年特别是近几年的快速发展，已成为国民经济新的增长点、支柱产业和启动内需的消费热点，对拉动国民经济增长，保持国民经济持续、健康、快速发展起到了重要作用。我国正处于城市化加快发展的时期，住宅产业发展前景

① http：//gb. chinabroadcast. cn/1321/2005/08/22。

十分乐观。

从住宅水平和住宅需求的关系看，世界各国的经验表明，在人均 GDP 超过 1 000 美元、住房面积达到 30～35 平方米之前，会保持较旺盛的住房需求。2007 年中国城镇居民为 5.94 亿人，人均住房建筑面积为 27 平方米。因此，我国 2020 年前正处在这个发展阶段，住房水平将呈现持续发展态势。

根据建设部政策研究中心公布的《2020 年中国居民居住目标预测研究报告》，预测 2020 年小康之家的住房，人均住房建筑面积不低于 35 平方米，每套住宅平均面积达到 120 平方米。而 2020 年我国城镇居民数量将达到 8 亿～8.5 亿人，在此我们按最低限 8 亿人计算。在 2003—2020 年间共需要新增住宅建筑面积为 156 亿平方米，相当于 2003 年城镇住宅建筑总面积的 1.26 倍。按 2000 年商品房平均每平方米造价 1 139 元（见 2001 年《中国统计年鉴》）计算，2003—2020 年商品房建设投资总额将达到 177 684 亿元（见表 1-2）。

表 1-2　2003—2020 年城镇住宅投资需求预测

类　　别	单位	按国家规划
2003 年城镇人均建筑面积	平方米	23.7
2020 年城镇人均建筑面积	平方米	35
2020 年比 2003 年人均增加建筑面积	平方米	11.3
全国城镇居民住宅建筑面积总增加额	亿平方米	156
2004—2020 年城镇住宅投资总需求	亿元	177 684

在房地产业飞速发展，为居民提供越来越多、越来越好的住房的同时，房地产业发展中的一些不良现象也日益明显：

（1）房地产供求结构失衡，有效供给不足。现阶段，我国房地产市场特别是住宅市场呈供不应求状态，开发商在高额利润驱动下，大量开发建设中高价位、大户型的商品住宅，造成一些城市高档住宅空置量迅速加大，而中低价位商品住宅供应严重不足。中高价位商品住宅供应比例过大，一方面严重脱离了广大城镇居民的购房支付能力，造成供需结构失衡；另一方面，也在相当程度上拉高了商品房平均价格，进一步刺激开发商投资兴建高档住宅，加剧市场供需关系的脱节。

（2）商品房价格过高。近几年，我国房价持续快速上涨。同时，这一涨势已呈蔓延态势，由北京、上海、浙江、江苏等东部沿海地区向中、西部地区扩展。目前，我国商品房价格远远超出了城镇居民支付能力，可以说过高的房价已成为社会矛盾的焦点。过高的房价将成为城市居民难以承受的负担，国家必须采取措施对高房价进行调控，使房价进入可接受的区间。

如果按城镇居民不同收入层次计算，只有中等收入以上者的房价收入比在通行的标准范围内，而其他等级的收入户只能望房兴叹。对于这些地区或这些阶层的居民家庭来说，没有政府的帮助，他们没有能力通过市场解决自身的居住问题，这就需要政府通过住房保障政策提供帮助。

（3）商品房租售价格不合理。通常来说，居民解决住房问题主要通过两种途径：一是购房，二是租房。如果住房市场是自由竞争市场，消费者可以在租房与购房间自由选择，那么住房租售价格比应该有一个比较稳定的区间。在这个比例上，消费者不论租房还是购房，一定住房支出所获得的效用都是一样的。按国际上的一般惯例，当住房月租金与房价的比例为1∶100，年租金与房价的比例为1∶8时，买房和租房对于消费者来说具有同等效用。来自中国指数研究院的数据显示，2009年1—10月北京地区房屋租售比达到1∶434，上海地区达1∶418，深圳、杭州均突破1∶360，远高于国际通行标准的1∶200到1∶300之间。

另一方面，从理论上讲，房价与租金的走势应是同向的，即房价上涨的同时租金也应同步上涨。但现实的房地产市场却并非如此。目前，房价升幅远快于租金上升，甚至在局部地区已经出现了房价与租金的背离走势，即房价上涨而租金却不涨反跌。

房价过高、租金过低，一方面造成房价虚高，使得中低收入居民买不起住房；另一方面住房租赁市场难以得到发展，而解决低收入居民住房问题主要还是要依靠住房租赁市场。

一个成熟健康的房地产市场，应该是在保证市场配置住房资源的基础性作用充分发挥的前提下，政府运用行政干预手段，实现住房资源的二次分配，确保城市中低收入家庭实现最基本的住房需求。

当前，我国城镇通过以实现住房商品化、社会化为导向的住房制度改革，确立了市场配置住房资源的基础性作用，住房市场逐步健全成熟。但是，由于存在以上三方面的不足，尤其是2003 年下半年以来住房价格的不断持续上扬，使得我国城镇部分中低收入家庭难以通过市场解决居住问题。因此，迫切需要政府适时运用“有形之手”，弥补市场机制的失灵，实现住房资源的“公平”分配，促进我国城镇房地产市场持续健康发展。

(三) 居民收入背景

经济的快速、稳定增长是城乡居民收入提高的基础。根据对“六五”至“九五”期间居民收入增长和经济增长关系的分析，经济每增长 1 个百分点，大体上能带动城镇居民收入增长 0.65 个百分点、农民收入增长 0.55 个百分点。据此，以“十一五”时期经济年均增长 8%计算，城镇居民收入大体上年均增长 5.2%左右，农民收入年均增长 4.4%左右。因此，“十一五”期间，中国居民的收入将进入新一轮增长期。

收入的增长将会带动居民消费结构的变化。同时，21 世纪初也是我国经济结构剧烈变化的时期，工业化、城市化、市场化和国际化等经济结构的变动和消费体制改革的深化，也将对我国居民的消费结构产生深远的影响。在解决温饱之后，我国居民的消费结构将进一步向高级化方向发展，与交通、通讯、教育一起，城镇住宅将成为城镇居民消费的热点。因此，政府也将住宅消费作为一个新的消费热点来培育，希望借此既解决居民的住房问题，又推动中国经济的持续、稳定发展。

但另一方面，我们也必须正视以下两个问题：一是房价与收入的关系问题，二是居民收入的差距问题。对于房价与收入的关系，根据世界银行的研究，发达国家的收入房价比一般在1∶1.8～1∶5.5之间，发展中国家的收入房价比一般在1∶4～1∶6之间①，收入房价比一般在1∶3～1∶6②之间比较合适。但在我国，这一数据大大超过了这个范围。如果一个城镇家庭的人口规模按3人计算，一套商品住宅的建筑面积按70平方米计，则1991年以来家庭年收入与房价的比例大致在1∶6左右（具体见表1-3）。如果家庭年收入按平均就业人数2人计算，则家庭收入与房价之比在1∶8以上。当然，这还只是一个全国平均数，无论是人均收入还是住房售价，在各地相差都较大，这一比例在个别地区以及对个别收入阶层来说已经超过了1∶20。对于这些地区或这些阶层的居民家庭来说，没有政府的帮助，他们根本就没有能力通过市场来解决自身的居住问题，这就需要政府通过住房保障政策提供帮助。

表1-3 1998—2008年我国商品住宅售价与城镇居民家庭年收入之比

年 份	商品住宅平均销售单价（元/平方米）	70平方米商品住宅总价（元）	城镇居民家庭人均可支配收入（元）	3人家庭年收入（元）	收入房价比
1998	1 854	129 780	5 425.1	16 275.3	1∶8
1999	1 857	129 990	5 854	17 562	1∶7
2000	1 948	136 360	6 280	18 840	1∶7
2001	2 017	141 190	6 859.6	20 578.8	1∶7

① 申银万国研究所．申银万国产业报告系列——“十五”期间中国产业发展（内部报告），第47页。

② 指中等水平的居民家庭年收入与一套中等水平（即平均面积、中等地段、中等价位）住宅的市场价格的比例。

（续）

年　份	商品住宅平均销售单价（元/平方米）	70平方米商品住宅总价（元）	城镇居民家庭人均可支配收入（元）	3人家庭年收入（元）	收入房价比
2002	2 098	146 860	7 702.8	23 108.4	1∶6
2003	2 217	155 190	8 472.2	25 416.6	1∶6
2004	2 434	170 380	9 421.6	28 264.8	1∶6
2005	2 634	184 380	10 493	31 479	1∶6
2006	2 789	195 230	11 759.45	35 278.35	1∶5
2007	3 029	212 030	13 785.8	41 357.4	1∶5
2008	3 259	228 130	15 780.8	47 342.4	1∶5

资料来源：根据历年《中国统计年鉴》的有关数据计算。

在居民收入大幅度提高的同时，我们必须面对的另一个问题是居民收入差距不断扩大，并形成了高、中、低不同阶层的收入与消费群体。根据世界银行公布的数据显示，中国居民收入的基尼系数已由改革开放前的0.16上升到目前的0.472 5，不仅超过了国际上0.4的警戒线，也超过了世界所有发达国家的水平。由于部分群体隐性福利的存在，有专家认为中国实际收入差距还要更高。

从收入增速看，不同收入阶层的收入增速呈阶梯式格局，即收入越高的群体收入增长越快，中等偏上收入群体的收入增长均快于全国平均水平（见表1－4）。目前我国城市居民收入最低的1/5人口只拥有全部收入的2.75%，仅为收入最高的1/5人口拥有收入的4.6%①。这意味着社会财富越来越向高收入阶层集中。

---

① 发改委报告显示我国城市居民收入差距已比较大．新闻晨报，2006－01－29。

表 1-4 1997 年与 2007 年我国城镇家庭平均每人全部年收入比较

单位：元

	1997 年	2007 年	2007 年/1997 年
全国	5 188.54	14 908.61	2.9
最低收入户	2 456.11	4 604.09	1.9
低收入户	3 246.2	6 992.55	2.2
中等偏下户	3 988.04	9 568.02	2.4
中等收入户	4 922.32	12 978.61	2.6
中等偏上户	6 074.17	17 684.55	2.9
高收入户	7 495.26	24 106.62	3.2
最高收入户	10 297.45	40 019.22	3.9

资料来源：根据《中国统计年鉴 1998》和《中国统计年鉴 2008》的有关数据计算。

这种收入差距有进一步扩大的可能，因为在中国加入 WTO 后，外资、外企与内资以及国内企业之间的人才争夺战会愈加激烈，高素质人才的收入将进一步提高。但随着农村大量劳动力流向城市以及城镇失业率的上升，将使普通劳动者供大于求，收入水平难以提高。

根据“二八”定律，社会财富的 78%永远由 22%的人创造和掌握，而 78%的普通人只掌握 22%的财富。所以，收入差距或贫富差距的扩大，也是经济和社会发展过程中的一种必然现象。但是，一方面，分配不公也是造成这一差距的主要原因；另一方面，差距过大在威胁低收入阶层等困难群体生存权的同时，也必然会造成社会的不稳定。因此，对于中低收入家庭的住房问题，政府必须采取一定的措施进行干预。

三、政策背景

我国城镇住房制度改革的目标是：建立适应社会主义市场经

济体制要求的城镇住房新体制，不断满足城镇居民日益增长的住房需要。

相对于原来的低租金、近乎无偿使用的福利性住房制度，新体制的基本特征是充分发挥市场在住房资源配置中的基础性作用，优化住房资源配置，提高住房资源的配置效率。改革的实践证明，建立以市场化为特征的住房新体制，是进一步加快住房发展和改善居民居住环境的根本动力，也是住宅产业得以形成和发展的体制基础。

1998 年国务院《关于进一步深化城镇住房体制改革　加快住房建设的通知》的发布，标志着我国房改进入了新旧制度的转换时期，住房实物化、福利化分配让位于货币化、市场化分配，逐步完善的市场机制在解决住房资源配置效率方面取得了重大进展。我们相信这种变革对提高人民居住水平会有历史性的作用，但市场“失灵”问题也会悄然而至。

实践证明，市场机制虽然可以较好地适应复杂的住房需求结构，满足多样化的居民住房需求，并在满足居民住房需求过程中得到发展。但市场机制无法解决中低收入居民家庭因支付能力较低而无法解决住房的问题，政府的干预是必不可少的。在任何一个社会，都会存在住房支付能力问题，对于中低收入阶层，特别是贫困阶层来说，在居住方面主要表现为消费能力不足。对于他们来说，没有政府的帮助，是不可能解决居住问题或改善居住条件的。也就是说，城市中低收入阶层是住房问题的主体，也是政府住房保障政策的目标主体。

为了实现社会公平和社会经济的稳定发展，尽可能使中、低收入家庭也能安居乐业，各国政府普遍采取住房保障政策来保证中低收入家庭的住房需要。

作为住房体制改革的一部分，目前我国各地已逐步建立起以经济适用住房制度、廉租房制度和住房公积金制度为主要内容的住房保障政策基本框架。为此国家投入了大量的财力，然而事实证明，保障体系并没有达到理想效果①。

在最近公布的《中共中央关于制定国民经济和社会发展第十一个五年规划的建议》中，中央提出在十一五期间"必须保持经济平稳较快发展"，达到"城乡居民收入水平和生活质量普遍提高，价格总水平基本稳定，居住、交通、教育、文化、卫生和环境等方面的条件有较大改善"的目标。如此看来，要实现"十一五"时期我国经济的平稳发展，就必须使近年来问题多多的房地产业走上健康的轨道；要使"城乡居民生活质量普遍提高"、"居住条件有较大改善"，就必须关注和解决好城镇中低收入居民的住房难问题。而这些任务的顺利完成必然以完善的住房保障制度的实施为前提。

因此，我国城镇住房保障制度的研究和建立已经成为我国近期内必须迅速解决的一个重大课题。

四、研究问题的界定

我国城镇居民住房保障中需要解决的关键问题是什么？从本质上讲，住房问题从质量和数量两方面反映了人们在居住这一人类基本需要方面的满足状况。在以住房市场为基础的住房分配和供应体系中，人们对于住房质量和数量的满足程度取决于其对住房的支付能力。因此，住房价格（售价或租金）和住户的支付能力始终是住房问题的核心。因为如果居民有足够的货币支付能力，就可以买到（或租到）适宜的住房，就不存在住房问题。正是因为部分居民的住房消费支付能力不足，才出现了部分居民没有住房或住房困难的现象。

所以，在社会主义市场经济条件下，城镇居民住房保障的关键问题就是解决居民住房支付能力不足的问题，使居民的住房支

① 建设部政策研究中心副主任王珏林的讲话．http：//house. sina. com. cn，2005-10-21。

付能力与住房价格（售价或租金）相适应。

具体来说，本书围绕解决居民住房支付能力不足这一核心问题，从以下几方面对城镇居民住房保障问题进行研究。

（1）根据国际经验和我国住房保障制度运行的状况，提出城镇住房保障制度的目标和原则。

（2）住房保障适度水平的确定。即保障型住房标准的确定，包括质量标准和数量标准。

（3）住房保障对象的识别。运用住房市场购买力法，将这一问题转化为居民家庭住房保障收入线标准的合理确定问题，低于规定收入线的居民家庭，政府对其住房需求提供保障。

（4）住房保障方式的选择。住房保障方式多种多样，既有“人头”补贴又有“砖头”补贴，既有购房补贴也有租房补贴。在保障标准和保障对象确定之后，通过选择合适的住房保障方式，使得在住房保障投入一定的前提下，取得最优的住房保障效果。

（5）保障型住房的来源。是政府自建？政府购买抑或是通过市场提供？不同保障住房来源，供给效率不同，市场效果不同，政府管理难度和财政压力也有差异，本书希望通过分析研究，找出适合我国现阶段国情的、最有效率的保障型住房来源。

（6）住房保障制度动态发展模式的建立。居民住房支付能力和住房保障的影响因素是随着经济与社会的发展而动态变化的，那么，其保障型住房的类型、规模、保障程度与保障方式等也需要随之调整。

城镇住房保障制度的构建和实施是一个系统工程，与上述主要问题相关的、需要研究的还有城镇住房保障制度协调机制的建立等问题。

上述所要研究的问题可归纳为（如图 1－1 所示）：

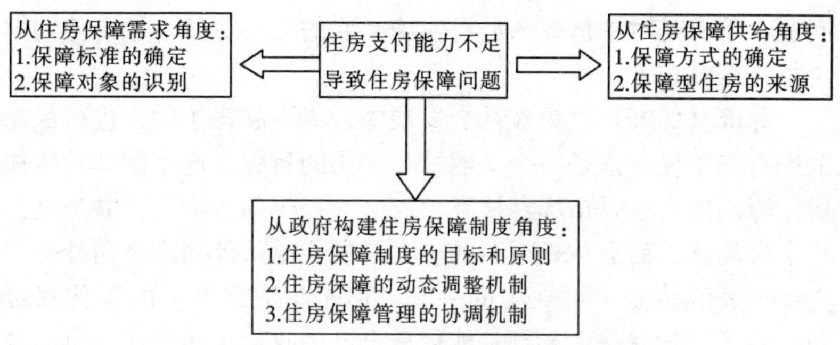

图1-1 本书主要研究问题的逻辑结构

第二节 国内外研究现状

一、国内研究现状

国内对城镇住房保障问题的研究起步较晚。改革开放以来，可以说我国的住房制度改革使得我国住房制度由一个极端走向另一个极端，认为住房应完全市场化，由市场这只看不见的手来“高效”配置。正是在这种“市场化”思想的指导下，我国理论界在很大程度上忽视了对住房保障问题的专门研究。

就目前我国学术界对住房保障问题研究的成果形式来看，研究成果主要呈现为学术文章的形式，对我国城镇住房保障问题进行深入研究形成学术专著的很少。

（一）对我国住房保障制度的宏观研究

对我国住房保障制度的宏观研究，有代表性的成果主要有：

包宗华（2002）认为住房是一种特殊的商品，既有一般商品的经济属性，又有一般商品不具有的社会属性，也就是许多专家讲的住房具有很强的社会性和政策性。而住房最大的社会性和政策性，就是占居民比重最大的中低收入者，如果没有政府帮助，就难于解决好住房问题。因此，20世纪西方国家政府介入住房问题，重点是对中低收入居民实施必要的社会保障，帮助他们解决好住房问题。

陈淮（2005）认为在社会发展中，买不起房子的人也得保障他们有房子住，这是一个文明社会起码的目标。这个制度就叫住房保障制度，这是市场经济下政府必须提供的一个“公共产品”。住房市场化、商品化是改革的一大进展，是从计划经济向社会主义市场经济转变不可缺少的一环。但是，依靠市场配置住房资源，并不等于就是人人都只能依靠自己的收入买房子住，也不等于说人人都只能靠市场化竞争、自主分散决策来获取住房。房子是一个价格相对昂贵的消费品。从国外发达国家的经验和客观规律看，就是全面小康实现之后，也不可能人人都买得起房子。

谢自强（2004）对政府干预理论与政府经济职能进行了分析研究。指出市场失灵是政府干预经济的必要前提，分析了公共物品政府供给的范围、方式和效率以及中国政府公共物品供给的演变与改革。居民收入差距拉大是我国面临的一大问题，他对居民收入差距形成的原因、衡量标准及后果进行了分析，提出了政府调控居民收入差距的对策。

姚玲珍（2003）对中国公共住房政策模式进行了专题研究。通过比较分析得出国外公共住房政策的成功经验可以总结为：政府应作为构建公共住房供应体系的主体；用法律推动公共住房政策的实施；注意公共住房保障的层次性；大力发展住房金融；适应从“砖头”向“人头”转变的趋势；适应公共住房政策目标群范围逐步缩小的趋势，最终应锁定低收入阶层；建立动态调节机制，促进住宅业的可持续发展；政府应与其他参与者合作，共同建房、租房、管房；避免贫民窟的出现，促进社会各阶层相互融合，以利于社会协调发展。

姚玲珍认为现阶段中国公共住房政策的理想模式是采用住房分类供应体系，对高、中、低收入梯度分别采取不同的住房供应政策。对于高梯度的家庭住房供应采用商品化住房供应体系；对中等收入梯度家庭，原则上也采用商品化供应体系；对于低收入梯度的家庭宜采用公共住房供应体系。而公共住房政策工具的运用，宜采用租金补贴方式。

施育晓（2004）认为如何改善低收入住户的居住条件，是城市化快速发展过程中的国家共同面对的难题。他从比较社会政策的角度，尝试选取一些较具参考意义的国家，综述其城市低收入户的住房情况和政府在这方面的政策。集中讨论了选取的国家低收入户房屋政策的目标，低收入户住房政策在整体房屋政策中的角色，确定资助对象及确保资助的效率的方法，房屋建造及提供方式，财政及融资安排等。以便能够根据国际经验，审视我国的低收入户住房政策目标。他认为，我国在低收入居民住房政策上存在政策目标与定位不清晰的问题，同时指出我国低收入居民住房政策在吸取国际经验时，必须考虑特定的社会经济文化背景。

叶剑平（2004）认为所谓“中国住房保障体系”应该是包括商品房、经济适用房、廉租房在内的整个体系。我们要保障的是人人有房住，而不是人人有房产。提出对过去的福利住房采取灵活的态度，过枉不究，面向未来，以活化闲置公房，促进住房租赁与二手房市场的发展。

宋博通（2002）在介绍“过滤”原理的基础上，对三种典型的住房补贴政策（公共住房兴建政策、开发商建设补贴政策和住房补贴政策）的“过滤”进行了分析。提出制定公共住房政策，应当考虑如何使市场效率和社会公平并重，尽量采用“补人头”的方法，逐步减少政府直接兴建社会住房；同时，应当考虑政府的支出成本和承受能力，充分利用存量房产吸纳作用，解决低收入群体的住房问题，降低政府补贴成本。

姜雪梅（2009）对住房保障的国际经验进行了总结，指出欧美国家住房政策正从“大众化福利”向“残余化保障转变”；并对中国住房公共政策进行了评价，提出了相应建议。

（二）对经济适用房制度的研究

对于经济适用房政策的作用和改革趋势，我国学者进行了广泛讨论：

成思危（1999）认为将经济适用房定位为带有社会保障性质的住房，实行政府指导价，只允许开发商有3%的利润，就会产生“失之过宽”的弊端，反而不利于发挥市场对资源配置的基础作用，会延缓住房的商品化及市场化，同时还会使政府长期背负组织提供经济适用房的义务。提出应将经济适用房的大部分作为中档商品房投入市场。

袁钢明（2004）认为经济适用房是控制我国房地产过热的一种方式。同一个地段，商品房一个价格，经济适用房一个价格，经济适用房比商品房要便宜10%～15%，这样自然会对商品房价格有一个拉动作用。从一定程度上说，经济适用房拉低了商品房的房价。

刘维新（2004）认为推出经济适用房制度的最初目的是为了解决中低收入家庭的住房问题。然而从多年实践来看，经济适用房从立项、开发、建设、销售到消费各个环节，并不能满足真正的中低收入家庭。由于没有确立中低收入者的界定标准，更没有确立该由谁来确定以及如何认定等。还有就是政策只规定了价格构成标准，没有明确建造标准。其结果是开发商绝对不会主动替政府把关，而是从自身利益出发，谁有能力买，就卖给谁，什么样的户型好就建设什么样的住房。同时，由于政府给予了经济适用房免交土地出让金等优惠政策，使其价格大大低于相似的商品房。这样造成的结果是，经济适用房会大量挤占商品房市场。

对于政府是否应参与住房市场及经济适用房改革趋向。袁钢明认为由于房地产业存在巨大的投机性，政府应当积极参与经济适用房市场，如果完全市场化就会带来巨大的恶性泡沫。而且经济适用房有着公共事业的性质，就需要政府的参与和控制。汪利娜（2004）则认为政府应该淡出房地产市场，不能总是一厢情愿地认为市场该是什么样。应该肯定政府的初衷是好的，但我们看到政府出台的一些规定的结果却总是事与愿违。政府的干预，只会使房地产市场犹如打摆子，一会儿冷一会儿热。

对于“富人”挤占“穷人”购买经济适用房的尴尬问题，里夫（2003）提出政府应改变对经济适用房的“暗补”现状，改为对中低收入人群住房补贴的“明补”。

张艳俊（2003）对经济适用房用地管理进行了研究。指出了目前经济适用房用地存在的一些问题，如体制上存在缺陷，国土资源管理部门对经济适用房指标难以把握；经济适用房价格缺乏有效控制，价格优势不明显；建设标准逐步趋向豪华，背离了发展经济适用房的初衷；土地利用监管不到位，经济适用房用地转为商品房开发的问题时有发生等。为促进经济适用房健康发展，提出应坚持以销定建，合理控制开发规模；合理确定经济适用房建设标准，有效控制房价；取消划拨供地政策，变“暗补”为“明补”。

周鸿德（2004）对成都市经济适用房制度的改革思路进行了分析。经济适用住房是我国多层次住房体系的构成部分，经济适用住房建设可以满足偏低收入居民家庭的需求，扩大住房消费，改善供应结构，调整供求管理，具有住房保障或市场调控的双重功能。

赵路兴、浦湛（2003）在住房保障供应制度创新方面进行了有益探索，对“可支付租赁住房”问题进行了研究。认为由于经济适用房的保障性质，决定了经济适用房的供应应为市场商品房的补充，供应范围和规模要以不干扰市场的正常运行为原则，因此经济适用房的保障面应控制在20%左右。针对经济适用住房与廉租房保障对象之间的“夹心层”问题，提出在现有住房保障供应体系中，增加享受政府政策优惠、价格明显低于市场租金、具有保障性质的租赁住房供应方案。并提出了两种方法：可支付租赁住房（成本租金住房和低租金住房）和经济适用房的可租可售。

（三）对廉租房制度的研究

李迎生教授（2004）认为，对于集中成片的廉租房应尽量避免，更应该杜绝各式各样、各种目的的样板工程。贫困家庭聚居容易形成贫困文化，产生各种社会问题，甚至造成“解决住房，传递贫困”的后果。建议政府以税收、无偿提供土地、优惠政策等刺激和调动企业及民间力量，投入以中低收入者为对象的房地产市场，建设经济适用房和廉租房。

房秀娟（2004）指出城镇最低收入家庭廉租住房保障水平，应当以满足基本住房需求为原则。其保障方式应当以发放租赁住房补贴为主，实物配租、租金核减为辅。实物配租的廉租住房的主要来源，应当以收购现有旧住房为主，不宜集中兴建廉租住房。

卢有杰（2004）指出实物配租和租赁住房补贴实施的先决条件和利弊各不相同，各地须根据本地的具体情况选择保障方式，并根据本地财政收入的盈余短缺和可用空置房屋的多寡分布及时调整两种保障方式所占的比例。各地政府如想有效地利用当地住房保障资源就必须做好住房保障对象的识别、记录、追踪和变更等基础性的工作，建立必要的系统。为了提高效率，该系统应当同户籍管理、收入申报、人口控制等方面的系统结合起来，共享信息和其他资源。

（四）对住房保障标准的研究

孙耀威（2004）提出确定贫困标准应以家庭结构而不是以家庭收入为标准，家庭结构更能反映居住基本需要的实际。

二、国外研究现状

目前，国外对住房保障制度的研究集中在以下几个方面：住房的供需特征、政府住房政策措施的选择、不同保障政策的优势与缺陷，住房政策的效率分析等。

(一)对住房供需特征的研究

对于住房需求的研究是从度量收入和计算价格弹性开始的。收入弹性对住房政策而言是相当重要的，对它的研究从里德(1962)的研究开始的，里德利用弗里德曼的固定收入假说和总量数据发现，需求的收入弹性可能接近于2，而不是通常假设的1或更低的值。关于收入弹性是否随收入水平而变化以及如何变化的问题，伊兰菲尔德特(1982)认为，高收入成员的收入弹性较高，而汉森等(1996)根据劳伦兹曲线指出，对所有收入水平而言，收入弹性都小于1。米恩(1996)强调了如何提高长期供给的估计问题，他估计的收入弹性高达1.25。世界银行的研究(梅奥，1981，1985)认为，收入弹性在不同国家之间是不一致的，在租用和房主自用住房的弹性之间存在很大差异。

美国学者在该领域研究倾向于强调住房服务的供给。现有住房存量和对这些存量的需求之间的相互作用，决定了住房服务的价格并由此决定新的住房供给量。罗腾博格等(1991)根据子市场分析和跨地区模型，分析了速度和区位的调整问题。他们发现大部分市场的调整速度非常快，这意味着中期供给弹性接近于无穷大。因此，美国的证据表明，市场供给对需求变动的潜力反映能力非常快。

在英国，切希尔等(1989)考察了土地使用控制对供给以及在控制严密和控制宽松的两个区域得到住房的影响。布拉姆利(1993)建立了不同地方当局的截面模型，该模型表明，在地方层次上的土地可获得性，严重影响住房的产出。

(二)对不同住房保障政策的分析研究

在美国，住房政策分析建立在实际的住房经济学基础上，分析方法几乎完全是以市场为基础的，政策分析在公式化的微观经济模型中进行，或在地方住房模拟中进行(罗腾伯格登，1991)。而在欧洲，至少到20世纪80年代为止，住房都被看作是社会福利，政府的作用是决定最小可接受标准，并确保确定下来的要求得到满足（麦克伦南和威廉斯，1990；希尔斯，1991）。是否需要政府干预，是根据人口预测、市场供应的可能性和可实现的标准来进行估计的（霍尔曼斯，1995）。在最近几年，规范的经济和计量经济模型框架取代了上述分析方法，主要分析家庭形成的决定因素、住房市场的中期模型、私人和国家提供社会住房的成本效率（彼得森等，1988）和持续的房屋所有权问题（米恩，1998）。

在美国，一般认为中央政府和地方政府，尤其是地方政府通过税收、补贴和限量来改变私人投资决策。然后，根据市场行为来评价这些政策的作用。怀特黑德（2003）认为同等地控制租金、以住所为基础的税收、对低收入家庭的住房补助、规划和计划控制都是基本的地方政策，因此可以通过不同地区的比较来对此进行评价。如加尔斯特（1997）认为，由于子市场具有有效的反应能力，补贴需求方的方法通常优于补贴供给方的方法。

阿瑟·奥沙利文（2003）分析了现行公共住房政策对城市贫困人口的影响，认为联邦住房政策造成住房隔离，住房隔离加重了贫困，主张通过改革住房政策，消除城市贫困。他通过分析指出支付现金优于提供公共住宅，因为这样可以增加家庭的效用。

大多数国家对本国出租房屋存量的一部分或全部采用某种方式的价格控制。租金控制通常被认为是在私人市场实行的一项政策，但国家所提供的住房也受到租金方面的控制，也遇到收益减少和维修费用困难等一系列问题。

吉尤尔科和林内曼（1989）利用1968年的数据资料来估算纽约市租金管理计划的分配效应。他们估算了不同类型家庭的租金减少情况。其研究成果显示了对租金管理收益在不同收入群体进行分配的见解。得出贫困家庭从租金管理中平均可以获得更大收益，某收入群体中的不同家庭所获利益是显著不同的。

吉尤尔科和林内曼（1990）考察了1968年纽约市租金管理对供出租住宅的质量的影响。他们的研究结果表明，租金管理下的住宅更有可能折旧或失修。

社会提供住房的一个主要方面是，产出是通过行政而不是通过市场机制分配给家庭的。这对家庭行为和地方住房与城市系统的特征都有影响。在英国，广泛讨论的问题是行政分配对人口流动性以及最终对就业的影响问题。休斯和麦考密克（1990）根据美国和英国的比较，分析了市建住房租用人和同等的业主居住者之间的人口流动行为。他们发现，市建住房租用人看起来没有象出租房租用人那样频繁流动，且当他们迁移时，更可能是住房原因而不是劳动力市场的原因。一般来说，行政分配、租金控制和对业主居住者的补贴，对劳动力市场的运作都产生不利的影响(博韦尔等，1988)。

在欧洲，相对于住房的其他研究而言，租金控制对住房市场运作的影响已成为理论和实证分析的主要内容。欧洲的一些国家，在1914—1918年的战争期间引入了租金控制，并在整个世纪程度不同地都存在着这种控制（阿诺特，1988）。在美国的一些城市，尤其是纽约，既有长期控制的经历又有解除控制的经历(捷尔科和林内曼，1990)。

马尔佩齐和鲍尔（1991、1993）描述了世界范围内的各种不同的租金控制体系。这种体系涉及的一个主要的问题是，管制能否决定租金标准或者能否控制租金上涨的问题。该体系还包括，得到管制的租金是如何随着成本的变化而得到调整的问题、这种调整与市场条件下的租金变化之间有何种联系的问题、如何调整不同类型的住房租金的问题等。其他措施还包括租金设计的范围、如何确定初始租金标准的问题、如何解决新建住房的租金问题，等等。

有不少学者对租金管制也提出了置疑，提出了有关“过度管制”的问题。马尔佩齐（1990）分析了导致过度管制倾向的4个因素：①没有考虑成本和收益；②怀有私心的任何一方都会把自己的规则加进来；③有一些过度管制是管制者和被管制者之间的交易崩溃的结果；④实行管制是寻租或者寻找既得利益的机会。

管制本身并没有好坏之分，重要的是，在特定市场环境下的特定管制的成本和收益问题。

汉纳等（1989）、马尔佩齐和梅奥（1997）认为政府为实现诸多目标，常采用补贴、管制、税收和其他的手段来干预住房市场，他们通过考察这些干预如何影响价格和相应的现值，来分析每一项政策干预手段的效果，现值分析就是在不同方案不同干预手段的成本与收益之间进行直接比较。汉纳等（1989）认为许多管制，使消费者或其他人的收益很小甚至得不到收益。

目前，国外对中国住房也颇为关注，研究中国如何改革价格以及从土地和住房市场的命令和控制的体制转向市场体制的问题。其他的研究还强调了中国所面临的当私人住房市场启动之后，中国如何经营一个巨大的大量浪费资源的国有住房存量的问题。中国的快速城市化使得这些问题更加突出。在中国，住房常与就业相联系（通过企业的房地产），同时工资的很大比例不是以现金方式支付而是以实物方式支付（托利，1991；雷诺和贝尔托，1989；哈默，1996）。与其他国家相比，中国的住房问题更多与其他大量微观和宏观问题联系在一起。

第三节　基本概念

任何研究都是建立在一些基本概念基础上的，只有在对某一概念具有相同的理解基础上才能展开充分的讨论和交流。为了在理解上不至于引起歧义，有必要对以下几个概念进行说明和界定。

一、住房保障

住房是一种特殊的商品，其价值大、使用期长，既是人民的生活保障，又是普通居民家庭最大的有形资产。在市场机制作用的背景下，许多居民尤其是为数众多的中低收入家庭，不可能通过市场来解决自身的住房问题。由于市场机制的有限性，单纯依靠市场机制来调节住房的发展是不够的，政府必须对这部分中低收入阶层提供各种方式的支持，以保障他们基本的居住需求得到满足。即政府运用“看得见的手”，在社会二次分配中对住房分配实行干预政策，以保证社会公平。

因此，住房保障的定义可以概括为：住房保障是指政府通过采取住房供应、分配、补贴等一系列措施政策，目的是为住房困难的中低收入家庭提供适当住房，满足其基本居住需求，实现“居者有其屋”的发展目标。

二、公共住房

从欧美住房保障制度的演变来看，公共住房的概念可以从狭义和广义两方面来理解。狭义地说，公共住房是由中央或地方政府投资的大规模建造的出租住房，如欧洲国家两次世界大战后大规模建设的住房。广义的公共住房所包括的范围则要广泛得多，例如：19 世纪末出现的工厂主为其雇佣工人所建造的“雇主住宅”，工人阶级自发联合互助建造的“合作住宅”；20 世纪 80 年代以前以政府为主、民间住房合作社部分参与建造的“工人住宅”和“低收入者住宅”（如英国在第二次世界大战后为富裕工人阶层所建的高标准“工人住房”，清除贫民窟后新建的针对低收入工人和城市贫民的“低收入住房”）；目前以民间非营利住房机构为主、由政府提供一定补贴、仅针对所谓“社会福利家庭”（如老年家庭，单身父母家庭等）的“社会住房”等。

世界上许多国家，无论是发达国家还是发展中国家，都发展过公共住房，如：英国由地方政府投资建设、主要针对工人阶级的市（郡）议会住房（council housing），住房协会投资建造并接受政府补贴的合作住房，美国联邦政府的公共住房（public housing），瑞典政府的公共住房和合作住房（public housing and co-operative housing），日本政府的公营住房和公团住房，新加坡住房发展局的公共组屋（或称政府组屋），香港房屋委员会的“公屋”（包括廉租屋和居屋）等。

从世界各国已有住房实践方面来看，狭义的公共住房类似于我国的廉租房，而广义上的公共住房则包括我国的廉租住房和经济适用房。

三、保障型住房

城市中低收入阶层是住房问题的主体，由于其收入与住房市场售价（或租金）的差距，如果没有政府的帮助，其难以解决基本的住房问题。政府住房保障的目标就是保证包括中低收入阶层在内的所有居民人人有房住。

中低收入者应享有的适宜住房本书称之为保障型住房，即保障型住房是指接受政府供给补贴或需求补贴，供难以依靠自身力量解决居住问题的中低收入居民居住的住房。它既包括政府通过直接建设提供给中低收入居民的廉租房或经济适用房，又包括政府通过发放住房补贴等形式间接为中低收入居民提供的住房。保障型住房也可以概述为接受政府资助的、提供给中低收入居民居住的住房。

由此可见，本书所称的保障型住房含义与广义上的公共住房含义大致相同。

可见，保障型住房具有以下基本特征：

（1）从住房需求者角度来说，保障型住房主要指政府供应给中低收入阶层的住房。

（2）从住房供应者角度来说，保障型住房是指政府为体现社会公平，以政府投资或贷款为主，由政府或其委托机构兴建的住房，也可以是指私有企业和居民团体接受政府补贴向中低收入家庭出租或出售的住房，是政府进行社会财富再分配的一种方式。

（3）从住房金融的角度来说，保障型住房金融的基本原则是回收成本，不以营利为目的，在实际运行中往往还存在亏损，需要政府补贴。

（4）从住房流通过程来看，保障型住房既包括低于市场价出售的政府投资、贷款或补贴的住房，也包括以低于市场租金出租的政府投资、贷款和补贴的住房；同时还包括以市场价格出租、出售，但政府对购房者（或租房者）进行了补贴的住房，政府对这类住房的转租、转售设立了严格限制。

（5）从住房分配过程来看，保障型住房分配要以家庭收入和已有资产及其居住状况为主要依据，形成分配的配给和轮候排队系统。

（6）从住房价格机制来说，保障型住房既包括低于市场价租售的住房，其差价主要是政府在土地供应、房租和税收等方面的政策性补贴，又包括以市价租售但政府给予了需求方补贴的住房。

第四节 研究目标、思路与方法

一、研究目标

本书的研究目标是：通过研究国内外住房保障理论研究最新成果，对不同住房保障方式进行经济效应比较分析，借鉴发达国家或地区住房保障政策和运行机制方面的成功经验，结合我国住房保障制度的变迁，构建适合我国国情的城镇住房保障的动态发展模式，以尽量满足住房困难的城镇中低收入家庭对住房的需求。从理论和实践两方面为我国各级城镇住房保障制度的建立和政策完善提供科学的决策依据。

为了实现上述目标，本书将主要解决以下三方面的问题：

(1) 为解决我国城镇居民中低收入家庭住房支付能力不足的问题，本书从住房保障需要和住房保障方式的不同层面进行考察。从住房保障需要的视角，主要是确定保障型住房的标准、识别住房保障的对象；从住房保障方式的视角，主要是分析不同住房保障方式的特点和效果，选择最有效率的住房保障方式，力求在政府住房保障支出一定的条件下，通过优化保障方式，提高住房保障效率，取得更好的保障效果。这是本书的核心，也是建立住房保障制度的基础性问题之一。

（2）住房保障水平和规模不是静态的，而是随着国民经济的发展和居民收入水平的提高而动态变化的，相应地，城镇住房保障体系也应该是动态发展的。因此，本书将提出我国城镇住房保障的动态体系。

（3）城镇住房保障模式是一个实践性极强的研究课题，其理论分析框架及相关模型需要得到实际的应用检验。因此，本书还将理论模型进行实证应用研究，以进一步分析检验其有效性。

以上三个问题在逻辑上是连贯的，在层次上呈递进关系，第二个问题是在第一个问题基础上的深化思考，第三个问题则是前两个问题的实际应用检验。通过对这三者的研究，希望能够为科学地构建我国城镇住房保障制度提供一条有用的思路。

二、研究思路

对城镇住房保障制度的研究，涉及政治、经济、法律、社会、道德、文化、心理、历史等诸多领域，本书侧重从经济理论角度探讨住房保障问题。

本书共分六章内容：

第一章为总论。分析了本书的研究背景、国内外研究现状、基本概念、研究目标和方法等。

第二章为基础研究。研究住房保障制度的含义、基本功能、住房保障的理论基础、住房保障的具体措施，进行经济分析和国际经验研究，旨在为后面的分析和探讨奠定一个基础，并起提纲挈领的作用。

第三章简要总结我国住房保障制度变迁的历程。结合理论分析，找出我国城镇住房保障体系所存在的主要问题，如廉租房覆盖面过小、经济适用房覆盖面过大、保障方式效率等问题，为构建住房保障动态体系提出问题导向。

第四、五、六章为本书的重点研究内容。

第四章是构建我国城镇住房保障制度的总体构想。提出了我国住房保障制度构建的目标、原则、基础和理论框架。

第五章是我国城镇居民住房保障制度的具体设计方案。对城镇居民住房保障制度中住房保障标准、保障对象和保障方式的选择确定进行研究，并建立了相应的模型。最后，对本书构建的模型以成都市为例进行应用研究，对所建模型的科学性和适用性进行验证。

第六章提出住房保障制度的协调机制和政策建议。住房保障制度的设计和实施是一个系统工程，需要政府管理、金融机构、中介机构、居民等各方面的统一协调和配合。本书从住房消费观念的引导、动态调整的住房保障水平、住房保障方式的重构、住房保障制度的进入和退出机制等方面提出若干政策建议。

具体地说，本书的研究思路如图 1－2 所示：

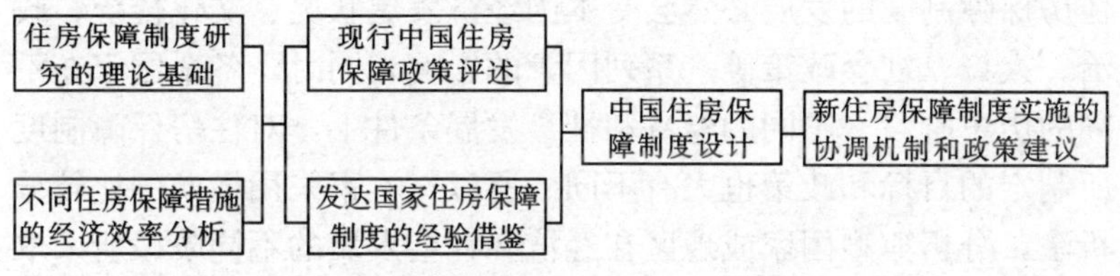

图 1－2　中国城镇住房保障制度研究的框架

三、研究的基本方法

在研究方法上，本书主要运用经济学基本原理，采用比较研究法、系统分析法、理论研究与实际工作相结合和规范分析与实证分析相结合等研究方法。

第一，理论研究与实际工作相结合。中国城镇住房保障制度研究是一项应用性非常强的课题，因此，在本书的研究中，始终紧密围绕课题的应用性进行研究，注重理论研究切合当前城镇住房保障实际，走理论与务实相结合的研究路子。

第二，规范分析与实证分析相结合。从经济理论的研究和发展规律来看，经济理论的产生首先应该源于对经济现象的实证分析，规范分析是在实证分析的基础上，抽象出一定的规律并以一定的价值判断为准则进行的。本书将通过对中国和其他典型国家住房保障的发展经验和教训进行实证分析，总结出目前住房保障制度改革和发展的基本规律和趋势，结合中国现有的国情及社会价值观念，确定中国的住房保障制度发展的理念和基本原则。然后，在这些原则的指导下，设计出适合中国现实发展需要的城镇住房保障制度。

可以说，本书的研究就是一个“从客观存在的事实到理性的分析研究再到实际应用的探索”的过程，这个过程实际上也是一个实证分析与规范分析交织融合进行研究的过程。

第三，比较分析法。一是采用横向比较分析法。任何国家的住房保障制度的发展必然会受本国经济发展状况、文化传统、政治、人口、社会政策等一系列因素的影响，同时，各个国家在不同的历史阶段、不同的经济和社会发展条件下，对住房保障制度所制定的目标和政策也大有不同。所以，本书采用横向的比较分析法，分析典型国家或地区在经济和社会发展的不同阶段所采取的住房保障制度的经验和教训，联系中国在社会主义初级阶段历史条件下的实际情况，进行比较分析，从而借鉴成功的经验、汲取失败的教训。

二是采用纵向比较分析法，分析房改以来我国在不同发展阶段，住房保障发展中的一系列政策措施的制定和实施情况，并与我国目前社会主义市场经济条件下住房保障制度发展的各方面条件进行比较，研究如何在原有发展基础上，结合现在所具备的条件，确定我国住房保障制度的新模式。此外，本书在对不同住房保障措施进行经济分析时，也采用了比较研究方法。

第四，系统分析法。城镇住房保障制度是一个国家社会制度与经济制度相互交叉所形成的一个子系统，从系统角度研究住房保障问题，有利于全面分析、评价各国住房保障制度运行的结果及设计中国城镇住房保障制度的体系。

第二章　城镇住房保障制度概述

为探寻建立中国城镇住房保障制度的有效途径和措施，首先必须对现代城镇住房保障制度进行研究，从住房保障制度的概念、特征、基本功能以及住房保障的理论基础等方面入手进行深入的探讨，以全面、深刻地理解现代住房保障制度。

第一节　城镇住房保障制度的内涵

一、住房及其特性

住房是供人类生活居住的空间或场所，为人们提供遮风挡雨、休养生息、繁衍后代的空间，是人类赖以生存发展的最基本的物质资料。一个国家和地区居民的住房状况是当地经济发展和人民生活水平的重要标志。

住房作为一种特殊商品，除了具备普通商品的一般特征外，还具有以下几方面的特性：

（1）住房具有商品和社会保障品的双重属性。在社会主义市场经济条件下，住房首先具有商品属性，居民拥有或使用住房必须支付一定的代价；住房同时又具有社会保障品的属性，每一个社会成员都有获得基本居住条件的权利，并且该基本居住条件应随着社会经济的发展而不断提高，即“人人享有适当的住房”。住房同时具有商品与社会保障品双重属性，这是是住房最基本的特征，是研究住房保障问题的出发点。

（2）住房行为具有商品性和福利性的双重属性。住房行为作为商品性的一面，其本质是价值运动，从家庭角度是以职工收入为经济基础的，怎样解决住房问题，住什么样的房子，完全以家庭近远期可支配收入为基础；住房行为作为福利性的一面，其本质是国民收入的二次分配，这部分转移支付，从微观角度讲，要以具体的既定家庭收入为依据进行计算，政府给多少住房补贴，给多长时间，完全以家庭可获得的近远期收入为基础。

住房消费行为的商品性与福利性和家庭（国民）收入本质上的联系，在住房社会分配结构的“两个半分配”格局中体现出来。这就是，物质生产领域的绝大多数劳动者在国民收入初次分配中，以工资形式一次性足额领取包括生活费用在内的住房资金价值，然后到市场上按照等价交换的原则去购买住房商品；社会非物质生产领域的劳动者在国民收入再分配中，所得薪金包含了相当数量比重的住房资金价值，大部分人有能力在市场上取得住房商品；经过国民收入初次分配和再次分配，在经济（收入）上仍无足够能力解决自住房的城镇劳动者，可以社会保障的名义从政府取得相当于住房价值若干比例的补贴。

(3) 住房具有消费品和资产的双重角色。住房能满足人们对居住空间的使用需求，是一种价值量大、使用寿命长的耐用消费品；住房还能满足人们的投资需求，购买住房既是居民个人积累财富的重要手段，又是机构投资者进行资产投资的重要领域。住房的这种双重角色是国家制定住房市场运行规则和住房政策的重要依据。

(4) 与住房相关的住房问题具有个人问题和社会问题的双重含义。在市场经济条件下，住房问题的解决首先要靠个人的努力，是个人问题；而实现“人人享有适当的住房”的目标，又必然要求广泛的社会参与，需要政府、开发商、居民个人、金融机构、雇主等的共同努力，因此又是一个社会问题。

把握住房的特性，是研究住房市场和住房问题的前提和基础。尤其对政府而言，在制定住房市场的长期策略、制定和实施住房保障制度改革的方案时，都要综合考虑住房的上述特性对社会各类成员心理、观念和行为的影响，以及对社会各类成员步入住房市场的途径、能力和可能性的影响。

二、城镇住房保障问题的提出

（一）什么是住房问题

住房问题是世界各国政府共同面临的难题。早在 1933 年，雅典宪章就赋予城市居住、工作、游憩三大功能，其中居住被列为“城市的主要功能”。在 1996 年 6 月于伊斯坦布尔举行的第二次联合国人类居住会议上，把“人人享有适当的住房”和“城市化世界中的人类住区可持续发展”作为“具有全球重要意义的主题”。这次大会通过的《伊斯坦布尔宣言》（简称《宣言》）强调，人类居住面临的挑战是全球性的，为解决世界住房问题和改善人类的生存环境，国际、国家和地方政府之间应建立良好的合作关系，国际社会应加强国际间的资金援助和技术转移。《宣言》认为，城市与农村的人居应当平衡发展。若忽视农村的住房建设，会造成大量农村人口流入城市，致使城市住房问题更加严重。

1997 年，联合国人居委员会第十六届会议通过决议，要求各国政府迅速制定或执行各自的住房战略和政策，通过各方在提供住房过程中开展合作，进行最大限度的协调配合，从而促进、保障和合理地增加公共、私人和非政府行业对提供住房的贡献。

我国的住房问题也相当严峻。由于过去多年实行高积累、低消费、高就业、低工资的计划经济体制，住房建设统一按国家的基本建设投资计划进行安排，各级政府和国有企事业单位住房建设资金的来源主要（90%以上）靠财政拨款，少量靠单位自筹，均需纳入基本建设计划，受基本建设规模的控制。国家通过单位将建好的住房以低租金（每平方米月租仅 0.1 元左右）分配给职工居住。住房成为一种福利待遇，甚至其维修也由国家负责。从 1958 年到 1977 年的 20 年中，在“先生产，后生活”、“先治坡，后置窝”等“左”的思想指导下，住房基本建设投资受到削减，到1978年时我国城镇人均居住面积已由新中国成立初期的4.5平方米降至3.6平方米，出现了许多住房困难户，住房供给不足成为严重的社会问题[①]。改革开放以后，通过一系列的住房制度改革，我国城镇居民的住房条件得到了很大改善，但是由于近几年房价上涨过快，城镇中低收入居民的住房问题重新引起社会重视。

从世界各国住房发展的实践中可以发现，住房问题的焦点主要集中于两个方面[②]：

（1）我们通常所说的住房问题，从住房的空间分布和聚集形态角度，主要指城市住房问题，尤其是人口密集的大中城市的住房问题。因为人口密集的城市中的住房问题远比乡村中的住房问题要复杂得多，住房建设已从住房本身的建设扩展为城市土地开发、交通、城市基础设施和住宅区配套设施等复杂的综合开发建设。事实上，作为18世纪产业革命产物的城市住房问题，是与全球性的城市化历史进程密切相关。而所谓住房问题，正如恩格斯在其《论住宅问题》中所提出的，“住宅缺乏现象”是大工业发展和城市发展的产物。由于住房问题伴随着工业化和继之而起的城市化发展而产生，并日渐严重，迄今为止，世界上几乎没有哪个国家能不经历住房短缺的痛苦折磨而完成工业化和城市化。

所以，住房问题的产生与城市的发展，尤其是现代城市的发展密切相关。如果解决了城市的住房问题，就基本上解决了全社会的住房问题。从这个意义上说，城市住房问题，既是住房问题的焦点和主体，也是住房问题研究的重要课题[③]。

---

① 成思危．中国城镇住房制度改革——目标模式与实施难点．民主与建设出版社，1999年，第3～4页。

② 田东海．住房政策：国际经验借鉴和中国现实选择．清华大学出版社，1998年，第1～2页。

③ 重视城市住房问题，并不意味着就可以忽视农村住房建设问题。农村和城市的人居应当平衡发展，若忽视农村住房建设，会造成大量农村人口流入城市，致使城市住房问题更加严重。

（2）一般所说的住房问题，从住房供应的对象和需求的主体角度看，主要是指中低收入阶层的住房问题。从广义角度，中低收入阶层是统计概念，即国家或城市中收入统计中位数以下的居民阶层，一般包括低收入和中等偏下收入两个阶层。这种意义上的中低收入阶层绝对地存在于各个国家或城市，在市场经济发达国家中，由于收入分层更趋显性化，他们与中等收人以上阶层的收入差异更大。从狭义角度，住房政策意义上的中低收入阶层是指政府根据各社会阶层（集团）收入水平与房价（房租）水平的相对状况，通过特定的住房发展计划给予住房补贴，以通过收入再分配帮助其实现住房权利的政策目标群。

（二）住房问题产生的原因

近代社会发展中，住房问题产生的原因主要表现在两个方面：一是机器大工业的迅速发展。大工业的迅速发展，必然引起人口向城市集中，从而大大加剧城市住房的紧张。二是人口的快速增长。

一百多年以前，恩格斯针对资本主义大工业在德国的发展所引起的住宅短缺，在同蒲鲁东主义者解决住宅问题的观点论战中写的《论住宅问题》一文指出①："当一个古老的文明国家像这样从工场手工业和小生产向大工业过渡，并且这个过渡还由于情况极其顺利而加速的时期，多半也就是'住房短缺'的时期。一方面，大批农村工人突然被吸引到发展为工业中心的大城市里来；另一方面，这些老城市的布局已经不适合新的大工业的条件和与此相应的交通。街道在加宽，新的街道在开辟，铁路穿过市内。正当工人成群涌入城市的时候，工人住房却在大批拆除。于是就突然出现了工人以及以工人为主顾的小商人和小手工业者的住房短缺现象。"恩格斯的这段精辟论述表明，住房缺乏现象是大工业迅速发展所导致的必然结果，是城市化进程的副产品，是

① 马克思恩格斯选集（第二卷）. 人民出版社，1972年，第459页。

大工业时代住房问题产生的直接原因。

现在，城市化进程正在全世界范围内进行，各国也都因此遭遇到了新的住房问题。我国城市化率已超过 40%，进入城市化加快发展时期，住房问题会越来越严重。

人口的快速增长是住房问题产生的另一原因。一个世纪以来，世界人口以惊人的速度增长，尤其是发展中国家人口的增长速度更是让人害怕。人口快速增长，住房问题必然越来越严重。

（三）住房问题的本质

从本质的意义上说，住房问题从质量和数量两方面反映着对居住这一人类基本需求的满足状况。在以住房市场为基础的住房分配体系中，即在住房被作为商品租、售的条件下，人们对于住房质量和数量的要求取决于其对住房的支付能力，住房的价格和住户的支付能力始终是住房问题的核心。

上述观点隐含着一个不可回避的严重问题：大量的中低收入者的支付能力与具有适宜的住房标准的住房价格之间存在着巨大的鸿沟，这也是各国政府干预住房市场的主要原因。

因此，世界各国政府几乎都无一例外地在不同程度上为中低收入阶层解决住房问题提供帮助，政府在解决中低收入阶层住房问题中承担了重要的社会责任和经济责任。

各国政府大都制定了针对中低收入阶层的专门的住房发展计划，或把中低收入阶层的住房问题作为住房发展策略的目标主体，通过对住房供应和住房需求的补贴及对住房生产的直接干预，来满足中低收入阶层不断增长的住房需求。这种关注中低收入阶层住房问题的住房政策的经济意义是，中低收入阶层同样是经济发展的重要劳动力资源；这种政策的社会和政治意义是，缓解和减少社会不稳定因素，在全社会逐渐富裕时，把人人享有住房作为一项全民性的社会权利。

从这个意义上说，提高中低收入者的住房支付能力就成为解决住房问题的核心关键，这也是本书研究的中心所在。

三、城镇住房保障制度的内涵

城镇住房保障制度是国家或政府在住房领域实施社会保障职能，对城镇居民中住房困难的中低收入家庭进行扶持和救助的一系列住房政策措施的总和。它是一种在住房领域内实行的社会保障制度，其实质是政府利用国家和社会的力量，通过行政手段为住房困难的中低收入家庭提供适当住房，解决他们的住房问题。其主要内容是：城镇保障型住房供应方式、住房分配方式、住房经营方式和住房管理方式等方面，包括有关住房保障问题的方针、政策、目标、方法等，这些方面的总和就是住房保障制度。

在上述的定义中包含了以下几个要点①：

（1）城镇住房保障的责任主体是国家或政府。首先，实行城镇住房保障的目的是维护基本人权和社会安定。这是一项社会目的，具有广泛的社会功能，应该由社会利益的集中代表——中央和地方政府来担当。

其次，城镇住房保障的成本是巨大的，不是某个社会阶层或社会成员所能应付的，只有政府有能力调动全社会的资源去应付，且政府承担住房保障职能更具有规模经济性，可以降低分散化保障带来的过高的执行成本。

再次，城镇住房保障的程序是复杂的，必须以政府的权威和系统组织能力来保障实施。

这三个原因决定了城镇住房保障的责任主体只能是国家或政府②。

---

① 杨琳，何芳．“居者有其屋”——住房保障制度的内涵探究．中国房地产，2006 年第 8 期。

② 人们观察到在西方国家中，有一些民间机构担当着住房保障的功能，但其作用是很有限的。而且如果政府不予以支持的话，也很难走上稳定发展的轨道。住房保障的责任是民间组织挑不起来的，只能由政府挑起来，民间组织的作用只能是协助性质，而不可能成为主导。

（2）城镇住房保障的目标是满足中低收入家庭的基本居住需求。政府通过城镇住房保障制度缓解住房价值量大与中低收入家庭支付能力不足的矛盾，维护社会安定。但政府通过行政力量解决这个问题，主要着眼于满足在住房方面的弱势群体的基本居住需求。与其他保障制度一样，城镇住房保障制度具有较强的“刚性”，所以保障的深度不能太高。

（3）城镇住房保障得以实施的保证和依据是相应的社会立法。现代社会保障制度是以健全、完备的法律体系为支点的，城镇住房保障制度亦是如此。必须以法律形式规范国家（政府）的住房保障职能机构的设置、编制、职能、责任与工作程序，国家、企业、个人等保障主体之间的权利与义务，住房保障给付标准的确定与调整，住房保障的管理与投资运营等众多方面，使城镇住房保障的运作制度化和规范化。

（4）城镇住房保障是社会保障制度的重要内容。健全的社会保障制度是我国社会主义市场经济体制框架的支柱之一。随着社会主义市场经济的发展和住房制度改革的深入，解决居民住房需求，将由计划经济体制下国家、单位统包统揽形式逐步转向与社会主义市场经济相适应的形式。改革福利实物分房制度，推进住房分配货币化，充分发挥市场机制在资源配置中的基础作用。但市场经济并不排斥社会保障的作用，恰恰相反，社会保障是市场机制的必要补充。

居住权作为一项基本人权，在社会主义市场经济体制确立和住宅商品化过程中，中低收入家庭的住房保障不能缺位，需要政府为中低收入者承担住房保障的职能和责任，通过政府调控来弥补市场这只“看不见的手”的缺陷，实现职工住房由单位保障向社会保障的转化。

四、城镇住房保障制度的基本特征

（一）住房保障与其他社会保障体系的共性特征

（1）保障的最终责任主体是国家或社会，从而需要由国家或社会统一管理，并体现出社会性（或社会化）。

（2）保障的目的是稳定社会，促进整个社会经济的协调、稳定发展，从而需要依法（或有关社会政策）实施，并体现出强制性。

（3）保障的目标是为社会成员的基本生活权利提供安全保障，以确保其不因特定事件的发生而陷入生存困境，并体现公平性①。

（4）保障以国家财政为基本的经济后盾，其资金既有来源于政府财政的部分，也有企业或个人缴纳的部分，对被保障者而言，保障显然体现着经济福利性。

（5）保障的项目以特定的社会问题存在并需要国家采用经济援助的方式解决为设立条件，从而具有动态性、发展性。

（6）保障的方式是自成体系的国民收入分配与再分配方式，其运行过程具有自己明显的规律，从而具有特殊性。

（二）住房保障与其他社会保障体系相比所具有的个性特征

（1）保障内容的单一性。在中国，社会保障的内容比较广泛，是各种社会保险、社会救助、社会福利、军人保障、医疗保

---

① 公平是现代社会保障制度的本质和核心，但现代社会保障制度又不能排斥效率，即它受着更高层次上的效率与公平关系的制约。为此，本研究在设计我国城镇住房保障制度时，一个重要的原则就是在公平为本的基础上，兼顾效率。社会保障作为实现社会公平的一种必须手段和和重要方面，是通过下列方式来达到其目标的：一是强调社会成员参与的机会公平。即任何社会成员只要符合法律统一规定的条件，不论其地位、职业、贫富等均被强制性纳入社会保障范围；二是通过提供基本生活保障和解除后顾之忧来维护社会成员参与社会的公平竞争，并消除发展过程中因意外灾祸、竞争失败及疾病等因素导致的社会不公平，起到维持社会成员发展起点公平与过程公平的作用；三是通过对国民收入的再分配，在一定程度上缩小着社会成员发展结果的不公平，如社会保障制度的筹资就要求高收入者多缴费、低收入者少缴费，而收入高的家庭或社会成员因其生活水平高而享受社会保障待遇的机会就少，低收入家庭享受社会保障待遇的机会却要多，从而在总体上呈现出后者较前者更能从社会保障制度中获取好处的现象。本研究设计的城镇住房保障制度也力求达到上述三个目标。

障、福利服务以及各种政府或企业补助、社会互助等社会措施的总称。而住房社会保障是单就解决住房问题而言，其内容具有单一性。

（2）保障对象的专指性。住房社会保障性供给的对象，是专门针对中低收入群体，为解决他们的住房困难问题而设置的。除个人申请外，需通过政府部门调查核实收入状况和住房状况，并公示确认后，才能享受相关优惠和补贴。

（3）保障范围的狭窄性。由于住房社会保障的对象指中低收入群体和住房困难户，其保障范围必然较小。这种住房保障，只是对少数自己无经济能力解决住房问题的个人和家庭，提供相应的救济和补助，使他们获得基本的住房需求。这同房改前那种人人共享实物福利分房有着根本性的区别。随着住房困难问题的逐步缓解，西方发达国家也经历了缩小住房保障范围的改革历程。

（4）保障时间的动态性。城镇居民及其家庭的收入状况是在不断变动中的，如果工资、家庭就业人口、就业状况等出现变动，住房保障的享受对象也要随之改变。在实施保障型住房供应工作时，要根据被救济人群经济条件的不断变化和其他人员的经济变化，做好调查工作。因为是救济，对被救济者来说，在住房问题上只能是有限的、起码的和低水平的。若被救济者经济条件好转了，超过救济、补助标准线，就应及时停止补贴；若经济条件变差，则要增加补助。还有些人或家庭，因多种原因，如失业、疾病或天灾等，经济条件恶化，本来不属保障对象现在降到了救济的范围圈，政府有关部门就应及时加以救济，这样才能体现出社会的公平和公正，保障城镇居民中无力购租住房者有房可住。

上述特点说明，住房保障是由特定的内容、特定的对象和特定的范围构成的，明确这些特点，对于制定住房保障政策，建立住房保障体系，具有指导性意义。

第二节 城镇住房保障制度的基本功能

归结起来，城镇住房保障制度的基本功能有两大方面的表现：经济性功能和社会性功能。

一、城镇住房保障制度的经济性功能

（一）住房保障资金的分配及其消费能调节和刺激住房需求，促进房地产业的发展

房地产业作为我国国民经济发展中的基础产业、先导产业和支柱产业，具有产业链长、关联度大、带动性强的特点，不仅以其自身发展直接促进经济增长，而且还能有效带动相关联的上游与下游产业群的发展，拉动经济增长。统计数据表明：房地产业的影响力系数、感应度系数在国民经济各产业部门中都处于平均数以上，与房地产业直接或间接相关的产业部门多达 50 多个，房地产业的产值每增加 1 个百分点，会促使相关产业的产值增加 1.5～2 个百分点。近年来，在我国每年的 GDP 增长率中，由房地产拉动的至少占 2 个百分点。

与此同时，房地产业的发展又极大地改善了居民的居住条件，提供了大量就业岗位。房地产业产生的这种巨大经济社会作用将有力地推动我国小康社会的全面实现。而住房保障资金的分配及其消费能够调节和刺激住房需求，从而促进房地产业的发展。

住房保障对房地产业的促进作用主要表现在以下两个方面：

1. 合理的住房保障资金分配有利于调整住房需求，间接优化商品房市场结构

目前，我国房地产业的发展存在两类结构失衡问题：一是从商品房供应结构来看，存在高档商品房开发过度、中低价位普通商品房供应不足问题；二是从住房一、二、三级市场发展程度来

看，表现为一级市场发展过快，二、三级市场发展严重滞后，住房租售价格比失调。以上两方面问题可以通过住房保障制度的实施得到解决。

住房保障资金主要用于解决中低收入阶层的住房问题，中低收入阶层住房消费负担能力差，为此，与之适宜的住房供应必然为中低档住房。随着住房保障资金的发放，直接或间接增加了中低收入家庭的收入水平，市场上对中低档住房的需求和消费增加，进而通过市场这只“看不见”的手调控市场供给方的供给行为，使得中低档住房的供应增加，当前房地产市场存在的住房供给结构失衡问题自然就迎刃而解了。同时，住房保障资金的发放方式中，“人头”补贴的效率最高，考虑到政府财政负担能力，“人头”补贴方式中房租补贴又是优先选择。这样，住房保障资金的发放就会增加住房租赁需求，进而起到增加租赁房需求的市场效果，推动住房租赁市场的快速发展。

与新商品房相比，二手房更适宜中低收入家庭租赁居住。一是因为同等条件下，二手房价格相对便宜；二是二手房在城镇区域中心存量较多、位置较好，有利于节省中低收入家庭的居住成本和通勤成本。住房保障制度的实施，必然会增加对二手房市场的需求，促进二手房市场的发展，二手房市场发展落后问题便可得到解决。

2. 住房保障制度的实施，有利于降低房地产市场风险

目前，我国房地产市场风险主要表现为两方面：一是房价上涨过快、房价过高，房价收入比过高；二是投资性购房比例过高。

对于房价收入比过高问题，如上面所阐述的，住房保障制度的实施可以间接地起到增加市场上中低档商品房供应的效果，中低档商品房供应量增加，房地产市场上住房均价自然会有所下降。对于投资性购房者而言，其获利途径无非两条：转手卖出或出租。目前，在住房租赁市场发展滞后、房价上涨较快的背景下，转手卖出是其主要获利途径，盈利途径单一，必然会增加投资风险。住房保障制度的实施，增加了租房补贴的发放，使得租房价格和需求同时上涨，为投资性购房者提供了另一条获利途径，降低其投资风险。

由于房地产市场上的资金主要来自于金融机构，房地产市场风险降低，自然也就降低了我国的金融风险。

（二）住房保障是城镇住房新体制的重要内容①

我国城镇住房制度改革的目标是建立适应社会主义市场经济体制要求的城镇住房新体制，不断满足城镇居民日益增长的住房需求。相对于原来的福利性住房制度，新体制的基本特征是充分发挥市场的基础性作用，优化住房资源配置，提高住房资源的配置效率。市场机制可以更好地适应复杂的住房需求结构，满足不同居民家庭多样化的住房需求。但市场机制无法解决中低收入居民家庭支付能力低的问题，无法解决他们的住房困难，政府的干预是必不可少的。住房制度的基本内容是既要发挥市场机制的作用，也要积极发挥政府保障的作用，一个完善的住房制度必然是由市场机制和住房保障制度的有机构成、各负其责的制度。政府对住房市场的有效干预，将更好地解决城镇中低收入居民家庭的住房问题，保障城镇居民的基本居住条件。高效的市场机制和完善的保障机制共同构成适应社会主义市场经济体制要求的城镇住房新体制。

建立住房保障制度一直是我国住房制度改革的重要内容。从1994年《国务院关于深化城镇住房制度改革的决定》，到1998年发布的《国务院关于进一步深化城镇住房制度改革，加快住房建设的通知》，明确了我国住房制度改革的目标是推进住房商品

① 汤腊梅．建立住房保障制度 加快完善社会保障体系．湘潭师范学院学报（社会科学版），2004年第7期。

化、社会化和市场化，并借鉴西方国家的经验实行按高、中、低收入家庭分类供应住房的体系，高收入家庭根据自己的支付能力购买商品房改善居住条件，中低收入家庭购买经济适用房，最低收入家庭租住政府提供的廉租房。在建设部的统一领导和部署下，各城市分别从建立住房公积金制度、建立经济适用房和廉租房供应体系等方面，提出了建立适应各地实际情况的住房保障制度。但遗憾的是，各地现行的各项住房保障措施，都不可避免的存在这样或那样的缺陷，不能有效满足城镇中低收入居民的住房需求。

随着住房分配货币化方案的逐步实施，城镇居民已经成为住房投资和消费的主体，中低收入城镇居民住房保障问题日益突出。对于无力通过市场机制解决住房问题的低收入居民家庭，如何保障其基本住房权利，是当前我国建立城镇住房新体制过程中的一项紧迫任务。

（三）有利于提高宏观经济效率、稳定经济发展

1. 住房保障制度的实施能提高宏观经济效率

首先，政府对住房产权、住房金融和住房价格等的规范，能提高住房资源的配置效率以及土地资源的利用效率，进而提高宏观经济效率；其次，政府对住房市场的干预能稳定住房建设，并提高住房资金的使用效果，进而提高宏观经济效率。

2. 住房保障制度的实施有利于稳定经济发展

“有恒产者有恒心，无恒产者无恒心”，安居才能乐业，这表明实施住房保障，为劳动者提供体面、安全的住房，有助于提高劳动者的生产积极性。住房保障制度还能从积极的方面影响劳动供给的数量与质量，需要住房保障的中低收入家庭在整个社会中一般占有40%以上的比重，实施住房保障制度可促使劳动力生产与再生产顺利进行，使劳动者的数量和技能可以满足劳动力市场的需要。由此为企业生产创造良好的社会环境，保证企业劳动力的供给，满足市场经济周期性发展对劳动力的需求。因此良好

的住房保障能从长远和整体上影响宏观经济效率，促进经济稳定发展。

从另一方面看，经济发展对住房保障亦具有促进作用，表现在它能为住房保障提供相应的财政基础，这是任何形式的住房保障赖以启动并实现其预定目标的先决条件。因此，愈是经济发展水平高，可供再分配的财富份额的调剂度就愈大，住房保障的良性运行就愈是有保证。

3. 住房保障制度有利于容纳人口增长，提高经济竞争力

世界上不少城市都曾经或者正面临较高的人口自然增长，加上巨大的城乡差距引致的急剧城市化，使得城镇人口急剧增加。在1940年，世界上每100人有1人住在100万人以上的城市，到1980年这数字已上升至每10人有1人。新增的人口需要住房，更需要相关的配套设施和服务，包括水电煤气、排污、道路交通以至学校、医院、市场等。大多数发展国家的大城市面对庞大的农村民工潮，无法提供足够的合法居所，于是非常拥挤的分租房、合法或非法占用的贫民区和违章建筑便成为发展中国家的共同标志。

但另一方面，大量的新增人口尤其是廉价的农民工，可以为城市提供源源不断的低成本劳动力，对于城市的工业化及整体经济发展有十分重要的作用。要在一个快速增长的城市中，维持这种低工资，需要工人的生活支出能够保持较低的增长，其中一笔最大的开支是一个能够安顿的居所。因此政府投入的住房保障资金经常被视为是政府替企业支出的“社会工资”（social wage），这部分“社会工资”的发放使这些劳动力减低生活支出，持续接受较低的工资，有利工业生产的资本累积和对外的竞争力提升。

4. 住房保障制度与经济政策是相互作用、相互影响的

首先，住房保障制度的制定必须以一国或一个地区经济发展的水平为基础，必须与经济政策相协调。在各国政府制定住房发展计划时，住房投入常被看作是消费性投资，从而与工业和农业等生产性投资产生矛盾，许多国家通常牺牲住房投资来换取经济发展，这可能在短时间内产生客观的经济效果，但从长远来看，却无法摆脱住房短缺对社会和经济发展的消极影响。当然，超越国家经济发展水平的过高住房投资，又走到了问题的反面，也不可能持续、稳定地解决住房发展的问题。

因此，住房发展必须与经济发展水平保持协调的关系。住房保障制度的制定必须与国家经济政策相协调，才能促进国民经济健康、稳定与持续快速地发展。这种协调性主要表现在住房投资占国内总投资和国内生产总值的比例要适宜。在发达国家，前者一般为25%左右，后者为5%左右①。

其次，住房保障制度对经济发展也会产生促进或阻碍作用。例如，住房保障的程度直接影响住房消费水平和消费结构，进而影响总的消费结构。合理的消费结构必然促进经济的发展，不合理的消费结构则会对经济的发展起阻碍作用。再如，在目前地方政府财政承受能力有限的条件下，加大对中低收入居民的住房补贴支出，很可能挤占经济发展资金，在短期内影响经济发展。

二、城镇住房保障制度的政治性功能

（一）建立城镇住房保障制度是十七大精神和科学发展观的具体体现，是社会发展的必然要求

住房问题是一个重要的民生问题，党中央、国务院高度重视解决群众的住房问题，党的十七大提出了住有所居的目标。

在加快改革开放、增强综合国力的同时，为社会中的弱势群体提供必要的社会保障，解决中低收入家庭的基本住房问题，是

① 田东海．住房政策：国际经验借鉴和中国现实选择．清华大学出版社，1998年，第17页。

当前学习和贯彻落实十七大精神和科学发展观，深化住房制度改革，建立和完善城市住房供应保障体系的重要内容①。

（1）在我国，资助穷人解决住房问题自古有之，当今搞市场经济更应重视这一问题。我国自古就认为老百姓住房条件的改善是社会进步的重要标志，而解决住房问题的关键是解决穷人的住房问题。唐代大诗人杜甫曾呼吁“安得广厦千万间，大庇天下寒士俱欢颜”。近代的孙中山也把“居者有其屋”作为建国方略的主要内容之一。在今天物质文明和精神文明快速发展的社会里，贫困家庭也是存在的。特别是在当前社会主义市场经济条件下，市场机制在发挥科学合理地配置各种资源作用的时候，却不能完全解决社会公平问题，不能为弱势群体提供必要的福利。

到目前，广大中低收入家庭的住房问题仍然没有得到全面解决，同一城市的居民住房不均问题也较为突出。据有关部门估计，就全国而言，有12%的家庭人均住房建筑面积在8平方米以下，27%的家庭人均住房建筑面积在8～10平方米，41%的家庭住房建筑面积低于平均水平，全国还有300多万户的家庭居住在危旧住房中，150万户家庭缺房或居住拥挤，有15%的家庭住房中无独立厨房或与其他家庭合用，约30%的家庭住房无厕所或与其他家庭共用，约13%的家庭没有饮用自来水②。这些弱势群体往往容易被市场机制遗忘，这就需要政府通过宏观调控，建立住房保障机制来弥补。

（2）住房保障是世界上发达国家的通行做法。世界上发达国家或地区，都是通过政府干预来解决贫困居民家庭住房问题的。比如日本，在充分发挥市场主导作用的前提下，政府建立了以解

---

① 胡志刚．建立和完善住房保障体系的新思考（上）——兼议扩大中等收入者比重及社会阶层结构和财富分配结构变化对住房保障体系的影响．中国房地产，2003年第3期。

② 周茂棣．建立住房保障体系，全面实现住房小康．中国房地产，2003年第3期。

决中低收入家庭住房问题为目的的社会保障住房供应体系。新加坡中低收入者的住宅，由政府法定住房发展机构统一建设和分配，其中的低收入者可享受廉租屋待遇，中等收入者享受廉价屋待遇。美国则是通过政府补贴低收入者租金的办法，让低收入者按政府的要求去租房。而法国政府在解决低收入家庭住房问题上干预的力度就更大，早在 1894 年就以立法的形式建立了解决低收入者住房问题的机构，形成了一套完善、灵活的保障机制。由此可见，市场经济越发达，越需要政府通过干预来解决住房保障问题。

（3）我国住房保障工作起步不久，喜忧参半，不容忽视。我国住房制度改革经过二十余年的努力，取得了巨大的成功，城镇居民的居住条件发生了巨大的变化。尤其是党的十三届四中全会后的 20 年来，我国人均住房面积大幅度地提升，城镇居民人均住宅建筑面积从 1988 年的 12.6 平方米跃增到目前的 28 平方米，住房质量明显提高，居住环境不断改善。但随着房改的深入，与整个社会领域收入差距不断扩大相对应，城镇居民的住房差距越来越大。经济效益好的单位，通过加大住房资金投入、加快住房建设、盘活存量住房、住房货币及时发放到位等措施，使所属人员住房达到甚至超过了控制面积标准，住房条件得到很大改善。而贫困家庭既没有单位依靠，自身也没有经济实力，住房条件很少改善甚至没有得到改善。城镇居民住房苦乐不均问题较为突出。这些住房苦乐不均现象，尤其是双困家庭的住房困难与城镇居民居住水平的迅速提高形成明显反差，必须引起高度重视。

（4）党的“十七大”高度重视住房保障工作，也为住房保障工作指明了方向。在十七大报告的第八部分，胡锦涛同志提出：“努力使全体人民学有所教、劳有所得、病有所医、老有所养、住有所居”。同时还提出：“健全廉租住房制度，加快解决城市低收入家庭住房困难。”这是党代会报告中第一次专门提及住房保障制度，更是第一次谈到保障方式和保障对象。

贯彻落实“十七大”精神，就要把老百姓在住房问题上的疾苦放在心上，为群众多办实事，办好实事。为此，要将建立和完善城镇住房供应保障体系，解决老百姓（尤其是贫困家庭）住房问题，作为全社会关注的大事。要下最大的决心，尽最大的努力，用最大的可用财力，竭尽全力，解决住房困难家庭（尤其是双困家庭）的住房问题，用实际行动，把党和政府的温暖，送到他们的家中，送到他们的心中。

（二）建立城镇住房保障制度是“十一五规划”的重要内容之一

国务院在《中共中央关于制定国民经济和社会发展第十一个五年规划的建议》（以下简称《建议》）中指出“建立和谐社会，要以扩大就业、完善社会保障体系、理顺分配关系、发展社会事业为着力点，妥善处理不同利益群体关系，认真解决人民群众最关心、最直接、最现实的利益问题。”要“更加注重社会公平，使全体人民共享改革发展成果。”要求“建立健全与经济发展水平相适应的社会保障体系，合理确定保障标准和方式。”“认真解决低收入群众的住房、医疗和子女就学等困难问题。”

住房问题是目前人民群众最关心、最直接、最现实的利益问题。住房保障制度的建立，有利于帮助城镇中低收入阶层解决其基本的住房需求，有利于和谐社会的建立。通过住房保障措施的实施，加大转移支付的力度，有利于缩小我国日益扩大的贫富差距①，有利于更好的实现社会公平，使中低收入阶层也能享受到经济社会发展的成果；而“建立健全与经济发展水平相适应的社会保障体系，合理确定保障标准和方式”则直接对住房保障制度

① 2007 年，城镇居民中 10%最高收入组（40 019.22 元）是 10%最低收入组（4 604.09 元）的 8.7 倍；农村居民中 20%最高收入组（12 926.91 元）是 20%最低收入组（2 554.57 元）的 5 倍。根据世界银行公布的数据显示，我国居民收入的基尼系数已由改革开放前的 0.16 上升到目前的 0.47，不仅超过了国际上 0.4 的警戒线，也超过了世界所有发达国家的水平。

的建立提出了原则性的要求。

《建议》中“使全体人民共享改革发展成果”的规定，说明我们在设定住房保障对象时不应只限定于低收入阶层，而且要涵盖中等偏下收入阶层，这是与“十五”规划的一个重要区别。《国民经济和社会发展“十五”规划纲要》提出的是要“建立廉租住房供应保障体系”，尽快建立健全适合中国国情的最低收入家庭住房保障体系，加快解决城镇最低收入居民的住房问题。可见“十五”期间重点解决的是最低收入家庭的住房问题，而“十一五”期间，我们的住房保障对象开始扩展，住房保障不是仅考虑最低收入阶层，而要考虑帮助“中低收入阶层”解决住房问题。

由此可见，建立涵盖“中低收入阶层居民”的住房保障制度是“十一五规划”的重要内容之一，是我国各地“十一五”时期的工作重点之一。

（三）居住权是居民最基本的人权

随着社会的发展和人权意识的提高，弱势群体的住房问题由原来的济贫层次上升为社会保障层面，住房权已是城镇居民的基本权利。公民的住房权利是国际社会关注的人权问题。

联合国《世界人权宣言》第十三条第一款规定：人人在各国境内有权自由迁徙和居住。第二十五条第一款规定：人人有权享受为维持本人和家属的健康和福利所需的生活水准，包括食物、衣着、住房、医疗和必要的社会服务；在遭到失业、疾病、残废、守寡、衰老或在其他不能控制的情况下丧失谋生能力时，有权享受保障①。

1981 年 4 月在伦敦召开的国际住房和城市问题研讨会上，通过了《住宅人权宣言》，更是明确提出：“公民享有良好环境的、适宜人类的住处，是所有居民的基本人权。”

---

① 汪丽娜．关注弱势群体的住房问题．城乡建设，2003 年第 2 期。

1996年，我国政府在联合国人居大会上指出："人人享有适当的住房是一项最基本的人权，是人的生存权和发展权的重要内容。"住房是价值大、价格昂贵的耐用消费品，城镇中低收入家庭难以实现自住其力，政府有责任对其提供帮助和救济，使其获得基本的住房保障。胡锦涛总书记也曾指出："要建立和完善对最低收入者的救助制度，妥善解决城市特殊困难家庭在住房、子女入学、医疗等方面遇到的实际问题。"

因此，建立社会住房保障体系，让人人享有良好的住房，是维护人们基本生存权的重要内容，也是我国社会经济发展的重要标志。

(四) 建立和完善城镇住房保障制度是市场经济条件下政府职能转换的客观要求

政府的职能不仅包括经济调节和市场监督，而且还包括社会管理和公共服务。发挥政府在住房问题上的作用，在我国具有特殊意义①。

首先，国有企业改革和住房制度改革全面推开之前，在政企不分和住房低租金两大体制的支持下，职工的保障责任主要交给单位，主要是企事业单位承担。也就是说，在对职工实行低工资的同时，单位对职工的住房、医疗、养老等与生老病死相关的一系列需要承担着实际上的保障责任。上世纪50年代以来，我国城镇住房的单位所有制特点，就是这种保障方式的集中体现。

随着住房货币分配制度的逐步实施，单位和职工在住房方面的关系主要体现在，为职工建立住房公积金制度和向职工发放住房补贴。职工不能再依靠单位解决住房问题，而是要通过市场来解决。对于不能通过市场解决住房问题的中低收入职工家庭，要实行政府的社会化保障。

---

① 刘志峰副部长在廉租住房研讨会上的讲话："提高认识，探索创新——建立适应各地实际情况的住房保障制度".2001年3月9日。

其次，单位保障是一种面向本单位内部职工的保障机制，覆盖面小、抗风险能力低，不能解决一般城镇居民的住房保障问题。社会化的住房保障就是改变小团体、单位内部的保障方式，保障体系独立于单位或企业之外，具有社会共济的性质。同时也要把国有单位之外的一般城镇居民纳入保障的范围，提高保障的覆盖面。随着住房制度改革的进一步深化，必须建立以政府为主导的社会化的住房保障体系，转变政府原来在住房问题上的职能。

也就是说，要认真研究在建立市场化的住房资源配置机制过程中，在推进国有企事业单位深化改革过程中，政府职能如何定位的问题，加快房地产管理部门的职能转变。根据建立社会主义市场经济体制的基本要求，原则上政府职能转变要从微观管理为主，转变为宏观管理为主；由直接管理为主，转变为间接调控为主；由审批、指令为主，转变为服务、监督为主。市场机制可以解决的问题，由市场去调节，政府不过多干预，重点对市场进行监控，保证市场的健康发展；在市场机制不能完全发挥作用的领域和不能完全解决的问题，政府要起适度的补充作用；对于属政府职能的，则要加强行政管理。

在当前机构改革与转变政府职能的过程中，我们必须清醒地认识到，住房保障是各级政府特别是城市政府的重要职能，各级政府必须切实承担起住房保障的责任，加快建立符合本地区实际情况的住房保障制度。

（五）城镇住房保障制度具有良好的社会效益，有利于社会稳定和政治安定

从社会学角度出发，任何一个社会都需要有动力机制和稳定机制，市场机制是现代各国经济发展的首选动力机制，而社会保障则充当着首选的稳定机制。

我国有句古话，叫做“安居乐业”。一个理解是安居后方可乐业，意思是有了安全的住所，才会有从事社会事业的快乐。意指有一个可接受的居所，对于工作有正面作用，提升工作效率。另一个理解是乐业是人生一大要事，但安居却更基本。人生花在居所中的时间比在工作环境还要长，居所的问题也应该得到不低于就业问题所受到的重视。

从反面考虑，贫民区的生活质量差，容易使贫穷人士整个家庭陷于贫穷循环，甚至是提供一个养分丰富的环境供不良分子纠党结社为非作歹，威胁社会稳定。新加坡社会学家拉兹·哈桑曾经应用实证的方法证明，住宅过分狭窄和过分密集是青少年犯罪的因素之一①。苏联卫生部门、社会科学研究部门和住宅研究部门对住房的研究表明：居住条件的好坏，直接影响人们的发病率；住房室内设施是否配套，直接影响居民的闲暇时间和休息时间②。

也有学者从正面看，认为鼓励自置物业，可以加强人民分享社会发展的利益，巩固对政府施政的支持。如新加坡原总理李光耀认为，解决住房问题，尤其是中低收入阶层国民的住房问题，是保持政治稳定，推动经济发展，增强人民信任感的战略问题。正是因为从战略高度去认识解决社会住房问题的重要意义，几乎在所有发达和较为发达的国家和地区中，政府都把建立和完善住房保障体系作为当仁不让的责任。即使在对政府介入最受反感、最高举市场力量的美国，政府也一直从供应、资助到管制，多方位介入住房市场。

可见，帮助中低收入家庭有屋住，住好屋，并且有其屋不仅是一个社会公平问题，也是一个社会效益问题。

从长远来说，住房不仅仅是为社会成员提供一个遮风避雨的地方，更重要的是它会对社会成员的心理和行为产生深远影响。

---

① 董寿昆．住宅经济比较研究．中国金融出版社，1988年。

② 蔡德容．中国城镇住房——理论、实践与改革思路．中国统计出版社，1991年，第46～48页。

人人享有适当的住房可以促进整个社会形成一种积极向上的精神风貌，而一部分社会成员不能享有适当的住房，则会带来疾病、犯罪等一系列社会问题。实施住房保障不仅是对低收入社会成员的物质生活需要给以保障，而且是对其精神、文化方面的需要给以保障；不仅保障个人的生活需要，而且保障其赡养家庭、培育后代的需要。因此，建立住房保障制度对社会风气、社会观念的改善，对一些社会问题的解决，对促进社会的发展具有重大意义。

综上所述，建立住房保障制度关系到改革、发展与稳定的大局，关系到我国房地产业的健康持续发展，关系到人民群众能否安居乐业的切身利益，关系到住房货币化改革的顺利推进，关系到建立住房新体制的进程，具有十分重大的经济、社会和政治意义，是各级政府的德政工程、民心工程。

第三节 城镇住房保障制度设计的理论基础

城镇住房保障制度的建立是一项实践工程，但实践是以理论为指导，建立在理论基础之上的。本书认为住房保障制度设计主要是建立在住房的商品性和福利性理论、共同富裕理论、社会保障理论、公平分配理论、住房过滤理论以及住房梯度消费理论等理论基础之上的。

一、住房的商品性和福利性理论

在我国住房政策设计和住房制度改革的讨论中，人们往往把商品性作为福利性的对称概念来看待，有些人提出要用商品性去取代福利性，这种提法值得研究。实际上，住房的商品性与福利性不是对称的，它们是分属于不同层面、不同领域的范畴。商品性（其对立面是产品性）讲的是住房生产、流通过程的问题，是住房行为的经济属性；福利性讲的是在国民收入再分配领域对住房进行补贴（或转移支付）的问题，是住房行为的社会属性。[①]

住房具有商品性，住房行为具有经济性。其理由在于，住房的生产和再生产是社会生产和再生产的一个子循环，是社会总生产过程的一个环节。住房的生产和流通要耗费成本，所投入的资本要按社会平均利润率规律获取相应回报。在市场经济条件下，住房由其经济特性所决定，属私人品范畴[②]，其生产和流通应该按市场法则要求，以商品来对待。住房因其固定性、耐用性、昂贵性、多样性而区别于普通商品，成为特殊商品，但它最终还是商品。

之所以认为住房具有福利性质，是由于两方面的原因：一是住房行为的社会性。住宅是家庭文明的物质基础，是把居民与社会的政治经济联系在一起超越物质的“粘合剂”。良好的住房制度和住房质量不仅能产生人与人之间的和谐关系和社会的稳定，而且也能“生产”出人们对国家的依恋和敬业精神。二是住宅市场失灵。由于竞争的缺点、外部效应、不完全的市场和信息不足等原因，住宅市场不能自动实现帕累托最优。正因为上述两个原因，各个国家都把住房问题作为政府的重要问题来对待。在住房领域通过政府再分配行为纠正既有的生产、流通和初次分配机制对社会福利函数的偏离，把通过住房政策解决中低收入阶层的住房问题作为自己的重要职责。所以，从住房行为的社会性、住宅市场失灵、政府职责和社会人道主义诸方面看，住房行为具有福利性质，住房在社会福利函数中占有重要位置。

由此看来，住房问题是兼容生产流通领域商品性和再分配领域福利性的不同层面二重属性的问题。

从住房问题的二重性出发，现代国家大多都采取了商品与福利“中和”但有侧重的住房政策，把居民住房消费效用目标放在

① 刘玉录．我国住房政策设计的理论探讨．城市问题，1996年第7期。

② 刘玉录．试论中国城市住宅的产权调整．中国房地产，1995年第3期。

社会福利最大化上，把解决住房问题的手段放在以市场行为（辅以政策调控）实现社会职能上，把住房政策的着眼点放在中低收入阶层上。一般说来，每个国家都依自身的经济发展水平相应调整自己的住房政策，其调整杠杆是政府实际掌握的社会国民收入中可支配福利基金的数量。

总之，生产、流通和初次分配领域的商品性和再分配领域的福利性是一国政府住房政策包括住房保障政策的理论基石，二者的组合状况是决定住房保障政策成败的关键。

二、共同富裕理论

共同富裕理论是建立和实施住房保障制度的理论基础。邓小平的伟大贡献之一是关于社会主义本质的精辟论述："社会主义的本质是解放生产力，发展生产力，消灭剥削，消除两极分化，最终达到共同富裕。"这条原理是我们进行社会主义建设、发展市场经济的理论依据，是我们一切行动的准则，当然也是住房保障制度理想模式设计的准则。我们就是为了实现共同富裕，才选择实施住房保障制度，解决中、低收入阶层的住房问题。尤其重要的是，住房保障制度实施的本身就是要消除两极分化，最终达到共同富裕。也就是说，住房保障制度正是这条原理在解决住房问题过程中的具体应用。

三、社会保障理论

社会保障制度是国家和社会根据一定的法律和法规，通过国民收入再分配，对社会成员的基本生活需要提供物质救助和补贴的制度。社会保障制度具有重要的作用，它是计划经济制度的重要内容，也是市场经济的"稳定器"。它能够弥补市场调节机制的不足、维护社会安定、促进社会和经济稳步发展。

简单地说，社会保障是国家对社会成员的基本生活需要提供物质救助和补贴。社会成员的基本生活需要包括衣服、食品、住房三方面的必需品，缺少任何一方，社会成员就无法在现代社会中生存。因此，作为社会保障有机组成部分的住房保障是对社会成员基本生活需要的保障，缺少住房保障的社会保障体系是不完善的。

住房保障之所以是社会保障体系的有机组成部分，还在于住房具有特殊属性。住房是一种特殊的商品，既有一般商品的经济属性，又有一般商品不具有的社会属性。也就是说，住房具有很强的社会性和政策性。而住房最大的社会性和政策性，就是政府有义务和责任保障社会成员拥有适当的住房。如果没有政府的帮助，他们就难以解决居住问题。

住房保障是社会保障体系的有机组成部分，也有其实践原因和意义。住房问题产生的根本原因是城市化和工业化的加速发展。由于工业和人口在城市高度集中，产生了对城市土地和住房供应的巨大需求，从而推动土地价格和住房价格的上涨，超越了中低收入居民家庭的住房支付能力。从历史上看，在不少国家的工业化加速时期，大批低收入家庭由于无力支付城市住房费用，拥挤在城市边缘地带，形成了大量的贫民窟。在这些地区，住房问题、贫困问题、犯罪问题、社会规范和社会道德约束下降等社会问题交织在一起，形成了一系列严重的城市问题，既危害着城镇居民的健康和生活质量，也影响着整个城市社会的稳定。第二次世界大战造成住宅的严重破坏，更使城镇住房问题十分突出。于是，为了提高居民福利，缓解住房矛盾和社会矛盾，保持社会安定，加上出于对 20 世纪 30 年代经济危机的深刻反思，各国政府都针对“贫民窟”问题和住房矛盾进行了积极的干预，实施住房保障政策。

许多国家认为，通过政府的积极干预，解决中低收入家庭的住房问题，实现“为每一个居民家庭提供良好的住房”或“居者有其屋”的社会目标，既是维护社会安定的重要手段，也是社会收入再分配的重要方式。当前，多样化的、比较完善的住房保障制度已经逐步成为各国社会政策和社会保障制度的重要组成部分。

在我国，随着社会主义市场经济的发展和住房制度改革的深入，解决居民住房问题，将由计划经济体制下国家、单位统包统揽形式逐步转向与社会主义市场经济相适应的形式。改革原先的福利性实物分房制度，推进住房分配货币化，充分发挥市场机制在资源配置中的基础作用。但市场经济并不排斥社会保障的作用，恰恰相反，社会保障是市场机制的必要补充，住房权作为一项基本人权，在社会主义市场经济体制确立和住宅商品化过程中，中低收入家庭的住房保障不能缺位，需要政府为中低收入者承担住房保障的职能和责任，通过政府调控来弥补市场这只“看不见的手”的缺陷，实现职工住房由单位保障向社会保障的转化。

总之，住房保障是社会保障的重要组成部分，住房保障制度既是社会保障制度在住房领域的延伸，也是住房制度对社会保障的体现。因此，社会保障理论自然是住房保障制度设计的理论依据之一。

四、公平分配理论

公平分配是一个涉及国民经济宏观和微观运行的重要理论问题，公平分配理论的目标就是如何较好地达成公平与效率两者关系的协调。

平等和效率一直是经济学界争论不休的价值判断问题。劳尔斯、布坎南以及奥肯是主张协调平等和效率的主要代表人物，其中以奥肯最具代表性。他在其著名论著《平等与效率：巨大的交替》一书中指出，平等和效率都应当受到重视，在二者发生冲突的场合，应当达成妥协。在这种场合，某种平等将以牺牲效率为代价，而某些效率将以牺牲公平为代价。但其中任何一项牺牲，必须被判断为可以得到更多的另一项的必要手段。奥肯赞成“混合经济结构”。所谓混合经济结构，是指既保存私人财产权和个人自由，使之不受国家权利的侵犯；又存在国家对收入再分配的调节，以促进较大程度的平等。美国哈佛大学哲学教授罗尔斯在其《公平论》中提出了如下的公平原则：“将社会及经济的不平等加以特别安排，以便使处于劣势者能获得最大的利益，并且使所有的人能获得平等的机会。”

公平分配理论告诉我们，在信息不完全、竞争不充分的市场经济条件下，由于机会的不平等而导致不同人群之间收入分配的不公平，从而产生社会“弱势”群体。他们没有享受到市场经济发展带来的经济增长成果，而成为社会的贫困者或低收入阶层。为了减轻或消除社会不公平的状况，实现经济社会的持续稳定发展，政府有责任和义务保证中低收入家庭也能安居乐业。

城镇住房制度改革要通过市场化体制提高住房生产效率，同时通过住房保障计划控制过分的贫富分化。根据奥肯的理论，市场化体制所牺牲的公平必须被判断为可以得到更多效率的必然手段，而住房保障所牺牲的效率必须被判断为可以得到更多公平的必然手段。

因此，住房政策应当实现公平目标，这是住房保障制度设计的另一个理论依据。政府应该注重住房公平分配，通过对中低收入阶层的补助，缩小他们与其他阶层在居住水平上的差距，使他们能够达到政府规定的住房水准。

五、垂直公平和水平公平理论

黑登[①]提出的分析各种国家政策和计划目标的垂直公平和水平公平理论，对于我国城镇住房保障制度的设计具有重要的实际指导意义。

---

① Headey B. Housing Policy in the Developed Country. London: Creenwood, 1978.

所谓垂直公平和水平公平理论，是通过运用垂直公平和水平公平两个概念来共同评价各种国家政策、计划的基本目标和内容特征。垂直公平（vertical equity）是指各家庭从计划中获得的收入分配程度不同。垂直公平实际上是通过对财富的再分配来实现“社会公平（social equity）”，即首先承认存在实际上的不平等性，并用社会救助政策对社会财富进行再分配，使处于劣势的人逐渐与其他处于优势的人有平等的权利和结果。垂直公平的积极计划是使低收入家庭获得额外的好处，消极的计划是使富裕家庭获得额外好处，而中立的计划是各阶层的受益相同。垂直公平实际上就是政府通过经济二次分配来实现社会平等，即首先承认存在实际上的不平等，并用社会救助政策对社会财富进行二次分配，使处于弱势的人逐渐与其他处于优势的人有平等的权利和结果。

水平公平（horizontal equity）是指家庭收入分配在计划中受到平等对待。并不是每一项计划都必须同时实现水平公平和垂直公平目标。例如，许多仅使少部分贫穷家庭受益的计划就把富裕家庭排除在外，这样的计划完全缺乏水平公平，但却促进了积极的垂直公平。

美国哈佛大学哲学教授罗杰斯（J. Rawl）在其公平论中提出了如下的公平原则[①]：“第一原则：在所有的人均有同样的自由条件下，任何人均享有最大极限基本自由的平等权；第二原则：将社会及经济的不平等加以特别安排，以便使处于劣势者能获得最大的利益，并且使所有的人能获得平等的机会。”罗尔斯的公平概念着重于个别人的实质性平等，试图通过社会平等政策的帮助使原先存在的不平等逐渐变为平等，符合公共政策设计基本原则之一——最劣者受益最大原则，即在社会上处于最劣势者

① 蔡兴发．论住房政策目标的选择．上海房地，2001 年第 6 期。

获得最优先的考虑和最大利益[①]。

垂直公平和水平公平理论为我们建立住房保障制度提供了具有实际意义的分析手段和方法，由于住房保障是对中低收入阶层的住房需求给予优先考虑，我国的城镇住房保障制度的建立应以积极的垂直公平和水平公平理论为基础，即坚持最劣者收益最大原则和同等收入收益相同原则。

六、住房过滤理论[②]

住房保障问题之所以出现，其中一个重要原因是因为住房本身是耐久性物品，而住房市场具有结构分层和互动的关系。住房“过滤模型”（Filtering Model）揭示了住房市场的内在规律，因而可以作为住房保障制度设计的重要理论基础[③]。

住房过滤（filtering）是均衡住房市场普遍存在的一种自然现象。所谓住房过滤是指在住房市场中，最初为较高收入房客建造的住房，随着时间推移，住房质量发生老化，同时新建住房供应增加，导致房价降低，这时较高收入的房客为了追求更好的居住条件，会放弃现有住房，而收入较低的房客会继续使用该类住房的过程。住房“过滤”现象在发达城市的住房市场中普遍存在，而且在住房的生命周期内“过滤”次数往往不止一次。可见，“住房过滤”描述了住房在其整个生命周期中使用的全过程。

“过滤模型”的基本构型是由斯威尼于1970年代创立的，模型可在住房一、二级市场联动条件下，考虑不同收入阶层和不同等级住房间的供求关系，较好地从微观机理上反映住房市场运行

---

① 张世贤．公共政策论．五南图书出版社，1986年。

② 褚超孚，贾生华．试论“过滤”模型对于城镇住房市场分层供应体系的理论启示．商业经济与管理，2005年第5期。

③ 褚超孚．城镇住房保障模式研究．经济科学出版社，2005年，第32～36页。

的内在规律，适用于住房政策分析。因此，自创立至今，在西方发达国家已被广泛地应用于住房政策研究，取得了满意的效果[①]。

住宅的耐久性与过滤模型有着密切的关系。住宅与一般的消费品不同，住宅一般的消费寿命至少有几十年或上百年，有的甚至几百年。因此住宅存在着由新变旧的老化过程，但有些住宅由于特殊的时代背景、区位条件或建筑风格等，成为较难复制的带有“文物”性质的稀缺物品，故某些旧住宅随着时间的推移其市场价值反而增值。对大多数住宅而言，随时间推移住宅自新而旧，其市场价值逐渐贬值，需要成本的再增，进行翻修或重建。

过滤模型概括了旧住房市场的一些必不可少的特征，它描述了不同住房子市场之间的相互作用，以及住房从一种用途转移到另一种用途的过程。过滤过程具有两个基本特点[②]：

(1) 住房服务的减少。产生于特定住房的住房服务数量在一定时期内减少。服务数量的下降源于住宅的物理性耗损、技术性无形磨损以及住房样式的变化。

(2) 居住者收入的下降。房屋被收入减少的家庭居住。当服务数量下降时，房屋被这样一些家庭居住，他们对住房服务的需求量逐渐减少，特别是那些低收入家庭。

因而，“过滤”模型可以回答以下两个问题。一是为什么穷人选择居住旧房子而不是新房子？二是穷人有没有从鼓励为富人建新房的津贴政策中受益？

下面为分析问题方便，将城市住房市场按住房质量等级，分低、中、高三个住房子市场，并作如下假设：

① 宋博通．从公共住房到住房优惠券．城市规划汇刊，2002 年第 4 期，第 66 页。

② ［美］阿瑟·奥沙利文．城市经济学（第四版）．中信出版社，2003 年，第 353～355 页。

（1）三种收入群体。有三种收入群体：富人、中等收入人群、穷人。房客消费的住房等级与其收入呈正相关关系，即高、中、低收入房客分别居住在高、中、低三个住房子市场中。

（2）增加的收入。实际收入随时间推移而增加，从而三种收入群体对住房服务的需求都会增加。

（3）对住房进行高成本的改良。改良住房的成本相对较高，住房质量提高、面积增加的成本相对高。

（4）折旧。每 10 年都会有新住房建造出来，所以在每 10 年内，住宅服务折旧 5 个单位。

图 2－1 展示了 1980 年的城市住房市场。富人阶层需要 160 单位的住宅服务并且占据了新房（点 f）。中等收入家庭需要 135 单位的服务（点 d），居住建于 1970 年的住房（刚建起时提供 340 单位的服务，20 年以后提供 135 单位的服务）。比之富人阶层，中等收入家庭居住的住房小而且质量较低。贫困家庭需要 110 单位的服务，居住在 1960 年建成的住房里（点 b）。

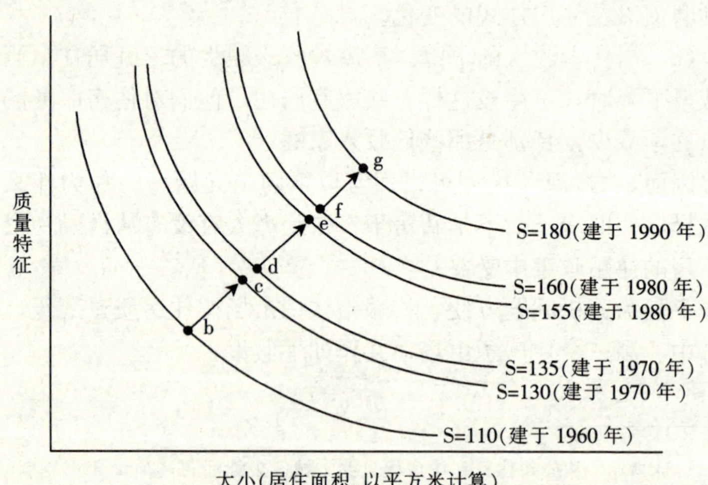

图 2－1　住房过滤：1980 年和 1990 年的住房配置

假设在1980—1990年间三种收入群体的实际收入增加了。富人的期望住房服务数量增加到180，中等收入家庭增加到155，贫困家庭增加到130。图2-1表明1990年住房市场的一种可能的安排。具有180单位服务的新住房为富人建造，所以他们从点f移动到点g。中等收入家庭住进由富人腾出的住房，从点d移动到点e（建于1980年的住房10年后提供155单位的住房服务）。穷人住进由中等收入家庭腾出来的住房（建于1970年），从点b移动到点c。

为什么富人应该居住在新房子里？如果富人不居住新住房，那么他们可能居住1980年建成的经过改良的住房。因为1980年的住房在1990年通常只提供155单位的服务，需要进行大量翻修才能把它的服务水平提高到180单位。房间数需要增加，屋顶和管道系统需要改良，住房需要依据消费者的偏好重新进行改造。鉴于修复花费巨大，为富人建造新住房通常更有效率。在住房市场中，高收入阶层支付能力较强，开发商兴建高等级住房的利润较高，因此高级市场中住房供应是充分的。

假设住房市场已处于供求均衡状态，此时，在高等级市场中，如果为富人建造了新房子，高级住房存量增大。如果高收入阶层住房需求没变，子市场中租金水平下降。用于住房维修的费用相应减少，质量下降，一部分高等级住房加速“过滤”到中等市场，那么会有大量的旧房子提供给中等收入家庭，导致中等住房存量也增大。富人腾出1980年建造的住房时，闲置住房的市场价值就会下降。因为一套提供155单位服务的旧住房的市场价值低于建造一套提供同样单位服务的新住房的成本，中等收入家庭选择居住富人腾出的房子。与高等级市场一样，如果中等收入阶层需求也没变，中等收入家庭腾出了1970年建造的住房，使这些旧住房的价格下降，多出的维护不善的住房进一步“过滤”给低等级市场。在低等级住房市场，鉴于有大量旧住房（样式设计落后且管道老化）供应，导致住房存量增多，子市场租金水平下降，从而提供130单位服务的旧住房对于穷人来说非常便宜，低收入阶层可以租住更多数量的住房。

如前所述，“过滤”模型的特点是住房在使用时间上的持久性和住房所提供的服务数量随时间推移的递延性（递增或递减，但大多数情况下是递减的）。反映在住房供应市场上的设想是：在居民家庭住房供需基本平衡的基础上，住房的供应体系应从住房的全面更新改造或新建住房为主转变为长期利用旧房为主，提倡分层供应进行结构化梯度消费，为不同收入阶层提供服务数量不等的住房。反映在政府住房保障制度上的设想是：以旧住房为主渠道，为低收入阶层提供保障型住房；在补贴上，从“补砖头”为主转向“补人头”为主，从而提高政府的补贴效率。

在社会主义市场经济建设进程中，由于个人能力的大小、机会的多少造成了居民之间的贫富差距，这是市场作用下的必然结果。因此，在住房商品市场中，比较富裕的阶层购买得起面积大的新住房，相应地，享受到了住房所提供的服务数量；中等收入家庭购买面积小一些的新房或面积大一些的旧房，所得到的住房服务数量随之有所减少；而收入较低的家庭只能住房面积较小的旧房，所能得到的住房服务数量也大为减少，且其中还有相当一部分家庭需要有政府的帮助，纳入到住房保障体系中去。

以上是在市场经济环境下的住房供应体系以及分层“过滤”的过程。其优点是：以市场为配置资源的基础，充分体现了效率优先、兼顾公平的原则，使住房的耐久性使用价值得到了充分的利用，消费者总效用和生产者利润也得到了最大化，在住房保障补贴上体现了成本最小化。

七、住房梯度消费理论

随着我国住房制度改革的逐步深化，房地产市场进入了一个新的发展阶段。市场竞争日趋激烈，基本上完成了卖方市场向买方市场的过渡。集团购房基本淡出市场，个人购房逐渐成为市场主体，我国住房市场迎来了大众消费时代。

从我国经济发展和居民生活水平的实际情况来看，居民的住房消费并不能一步到位，有个逐步提高的过程。从消费经济学的角度出发，商品消费往往同时具有纵向上升和横向梯度转移的特性，需求上升规律作为消费经济的一般规律，在世界各国的经济发展或起飞过程中都普遍地起着作用。它的内在含义在于：市场经济条件下，人们有支付能力的需求随着社会生产的发展、交换范围的扩大和交换关系的加深而不断地得到满足，并产生出更高层次的需求，形成一种逐渐向上的趋势。①

然而，在人们消费行为遵循需求上升规律的同时，往往也伴随着梯度消费的特性。梯度，在区域经济研究中的意思是指每个国家或地区都处在一定的经济发展梯度上，世界上每出现一种新行业、新产品、新技术，都会随着时间的推移，大致象接力赛一样，由处在高梯度上的地区向处在低梯度上的地区，一级一级地传递下去。威尔伯、汤普逊把这种情况称为“工业区位向下层渗透”现象。

商品消费中也存在着梯度消费现象。在某一个时点上，由于人们的购买力不同，高收入阶层的群体在商品选择时往往处在较高的消费层次上，其他中低收入的群体则因为购买力有限而限制了这方面的消费；当高收入阶层产生更高层次的需求时，他们会将原先的消费商品转让给中等收入者，从而发生梯度消费转移现象。这种现象同样也发生在中等收入群体与低收入群体之间。因此，从一个纵向的时间序列来看，一种商品的消费往往呈现出由高收入者到中等收入者，再到低收入者的现象，我们称它为商品消费的梯度转移规律。

需求上升规律与梯度消费是一个相辅相成的概念。从纵向联系来看，需求上升规律表现得较为明显。从横向来看，则通常表

① 但承龙等．梯度消费与住房二级市场建设．消费经济，2001年第1期。

现为梯度特性。同时需求上升规律的显现在很大程度上往往依赖于梯度转移的效果，横向梯度消费的障碍往往影响了纵向需求的上升。

对于商品消费所具有的纵向上升和横向梯度转移两个特征，住房消费表现得尤为明显。住房消费具有明显的梯度消费的特性，这主要是由住房消费的特点所决定的。与一般商品相比，住房消费更具有以下几个特点：

（1）住房的价格较高，在不同的收入群体间形成了不同的购买力。这就导致了在一定时点上，一方面在不同收入群体人们之间形成了住房产品消费的差异性，即高收入者的住房条件要好于中等收入者，中等收入者优于低收入者，从而存在着一定的势能差并使梯度转移成为可能；另一方面，即使对于绝大部分的高收入者而言，在原有住房无法出手时，他仍然没有足够的能力来满足更高层次的住房消费需求，从而使梯度转移的必要性增强。

（2）住房的折旧期较长。与一般的商品相比，住房具有更长的折旧期。按照建设部、财政部制定的《房地产单位会计制度—会计科目和会计报表》（1992）的规定，我国城市住房的耐用年限往往达到50或60年，而实际折旧年限会更高。这样就可以保证住房在转移时仍然具有较高的价值量，因为无论对于中等收入者还是低收入者来说，当他从上游消费者中取得转移过来的某商品时，该商品应仍具有相当的价值量，能提供足够的效用以满足自己的消费需求。

（3）追求舒适的消费心理。人们追求舒适的消费心理往往会导致新的消费观念的形成、新的设计理念的诞生和新兴技术的应用，并作用于住房市场，使住房市场的产品结构发生巨大的变化，从而提高住房市场的供给能力。如果没有这一点，就会导致人们对更高层次住房消费需求的不足，也就很难形成梯度消费。

可见，所谓梯度消费，实际上就是分层次消费的意思。如果把消费品的不同价格构成比作一座金字塔，同时把消费者不同的收入水平比作另一座金字塔，那么消费者的各种消费行为应该是在其中某一个相对应的层面上进行的。如果在收入水平没有提高的情况下硬要提升自己的消费层次，并不是一个明智的选择。一般来说，住房消费是随着经济不断发展而逐步完善的。就我国的情况看，目前人均 GDP 大约 3 000 美元，也就是说在经济水平上还是个发展中国家。因此，在个人住宅消费上，大多数人是难以做到一步到位的。也正是由于这个原因，住房梯度消费很可能成为未来几年人们改善住房的一种逐步递进的选择。所谓住房梯度消费就是租房——买旧房——换小面积新房——换大面积公寓——别墅。

住房消费具有明显的梯度消费的特性，这主要是由住房消费的特点所决定的，住房消费的梯度特征也应该成为我们设计城镇住房保障制度的基础。

第四节　城镇住房保障措施的经济分析

城镇住房保障政策是指由政府（包括中央政府和地方政府）对住房市场进行干预以解决城镇中低收入阶层住房问题所采用的行政的、经济的、法律的手段的综合。政府实施的住房保障政策可以归纳为三类：一是供给政策，即政府直接兴建中低收入者住房或补贴私人开发商营建和经营中低收入者住房，我国政府直接提供给中低收入家庭的经济适用房、廉租房即属于供给政策范畴；二是需求政策，即政府对中低收入者发放住房补贴，当前我国政府采取的廉租房补贴方式属于此范畴；三是价格（房价、租金）管制政策，即政府对住房价格（租金）进行管制，我国的限价商品房属于此范畴。

一、住房保障供需政策对比分析

从西方国家的经验来看，住房保障首先是以政府直接建设公房并以低租金提供给居民的方式出现的。例如英国在一战后就开始采取这种方式提供住房保障，直到20世纪80年代初，它在英国的主导地位都未受到影响，居住政府公房的居民一度高达40%。

我国旧体制下实行的福利住房制度也属于这种方式。政府房管部门的直管房如此，单位建房亦是如此（如旧体制下的全民所有制单位，其住房建设资金由上级拨给）。旧体制下的福利住房租金很低，连管理费和日常维修费水平都达不到。

上世纪80年代以来，这种方式受到挑战，许多国家采取将公房以优惠价格出售给原承租户，出现私有化。我国的住房体制改革，也是否定传统的体制，进行私有化，政府公房大部分已卖给原承租人。但西方国家经过20年的私有化后，政府公房仍然发挥着作用，占有一定比例。

政府直接介入住房供给并相应投入财政补贴，这种方式最大的特点是能够直接、有效地刺激和促进住房的生产，能在较短的时间里提供较多的住房。这种政策的通常做法：一是政府自己直接建造大量低租金或低价格的公共住房，供住房困难的中低收入阶层家庭居住，直接增加住房供给，类似我国的廉租房政策；二是由政府向房地产开发企业提供财政补贴，减少投资者的成本，间接增加住房供给，类似我国的经济适用房政策。

住房供给政策通过建造低收入者住房来帮助中低收入家庭解决住房困难问题；而在需求政策下，中低收入家庭收到住房补贴，可以利用补贴自由地到住房市场上购买或租赁住房。与居住公共住房相比，住房补贴能够使中低收入家庭根据自身需要做出自己的消费选择，具有更多的比较优势。

（一）供给政策和需求政策的基本区别

住房供给政策和住房需求政策的基本区别在于政府介入住房市场的角度和住房补贴的侧重点有所不同。

在住房供给政策中，财政补贴直接投向生产者一方，在住房价值得以实现的前提下，通过生产者的供给行为间接地传递给需求者。

综观世界各国的住房政策经验，住房供给政策的适用前提是：其一，住房极度短缺，旨在解决住房困难。也就是说，此时社会整体居住水平比较低下。其二，国家的财力有限，只能通过地价优惠、税费减免等间接方式来代替直接的现金补贴。

从这两点来看，目前住房供给政策（廉租房政策和经济适用房政策）在我国确实有其实行的现实基础。但是，住房供给政策存在不可避免的缺陷：首先，政府为此而实施的投资计划、分配办法和对市场的严密监控，构成了政府对住房市场的直接干预。政府过分介入住房市场实际上有悖于住房商品化、市场化的改革目标，有可能产生向旧的福利分配制度复归的倾向。其次，为了使接受财政补贴的住房建设者能够按照规定的标准建房，政府要为此付出巨大的监督成本。事实上，由于政府与开发商之间没有建立起关于约束开发商行为的完整的委托代理契约关系，使得监督不力的事件经常发生。

住房需求补贴政策代表了住房补贴政策演化的高级阶段。它的适用前提首先是政府财力比较充足，能够给予住房消费者以更为广泛和直接的现金补贴；其次是居民收入条件的改善与消费欲望的提高。此时，居民的住房收入弹性和收入房价之比都比较高，从而为住房市场奠定了更为现实的需求基础。第三个条件是住房市场供求基本均衡，接受补贴后，保障对象能租到或购买到合适的住房。

住房需求政策的优点体现在：第一，能够避免对住房市场的直接干预，住房市场的价格机制和竞争机制不会发生扭曲。第二，财政补贴的作用直接传递到消费者的消费活动中，并全部转化为消费者的福利，而不会在住房建设阶段产生效率流失或被生产者所占有。与此同时，政府也没有必要付出巨额的监督成本，只需要对住房的开发与消费活动加以经济调节，即提高政府的市场调控效率。第三，能充分鼓励居民自置住房。第四，需求补贴有很灵活的退出机制。对政府廉租房住户来说，住进了廉租房，形成占用状态，有既得利益，很难退出。而需求补贴是事后提供，受益人不占用资源，收入提高后，福利待遇随时可以调节，受益人一旦收入增加而失去租房补贴资格时，只需停发租金补贴即可，与商品房市场相衔接，操作更方便。这一点是十分重要的，需求补贴既可避免福利资源浪费，又可提高福利享有的公平性，还可以促进商品房市场的发展。

另外，需求补贴的直接目的是改善受保障对象的住房条件，对受保障对象而言，只要这部分补贴款的使用有利于其整体生活质量的提高，就没有悖逆发放货币补贴的根本目的。无论是住房需求，还是其他需求都是人的客观需要。受补贴者有权利，也有能力选择补贴之用途。让有主观能动性的受补贴者去支配补贴款更符合其现实需要。同时，不同的受保障者对住房条件的承受力和标准的要求是不同的。而廉租房、经济适用房等的标准是根据社会一定群体的一般性要求制定的，因此，纸面上的原则标准要让位于现实中的客观需要。如果受保障者甘于已有的住房条件，认为这部分补贴款做其他使用更能提高其整体收益的话，又何乐而不为呢？可见，发放货币补贴无疑会更灵活地满足受保障者的需求。

很明显，住房需求政策是更尊重市场价值规律的一种政策选择，也应该是我国住房保障政策发展的方向。

（二）住房供给政策与住房需求政策的效果比较

住房供给政策效果和住房需求政策效果的不同之处主要表现在以下四个方面：

（1）住房供给政策设计下的廉租房、经济适用房及限价商品房的规划、建设、销售、管理等是个系统工程，需要综合协调国土资源、建设、发改、财政、房管等多个政府部门，这无疑大大增加了行政成本，降低了行政效能。

（2）在住房供给政策下住房市场价格机制的正常作用受到了限制，而住房需求政策下的住房市场价格机制则比较灵活。住房需求政策可以在不影响市场正常供给和政府不实施特别干预的前提下，凭借价格机制充分灵活的调节作用，达到了提高和改善中低收入阶层居住水平的效果。

（3）住房供给政策压制了价格机制的正常作用，更容易诱发新时期下的住房短缺。为了保证低价供应，当住房价格被硬性控制在低于均衡价格的水平时，会产生住房供给的缺口。由于经济适用房供给远远小于需求，当前各个城市经济适用房普遍采取“摇号”的方式决定谁取得购买权，出现了“一房难求”、“万人争购”的现象。相对而言，住房需求政策则不会产生这样的问题，提高了实际购买力的居民将从住房消费活动中获得更大的福利和效用。

（4）需求补贴不需要一次性巨额投资，在一定资源条件下，可以为较多的家庭提供帮助。或者在受益家庭数量一定的前提下，只需要较少的资金。而廉租房、经济适用房等建设的投资大、周期长。且目前城市土地紧张状况也制约其建设。而货币补贴好支配、易管理，从而大大降低了行政成本。

因此，从市场经济运行的整体效率与资源最佳配置的角度来考虑，相比住房需求政策而言，住房供给补贴政策是缺乏市场公平与违背效率原则的。

（三）两种住房政策的共有特征

（1）任何一种住房政策只能是阶段性的选择，不断地发生演进是其最本质的特征。住房政策渐进发展的理论依据有三点：首先，居民的收入结构时刻都处在调整之中，从而使得政策制定的主要参考指标，如房价与收入比、居民可能选择的消费模式以及租售价格比也在做出同步的调整。其次，国家的产业政策目标是不断变化的。无论是住房供给政策还是住房需求政策都代表了一定时期内产业政策倾斜的导向，当住房不再属于社会发展中着重需要解决的问题时，住房保障政策的取向或力度也会发生相应变化。最后，住房市场供求格局的变化。一般来说，在市场供给相对不足时，由政府直接介入供给可以起到增加市场供给份额和降低市场价格的作用；而在市场消费不足时，对住房需求者实行补贴，则有利于加速住房供给的存量消费和促进住房自有化。

（2）住房供给政策和需求政策都具有一定的外部性，从而决定了它的效果也必然具有一定的局限性。住房政策的外部性表现在三个方面：①政府参与资源配置而不是由市场机制进行资源配置。②财政补贴大量投入住房领域会使政府财政政策的操作与运用的范围受到局限，其他政策目标的实现会因此而受到影响。③为保证住房政策预期目标的实现，政府必须付出大量的维护成本。例如，在执行住房保障政策时，为使低收入者能从租金补贴中充分受益，政府必须制定一整套严密的监管制度。

值得注意的是，理论推导并不代表现实可行。贫困家庭在微薄收入的硬约束下，支出主要用于食品和住房，其中食品作为生存的第一需要，相对要占更大比例。在对低收入家庭直接给予现金形式的租金补贴以后，他们的理性选择很可能是先购买食品等必需品以满足其基本需求，然后才会考虑改善住房条件。即便他们用现金补贴去租房，在市场上恐怕也很难在有限的补贴和市场租金之间找到一个平衡点。

因此，为使住房需求政策更好地发挥作用，需要三个必要前提：第一，消费者获得补贴后要有足够的自觉性到市场上去租房而不会投入到其他必需品上；第二，消费者能在市场上找得到相应的低租金住房；第三，市场上低租金住房的房源供给充分，不致因竞争激烈而推动房租上涨，使租金超过消费者的支付能力。也就是说，只有在房源充足、住房补贴量到位，并同时有强制用于租房支出的相关措施以及政府能有效控制供给垄断的情况下，住房需求补贴才能表现出更大的优越性。

二、房价管制（限价商品房）的经济效应分析

“限价商品房”是指经城市人民政府批准，在限制套型比例、限定销售价格的基础上，以竞地价、竞房价的方式，招标确定住宅项目开发建设单位，由中标单位按照约定标准建设，按照约定价位面向符合条件的居民销售的中低价位、中小套型普通商品住房。为解决住房夹心层问题，目前我国很多城市开始大力发展限价商品房。例如，北京市2007年限价房全年供应386.64万平方米，占全年居住类规划建筑面积的41.65%，超过全年计划指标300万平方米。①

作为一项新推出的住房政策，社会各界对限价商品房政策的争论很多。本部分从住房补贴效率、政策公平性和负面效应三个视角对限价商品房的政策效应进行分析，以便对该政策有一个更准确的认识。

（一）限价商品房的住房补贴效率分析

从住房市场的国际经验来看，政府干预住房市场，帮助大多数居民解决住房问题，可通过两条途径达到目的：一是实行“暗补”，即以提供土地等实物进行补贴；二是直接向消费者提供现金形式的“明补”。

1. 交易成本等于零时住房补贴效率分析

从限价房采取的限价措施来看，主要是通过“限定房价，以房价定地价”的方式实现的。可见，限价商品房之所以“低价”主要是因为其土地出让价较普通商品房低，同时政府再通过给予该类住房在开发和流通过程中以一定优惠，实现其较低成本，进而房价也相对较低。

以较低的土地出让金取得土地使用权，相当于政府给消费者土地使用权补贴，属于“暗补”。这种补贴方式与政府直接将货

① 牛凤瑞．中国房地产发展报告．社会科学文献出版社，2008年，第96页。

币补贴给消费者相比，效率是低下的。在图 2－2 中，设横轴为消费住房数量，纵轴为住房以外其他商品的消费数量，U_1、U_2 分别表示无差异效用曲线，它表示消费者对不同商品组合的满足程度，AB、A′B′ 、AB″表示家庭预算线。AB 与较低效用 U1 相切于 E 点，该点表示在既定的收入水平和均衡价格条件下，购买 OX_1 的住房和 OY_1 的其他商品，消费者能获得最大的满足。AB″与 U_2.相切于 G 点，A′B′与 U_2 相切于 H 点，其含义与 E 点相同，且 U_2 的效用大于 U_1。①

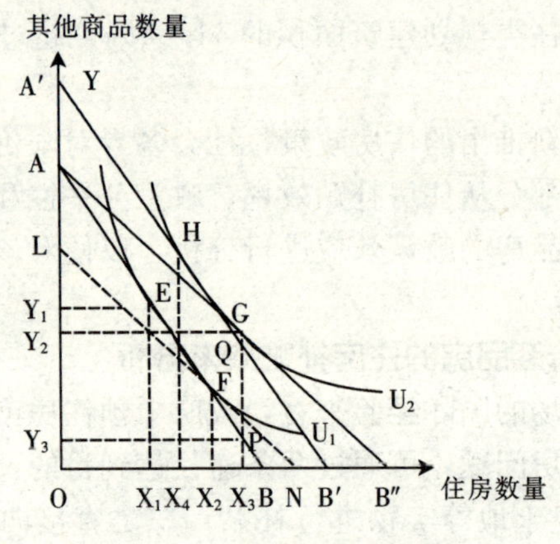

图 2－2　住房补贴效率分析

假定没有限价商品房政策，则在现有收入水平下，家庭预算线为 AB，消费者消费房屋的量为 OX_1。可见，如果没有政府的干预，住房消费量是比较小的，许多消费者可能因无力购买住房而出现住房困难。

为中低收入家庭提供限价商品房，相当于降低了住房的售价，家庭预算线发生位移至 AB"。在住房以外其他商品价格不变的条件下，消费者购买住房的数量从 OX_1 增加到 OX_3。该过

① 黄征学．经济适用房的政策效应分析．经济科学，2004 年第 6 期。

程实际是替代效应和收入效应共同作用的结果。

（1）替代效应。假设住房价格下降后，将消费者的货币收入减少一定金额，使其在该收入条件下仍能维持原来的效用水平，则 AB″线将平移动到 LN 与较低效用曲线 U1 相切于 F。这时，因为无差异曲线 U_1 上各点的效用均相同，住房消费由 OX_1 增加到 OX_2，显然是替代效应使住房的购买量增加，而住房以外其他商品的购买量相应减少。

（2）收入效应。由于 G 点表示住房价格下降后，货币收入和支出不变时消费者实际购买量，所以从 F 点到 G 点可以设想为将消费者减少的收入退还。由于收入增加，其住房购买量从 OX_2 上升至 OX_3。由此可见，向消费者提供限价商品房所引起的价格效应（X_1X_3）＝替代效应（X_1X2）＋收入效应（X_2X_3）。

从该过程可以推导出政府对消费者的补贴额。假定住房以外的其他商品价格不变，为便于比较，将住房的消费量用其他商品表示。在家庭预算线为 AB 时，购买住房的量用其他商品表示为 AY_3（因为在预算线为 AB 时，家庭支出全部用于购买住房以外其他商品总量为 OA，而预算线上 P 点处，表示购买住房量为 OX_3，其他商品为 OY_3，所以 OX_3 住房量用其他非住房商品表示为 $OA-OY_3=AY_3$）。当政府提供限价商品房后，购买 OX_3 的住房量用其他商品表示为 AY_2。可见，中低收入家庭从政府得到的补贴用其他商品表示为 $AY_3-AY_2=Y_3Y_2$。

政府对中低收入家庭进行住房补贴的另一种途径是变“暗补”为“明补”，即直接向中低收入家庭提供现金补贴。在消费者偏好及商品和住房价格不变的条件下，家庭预算线 AB 将向上平移，达到的效用只需与效用曲线 U_2 相切，切点为 H。政府对消费者的补贴用非住房商品表示为 AA′，因为 AB′与平行 A′B′，所以 AA′ ＝PQ（GX_3 与 A′B′交于 Q，与 AB 交于 P)，而 Y_3Y_2＝GP，显然 GP＞ PQ，即达到相同的效用 U_2，实物补贴额超过现金补贴额。这就是说土地补贴的贬值率为（1－PQ/

GP)，暗补造成了补贴的浪费。

2. 交易成本大于零时的补贴效率分析

前面的分析假定没有交易成本时，家庭能够完全获得政府的实物补贴 PQ。但是，限价商品房政策在现实实施中存在较高的交易成本，家庭获得的补贴最终会因交易成本的上升而降低。

限价商品房的价格一般比该地区同质普通商品房的平均销售价格下浮 20%左右。在没有实行房价限制政策时，市场在价格为 P_0 时达到均衡（如图 2-3），此时市场供给量为 Q_0，实行房价限制政策之后，市场价格降到 P_1。此时，市场需求也由此变为 Q_2，但市场供给只有 Q_1，这必然造成限价商品房供不应求，使之成为社会“稀缺资源”，变成社会各方力量追逐的对象，进而导致“寻租”行为的发生。

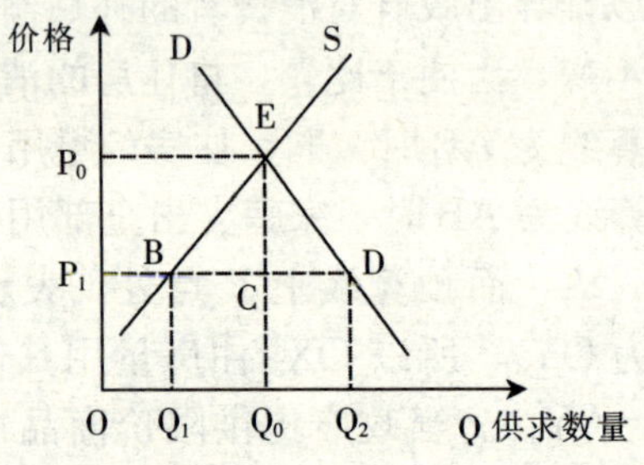

图 2-3　住房供求关系

如果对限价商品房的购买对象没有明确界定或者界定过于宽泛，竞争将更加激烈。由于限价商品房数量有限，申购者一般是通过摇号决定选房的排序。此时，排队等待成本以及其他形式交易成本将迅速上升。为减少交易成本，限价商品房开发商可能放松对购买限价商品房家庭的资格审查，甚至可能协同不符合要求的购房家庭作弊。在经济适用房制度中，部分城镇高收入家庭购买经济适用房的事实已证明了这一点，限价商品房也可能会面临类似问题。虽然政府出台了诸多规章制度来规范这一问题，但是这又会造成交易成本进一步上升。

交易成本越高，经济运行的效率也就越低，这是已为我国以前的住房制度改革实践所证实。因此，交易成本上升一方面降低了政府的补贴值，另一方面也降低了住房市场的运作效率。

虽然货币补贴也存在交易成本，但是货币补贴的对象是明确的，交易成本相对较低。因此，在引入交易成本后，与实物补贴相比，货币补贴的效率进一步提高。

3. 政府监管成本大于零时的效率分析

限价商品房按照“以房价定地价”的思路，一般采用政府组织监管、市场化运作的模式。与一般商品房不同的是，限价房在土地挂牌出让时就已被限定房屋价格、建设标准和销售对象，政府对开发商的开发成本和合理利润进行测算后，设定土地出让的价格范围，从源头上对房价进行调控。

为实现限价商品房政策所要达到的目标，不论是中央政府还是地方政府都不得不对限价商品房建设过程中的立项论证、开发建设过程、销售过程以及消费过程进行全程管理，因而政府的监管成本相当高昂。当将政府监管成本加以考虑后，限价商品房政策的补贴效率进一步降低了。

可见，当政府向中低收入家庭提供限价商品房时，因为暗补的低效率、交易成本及监管成本的存在，政府的补贴额出现了消散，购房者实际上只得到了政府提供的住房补贴的一部分，而不是全部。

（二）限价商品房的公平性分析

作为面向中低收入阶层的政策性商品房，限价商品房之所以能够低价，是因为政府部门和开发商让利的结果。政府让利，主要体现在土地成本上，这实质上是一种补贴。

作为一项公共政策，住房补贴政策的公平性应是努力缩小社会各阶层之间以及各阶层内部的差距，达到“收入越高，补贴越少”的垂直公平效果。

从限价商品房的申购条件来看，目前，大多数城市规定申购者必须是中低收入家庭。由于我国许多城市没有全民收入统计，难以划分城市居民的收入线。有些地方规定购买限价商品房者只需要购房者单位证明其是中低收入家庭即可，这种规定可以是说形同虚设，甚至有些地方连中低收入的规定条件都没有。2008年成都市限价商品住房供应对象：家庭年收入6万元以下、家庭住房面积55平方米以下或人均住房面积16平方米以下、具有本市户口的家庭；在本市有固定工作、并连续缴纳社保两年以上的外来务工家庭；35周岁以上、无自有住房、具有本市户口的单身居民。

从2006年成都市城镇居民家庭的收入情况看，3口之家如果年收入达到6万元，其家庭已经属于高收入家庭，也就是高收入家庭也被划为限价商品房的供应对象。这样，限价商品房申购范围被无限扩大。此外，家庭收入的统计也存在较大的漏洞，许多行业只能统计基本工资收入，而工资以外的其他收入统计由于交易成本比较高，根本没有办法统计，这就使得限价商品房的销售对象模糊化，销售对象划分不明确导致限价商品房销售对象过宽。

按照成都市的规划，2008年限价商品住房供应规模为80万平方米，套型建筑面积控制在90平方米以内，销售价格比周边同类商品住房低20%～25%。而《成都市住房建设规划(2006—2010)》中规定，2008年，商品住房建设9.06万套，建筑面积861万平方米。限价商品房建筑面积只有商品住房的9.3%，而限价商品房又有20%～25%的价格优惠，僧多粥少势所难免。在限价商品房与普通商品房差价的吸引下，部分高收入家庭将进入限价商品房市场，挤占本应由中低收入家庭享受的补贴，对中低收入家庭造成不公平。况且，由于限价商品房和普通商品房相比，存在巨额利益空间，如何有效防止寻租现象的发生也是一个难题。

现阶段，中低收入家庭占城镇所有家庭的比例为60％～70％，我国城镇政府不可能为所有符合条件的中低收入家庭提供保障性住房，而只能为其中一部分家庭提供，这客观上又会造成中低收入阶层内部的不公平。

同时，居民家庭的收入状况是动态变化的，目前其家庭收入低并不代表其永远属于中低收入家庭，而购得限价商品房的家庭相当于一次性接受了政府数万元的补贴，这对其他没有中签的中低收入家庭也是不公平的。

由于限价商品房的特殊属性，在限制了房价的前提下，开发商的利润会被限制在很低的水平，这对开发商来说也是不公平的。完全不考虑投资回报对企业来说不现实，如果限价商品房建设采用自愿参与的方式，如同经济适用房一样，开发商参与限价商品房建设的积极性必然很低。北京通州区半壁店两限房项目开标时，招标底价为10.67亿元，然而，参与此地块投标的单位仅有3家；天津首推新家园限价房地块，亦只有1家企业投标；2008年1月4日，深圳市首次推出两块限价商品房用地，结果其中一块流标[①]。一位广州金沙洲限价房项目的负责人表示："如果是纯粹商业考虑，今后将尽量避免参与开发限价房"[②]。

（三）限价商品房政策对房地产市场的影响分析

1. 不利于住房结构合理化

到目前为止还没有哪一个国家的政府有足够的财力为全体居民解决住房问题，而只能针对不同的收入阶层提供不同类型的住房，以保持住房消费结构的适度合理。如住房市场比较完善的国家一般只对20％的低收入家庭提供廉租房，将其他家庭推向市场。

① 建设部．两套方案破解中等收入家庭住房困局．www.soufun.com，2008－02－04。

② 失控的限价房．中国经营报，2008－03－03。

从我国当前的实际情况看，相当大一部分城镇居民对商品房有支付能力，这部分居民本应推向市场，由市场配置住房。但现实中这部分居民也进入限价商品房市场购买限价商品房，造成住房结构与收入分布的不匹配。

原建设部党组书记、副部长姜伟新指出解决中等收入家庭住房问题的办法不能对未来住房市场化改革形成障碍①。如果政府为满足城镇60%～70%中低收入家庭住房的要求而大规模地进行限价商品房建设，则建立多层次的住房供应体系和形成合理的住房结构这一目标最终将不能实现，有违我国市场化改革思路。

与区位条件相同的限价商品房相比，普通商品住房在竞争中处于劣势，这无疑将挫伤开发商开发普通商品住房的积极性，而将资金投向其他领域，引起住房供给的减少和住房价格的上升。这样，以限价商品房抑制房价的目的不但达不到，时间一长反而可能会推动房价的上涨。

另外，购买限价商品房的家庭获得了土地补贴，而购买二手房的家庭并不能获得类似补贴，这将激励家庭购买限价商品房，导致住房二级市场启动困难，住房市场不能实现有效联动，住房的梯度消费也不能形成。

针对目前持续高涨的房价，如果政府企图以限价商品房来平抑房价。那么住房价格越高，政府就越倾向于增加限价商品房的供给量以平抑价格，这最终将迫使政府逐年增加限价商品房的供给量，造成商品房和租赁住房市场不断缩小。

2. 土地收益流失严重

为限价商品房提供低价土地是政府利用行政手段干预其生产成本、影响其价格、提高中低收入家庭购买力而采取的优惠政策，这客观上造成本该归政府所有的土地收益因限价商品房建设

① 建设部．两套方案破解中等收入家庭住房困局．全国建设工作会议暨建设系统党风廉政建设工作会议，2008-01-11。

沉淀一部分下来留给了购房者。

在目前的税收体制下，限价商品房的购买者就永远占有了这部分土地收益及其后期增值收益。此外，高收入家庭以购买限价商品房的方式进行投资，所造成土地收益流失的问题也应引起足够重视。

在现有的土地收益分配制度下，限价商品房建设所导致的土地收益流失无疑损害了地方政府的利益，所以地方政府并没有内在的激励加强限价商品房建设。在中央政府和地方政府利益不能达到均衡的条件下，限价商品房相关政策的执行必定会受到影响，这一点已经在经济适用房的开发建设中显现出来了。

3. 限价商品房难以有效降低商品房价格

各个城市推出限价商品房的一个主要目的之一就是针对目前的高房价，但是单纯依靠限价商品房政策很难抑制高涨的房价。

理论上，限价商品房是一种带有“半保障”性质的商品房，它能够分流中低收入者的购房需求，从而最终达到稳定房价涨幅的目的。然而，限价商品房要达成上述效应，需要两个前提：一是保证供应量的充足，二是保证购买者确实是中低收入者。问题是，实施多年的经济适用房都不能大范围推广开来，成为房地产市场的供应主体，限价商品房就更不可能。即使它能够得以大量推出，又会使目前政府本来就不丰厚的土地储备更多用于限价商品房建设，从而导致进一步的供地紧张，影响地产商拿地的成本，进而促使房价上涨。

（四）基本结论

从以上分析可以看出，从补贴角度来看，限价商品房是低效率的；从公平角度分析，限价商品房缺乏公平性；同时限价商品房还会产生许多负面效应。虽然政府希望通过限价商品房解决城镇中低收入家庭的住房困难问题，并抑制高涨的房价，但当前的政策安排很难达到预期目标。

要解决城镇中低收入家庭的住房问题，必须改革目前的住房保障思路，建立新型的以需求补贴为主的住房保障体系。

第五节　城镇住房保障制度发展的国际经验

城镇住房保障制度是国家通过行政手段对城镇中低收入家庭提供适当住房的一项制度。建立住房保障制度，是对市场化住房分配机制的必要补充，也是国家住房制度与社会保障制度的重要组成部分。目前，我国城镇住房问题已成为引起社会各界广泛关注的社会性问题，建立和完善住房保障制度已迫在眉睫。因此，通过研究发达国家或地区在解决城市住房问题时采取的各种政策和措施，找出其住房制度的共同特征和发展趋势，无疑对构建我国新型的住房保障制度有着重大的启迪意义。

一、城镇住房保障制度的共同特征

从对各发达国家或地区住房保障制度的分析来看，尽管其类型和特色有所区别，但都有一些共同的特征。主要是：

（一）住房保障制度的基本目标具有大众性

住房保障制度基本目标的确立，是住房保障制度的基础，有了明确的目标，才能构筑一整套住房保障制度。从发达国家或地区的情况来看，各国（或地区）的住宅法和住房计划中，对住房制度的基本目标都作出了明确的规定。如美国的住宅法规定："尽可能通过私人企业和政府的支持，使每个美国家庭有舒适的住房和适宜的居住环境。"瑞典政府确定的政府住房的目标是给每个人提供一所足够宽敞和舒适而且环境优美的住宅。新加坡则提出了"居者有其屋"的目标等。从这些例证来看住房保障制度的基本目标都具有大众性，立足于每一个国民都享有舒适的住房和适宜的环境。当然这是一个长远的目标，实际上是分阶段达到这一目标的。

（二）住房保障制度的指导思想基于住房的两重性

西方国家普遍实行的是以私有制为基础的市场经济体制，他们认为住房具有两重性，既具有商品性，又具有一定的社会性。因此，住房资源的配置应由市场机制调节，但同时因为住房问题关系到千千万万个家庭基本的居住生活，国家和政府有必要、有责任进行支持和干预，包括国家参与投资建设公共住房、提供金融支持和对低收入者的住房补贴等。

（三）住房建设投资以私人企业为主，国家为辅

由于西方国家是以私有制为基础的资本主义国家，他们认为遵循市场经济原则，由私人建筑公司开发建设住宅比较有活力和效率，因此住房建设应以私人企业投资为主。以瑞典为例，原先为解决房荒问题曾较多地由政府的住宅公司投资建造公共住房，目前也逐渐减少，转为辅助地位（见表 2-1）。

表 2-1　世界部分国家竣工住房投资类型（1970—1985 年）

国　别	年　度	政　府	非营利组织	营利组织
法国	1970	0.7	32.2	67.1
	1980	0.8	20.6	78.6
	1984	1.1	17.3	81.5
瑞典	1970	4.3	53.9	41.8
	1980	2.4	33.3	64.2
	1985	2.4	55.1	42.4
英国	1970	48.6	3.3	28.1
	1980	36.1	11.2	52.7
	1985	15.3	6.7	78.0
美国	1970	2.3	0.0	97.7
	1980	0.5	0.0	99.5
	1985	0.0	0.0	99.9
日本	1980	9.2	1.8	88.9
	1984	7.1	1.2	91.6

资料来源：联合国欧洲年度住房与建筑统计公报．转摘自孟晓苏．住房政策的国际经验与启示．中国软科学，1998 年第 7 期，第 102 页。

（四）住房权属倾向自有化

西方国家的政府认为，住房是私人的事情，住房的产权应以私有为主。原来公共住房较多的国家普遍推行住房自有化政策。如英国20世纪70年代以来，开始出售公房，大力推进住房自有化。英国采取了以下主要措施：①用立法扫除一切阻力，用经济杠杆保证住房自有化政策的实施；②采用多种优惠政策，鼓励居民买房和建房；③通过实际调查统计，测算出居民购房的承受能力，进而确定售房价格水平。由于采取了这些措施，加快了住房自有化进程。英国住房的自有率从1978年的54.1%提高到1991年67.7%。其他国家如美国的住房自有率约为66%，西欧国家的住房平均自有率为56%，除少数福利国家住房自有率较低外，一般国家的住房自有率都在60%～80%之间[①]。

（五）完善的住房保障政策

西方国家倡导公平的住房政策，出于社会公平和社会稳定的考虑，一般都非常重视解决低收入者的住房问题。他们认为，中等以上收入者应当有能力自主解决住房问题，而低收入者特别是最低收入者需要政府援助才能获取基本的住房，因而政府的住房政策明显向低收入者倾斜。各国的住宅法中都有这方面的规定。对低收入者住房的支援，主要方式有：房租补贴、提供廉租房、对无家可归者安排住房等；而对中等收入以上者，则主要是通过住房抵押贷款和贷款利息可减扣所得税等优惠政策给予支持，鼓励买房。

（六）健全的住房制度法律保障

国外住房保障制度都有明确的立法，各国都有相应的住宅法，有的国家如日本制定了一系列相互配套的住宅法，如《公营住宅法》、《住宅金融公库法》、《住宅地区改善法》、《地方住宅供

① 陈伯庚．城镇住房制度改革的理论与实践．上海人民出版社，2003年，第117页。

给公社法》等。各国住宅法的内容，一般包括：立法的目的（即住房政策目标）、住宅用地的规划和供应、住房的权属、低收入者的住宅问题、居住区改造和改善、住宅租赁、住房金融、住房管理等。把住房制度用立法的形式进行规范，既有权威性，又有利于保证其贯彻执行。这是西方国家住房制度的一个重要特点，也可以说是一个重大优点。

（七）发达的住房金融中介机构

住房是价格高昂的生活必需品，在收入水平较高的工业化国家中，住房价格一般相当于家庭年收入的3～6倍。中低收入阶层很难在短时期内完全用自有资金来购房或建房，因此，开展住房信贷的住房金融机构就成了居民解决购、建房资金的纽带。一方面，多数国家采取税收、利率优惠政策，鼓励个人储蓄和借抵押贷款购、建房，由金融机构把量小分散、期限短暂的资金转换融通为数量较大、期限较长的资金；另一方面，政府对中低收入家庭建房的预算拨款和购房的津贴补贴等资助资金，也需要金融机构营运管理。一般商业银行不愿承担这类住房融资业务，因此，需要建立专门的住房金融机构或资金管理机构来承担此项业务。中介金融机构可分为政府政策性住房金融机构和私人住房金融机构，其中，政府政策性住房金融机构是主要针对中低收入阶层住房问题而设立的。

从发达国家或地区的情况看，美国的联邦抵押贷款协会、英国的建房社团、日本的住宅金融公库、瑞典的城市抵押银行、新加坡的中央公积金局等都属于这类金融中介机构。

政策性住房金融机构的资金来源是政府财政拨款、中央银行贷款、专项住房基金、法定强制储蓄和社会居民存款等。其中，政府财政拨款主要用于创办这些机构和提供一定的营运资金；至于储蓄，一般是通过其他金融机构（尤其是储蓄银行）吸收储蓄，然后再转借给政策性金融机构，而不是直接吸收一般储蓄。这类机构的资金运用主要是为中低收入阶层提供购房和建房贷款，以及为贷款提供担保。

但值得注意的是，从 20 世纪 80 年代开始，无论是发达国家还是发展中国家，政府对住房金融中介的直接干预逐渐减少，政策性金融机构与其他金融中介的业务日益融合，出现住房金融与整个国家金融体系一体化的趋向。

二、城镇住房保障制度的发展趋势

随着社会经济的发展、住房供求关系和居民住房情况的变化，西方国家不断地对其住房保障制度进行调整和完善。如英国从 1890 年制定第一部住宅法以来，到 1996 年已先后修订或制定新的住宅法 48 次，平均每两年一次，其中虽有执政党更迭的因素，但主要还是审时度势，使住宅法不断改进。其他国家的情况也都是如此。可见，随时间推移，不断调整和完善住房制度是必然趋势。从各国住房保障政策的调整来看，住房保障制度的发展趋势大致如下：

（一）直接干预转变为间接干预

政府直接建房是住房保障初期的主要方式之一，一般在住房短缺情况下更受各国（地区）政府的重视。这种直接干预方式产生于住房供求矛盾尖锐、住房严重短缺的环境，通过设立专门机构、提供运营资金的办法实施。其主要优点是充分发挥了政府的资源动员优势，能够保证在较短的时期内刺激住房总量的快速上升，解决住房短缺状况。但缺点是政府财政压力过大，房屋建成后还要相应承担“租不养房”的问题，同时也在相当程度上限制了私人房产商的作用。因此，政府直接建房占全社会住房建设量的比例应尽可能控制在一定范围内，保持适当水平。

住房供求基本达到平衡时，政府对住房供应市场的干预就转向以间接干预为主。间接干预的方式是：政府对普通住房发展商住房建设投资和私人住宅投资实行优惠贷款（长期低息贷款或贴息贷款）、贷款利息减免等办法，支持非营利机构发展低成本、低租金住房，从而间接干预住房供应，通过市场为中低收入居民提供保障住房。

表 2-2　52 个城市的住房使用方式

不同收入水平的国家（限于城市）	房主拥有所有权的住房百分比（%）	公共住房的百分比（%）	全部非法住房的百分比（%）
低收入国家	33	13	64
中低收入国家	52	11	36
中等收入国家	59	14	20
中高收入国家	55	53	3
高收入国家	51	13	0

资料来源：住房指标计划（第三卷）；初步调查结果．联合国人居中心和世界银行的合作项目，华盛顿特区，1993 年 4 月。转引自胡彬．制度变迁中的中国房地产业．上海财经大学出版社，2002 年，第 147 页。

随着各国住房难题的逐步缓解，大多数国家或地区的政府都倾向于退出传统的住房供应领域，纷纷实施其他形式的住房干预政策。表 2-2 中显示除了中高收入国家或地区以外，其他收入类型的国家或地区中的公共住房比重都非常低，正是对这一现象的极好佐证。

（二）住房产权日趋私有化，住房自有率普遍提高

在第二次世界大战后的五六十年代，为解决住房短缺问题，西方主要国家都普遍采用了政府建造公共住房的政策，来增加住房的供应，并由政府直接管理公共住房，这对缓解住房紧张、提高居民的居住水平起了良好的作用。但随之而来的政府财政负担加重和住房管理效率低下的问题也日益凸显，表明政府直接建造和管理公共住房并不是一项好措施。

因此，20 世纪 70 年代以来，世界范围内出现了一股由政府采取税收和贷款优惠以推动公房私有化的浪潮，这与各国完善住房保障制度、促进社会安定的考虑密切相关。美国、德国、英

国、新加坡、日本等国政府有一个共识：一个拥有住房财产的阶层，是一个最稳定的阶层，有利于整个社会的安定。同时通过推动公房私有化，也可相应减轻政府在住房保障方面的压力。

各国纷纷减少公共住房建设，现有的公共住房也采取了出售给住户的政策，公房的管理权则逐渐转移给社会公共机构管理。这就使住房权属关系发生明显变化，住房产权日趋私有化，住房的自有率普遍提高。英国是住房政策结构调整最典型的代表。在20世纪70年代末，英国公营住房在住宅总量中大约占1/2。由于公房租金太低，仅为成本租金的57%，政府每年都要拨出大笔资金补贴房租，给国家财政造成很大压力。1979年撒切尔夫人任首相时，英国政府把住房保障制度改革作为经济调整的突破口，住房保障政策的重点转移到鼓励和支持居民自建住房和购买住房方面，原有公房大量出售，从而加快了住房自有化进程。这个事实反映了住房产权日趋私有化，住房自有率提高的发展趋势。

（三）住房补贴减少，补贴方式向房租补贴转变

第二次世界大战后的初期，不少西方国家把住房看作是重要的社会福利，补贴面宽，补贴又高，以致政府负担加重，难以为继。20世纪70年代以后，各国政府都采取了减少住房补贴的政策。如瑞典把住房补贴政策作为其推行福利主义政策的重要组成部分，住房的补贴高、限制少、覆盖面宽。由此，包括住房补贴在内的公共开支过度增长，1970年占国民生产总值的51%，1980年又猛增到67%。这一方面导致庞大的财政赤字和严重的通货膨胀；另一方面又削弱了储蓄和投资，助长了懒汉思想。在1991年的税收改革和1993年的金融改革以后，政府决心逐步减少补贴，并制定了一项计划，在10年内把新建住房补贴削减到1/4。

在削减住房补贴的同时，住房社会保障面也逐步缩小，普遍向低收入者倾斜。各国一般都制定了低收入者的标准和申报批准

程序，并严格控制，目前补贴对象已控制在10%左右。

对低收入者的补贴方式正由“砖头补贴”向“人头补贴”转变，房租补贴被各国所重视。从住房需求市场而言，为提高中低收入居民的住房消费能力，各国普遍采取税收减免、发放住房补贴等措施。税收减免主要是针对住房购买人，面向几乎所有的居民，它是推动个人购房、提高住房自有率、刺激住房有效需求的有效手段，并兼有启动建筑业、推动经济发展的宏观经济效益；房租补贴是面向低收入租房者的住房保障措施，几乎所有发达国家和越来越多的发展中国家都不同程度地发放房租补贴，以帮助支付能力有限的低收入家庭得以在住房市场上租到合适的住房。补贴的数额，一般按照标准住房（视家庭规模而定）的租金与家庭可支付租金的差额确定。家庭可支付租金，按本地区平均房租支出占家庭收入的比重确定。

房租补贴政策不同于其他保障方式的特点是房租补贴属于现金补贴，这使得房租补贴更具有选择性，即更能保证政府的补贴真正用于补贴低收入家庭，从而更能控制和减少政府的住房开支，其显著优点是避免了对住房市场自身运行规律和效率的干预，有利于提高存量住房的使用效率。从70年代中期开始，西方国家的住房保障逐步由对住房供应市场的干预转向现金补贴，出现了所谓的由“砖头”（供给方）补贴向“人头”（需求方）补贴转移的趋势。但“人头”补贴这种方式不能对住房供应产生必要的直接刺激，而住房供应不足就无法控制房租上涨，相应地会有更多人申请更多的住房补贴，从而引起房租补贴上涨，达不到减少公共开支的目的。一般来说，房租补贴政策适用于住房供求总量基本平衡、甚至供大于求的市场环境，服务于提高现有住房使用率的目标。这也是西方市场经济体制国家政府住房保障方式向房租补贴转移的基本条件和目的。

（四）住房水平日趋提高，向居住舒适型、享受型转变

西方国家住房政策普遍以提高居住水平和居住质量为基本目

标。但由于住房水平受经济发展水平的制约，这一目标也是分阶段实现的。二战后初期，西方国家的经济处于恢复时期，面临住房紧缺状况，建设的住房以一室户、二室户为主，主要解决有房可住问题。进入 20 世纪 70 年代，住房短缺问题基本解决，重点转向扩大住房面积，建设宽敞型住房。80 年代以后，住房需求档次提高，普遍建设舒适型、享受型、发展型住房，住房质量和环境适应度都有很大提高。住房政策的重点也从新建住房为主，转向旧住宅区的改造和旧住房的修缮和改善方面。住房水平的提高，也促使政府的住房政策进一步完善。

（五）住房保障的金融支持

各国为实施住房保障，基本上都建立了专门的住房金融体系，通过政策性住房资金支持实施间接干预。其政策性住房资金供给是通过政府提供低息贷款或贴息的方式实现的，贷款资金来源于政府财政或以政府财政为担保的政府借款。它是引导社会资源向住房建设倾斜、动员私人发展商及非盈利机构建房的重要手段，既有利于刺激住房发展，帮助居民购房，又可以获得与居民收入水平相适应的廉价住房，是解决住房短缺、房价畸高情况下居民住房问题的有效措施。但与直接建房类似，长期贴息政策需要政府不断的财力支持。同时，政策性住房金融制度是一种与资本市场分割的金融制度，不利于提高整个国家的金融体系的运作效率，而如果实行与资本市场一体化的住房金融制度，又无法帮助低收入者购房或租房，结果是政府承担对低收入者的住房补贴责任。

（六）多种保障方式并行

从上面的分析可以看出，没有哪一种住房保障方式是十全十美的，也没有哪一个国家仅仅通过一种方式就十全十美地解决了住房问题。因此，各个国家的住房保障方式都不是单一，而是同时采取多种方式，并不断调整与完善。

三、对我国住房保障制度改革的借鉴意义

回顾发达国家或地区住房保障制度的演变历程，尽管其住房保障体制各有特色，利弊并存，甚至在发展道路上时有反复，但就总体而言，住房保障制度对这些国家的社会进步与经济发展起到了不可替代的、巨大的促进和保障作用。而其在这一发展演变过程中所表现出来的成败得失与经验教训，无疑对于我国住房保障制度的改革和建设具有重要借鉴意义。

（一）制定明确、有效的住房保障政策目标

设定目标在各国都是低收入家庭住房保障政策的第一步。我国面临的低收入家庭的住房问题，与其说是具体建造、融资、分配等问题，不如说首先是一个政策目标、定位不清晰的问题。

我国住房保障制度改革的总目标是适应社会主义市场经济的要求，建立新的城镇住房保障制度，加快住宅建设，提高居民的居住水平和居住质量。这个总目标是与国外住房保障政策的基本目标相吻合的，也是具有科学性的。但是，由于我国还处于社会主义初级阶段，经济实力不强，所考虑的仅是住房短缺阶段的改革任务。根据国外的经验，住房政策和住房制度要有一个完善发展过程，大体上经历了住房短缺阶段、住房改善阶段和富裕型住房阶段等三个阶段。每个阶段住房政策的重点是不同的，针对性强，有效性高。借鉴这个经验，我国也有必要根据经济发展趋势，预测住房保障政策的演变过程，做到住房保障政策既具有前瞻性，又便于与下一阶段相互衔接。

目前我国的基本情况是，已告别住房短缺时期，正进入全面建设住房小康阶段，应尽快制定与我国目前城镇住房供求状况相适应的阶段性目标，作为住房保障制度改革的指南。

（二）建立适度的住房政府干预制度

住房是一种特殊的商品，其价值量大、使用期长，在市场机制作用的背景下，许多居民特别是为数众多的中低收入家庭不可

能仅通过市场来解决自身的住房问题。西方国家虽然主张自由竞争、市场调节，但在住宅建设上政府却用各种方法进行干预。日本政府采取优惠住房政策，实行降息、减免税等措施促进住宅建设。新加坡政府率先实行住房公积金制度，开创住房保障制度特色化的先河。政府作为一国经济的宏观调控者，担负着促进社会全面发展的职责，理应成为构建住房保障体系的主体。尤其是在人口众多、经济不发达的国家，没有政府的管理，没有国家的住房开发计划，解决住房问题是不可能的。

因此，在我国，在社会主义市场经济日趋深化、健全的形势下，在推动住房制度商品化、社会化的同时，政府应义不容辞地承担起这个重任，维护广大居民的切身利益、保持社会稳定。

政府成为构建住房保障体制的主体，并不意味着政府要完全取代市场机制，更不是破坏市场机制。市场机制仍然是供应与配置住房资源最有效率的制度安排，理论上可以达到住房生产可能性边界。并且，社会主义市场经济制度的基本设计也决定了市场要对住房资源配置起基础性的作用。所以，政府对住房市场的干预不是破坏或取代市场机制的运行，而是在市场机制无法发挥作用或无法充分发挥作用的情况下引导市场，是对市场机制的补充和修正。①

西方国家在进行住房保障体制的设计时，政府一般是以双重身份干预住房市场：其一，以管理监督者的身份代表全社会管理和监督住宅市场，从而成为影响住宅市场的外在因素；其二，政府以直接参与者的身份，作为住宅市场的内在因素直接参与交易，影响住宅市场的供求关系、供求价格和资金循环，调节市场内部的诸种关系以及市场内外之间的关系。近些年来，许多西方国家对原有住房保障体制进行了较大改革，目的也是在于通过减少对市场机制本身作用的过多影响以消除市场信息扭曲的现象。

① 曹国安，曹明．西方国家的住房保障体制及其启示．中国房地产，2003 年第 6 期。

因此，对于正在建立社会主义市场经济体制的中国来说，在住房保障体制构建过程中，一定要正确认识政府与市场的关系，注意处理好两者的关系。

从各国住房保障制度的发展趋势看，在住房短缺时期政府干预较多，以后随住房问题的逐步解决政府干预也逐步减少，而且直接干预也在向间接干预转化。目前政府对住房问题干预的手段，主要是制定住房建设计划，调控住宅市场供求，对住房建设和消费以金融支持，以及对低收入者的住房提供保障等。如何建立适度的住房政府干预政策是我国目前迫切需要研究的问题。参照国外的经验，不但政府干预的内容要逐步减少，而且直接管理也要尽快向间接管理为主转化。如在住房的价格管理上，政府不必直接干预价格，而更多地应通过土地供应、城市规划、项目管理、信贷政策、税收政策等进行宏观调控，调节住宅市场供求，以达到稳定住宅价格的目的。

（三）形成保障水平的层次性、保障手段和住房产权的多元化

解决低收入居民的住房问题，没有一个简单、有效的解决方法，关键是要与本国的国情、低收入居民的需要等因素合理地结合，并综合设计。低收入居民住房问题的根源，不在住房本身，而是一个贫困问题，因此必须从更广的视野来考虑。作为贫困的范畴，它同时也说明，住房问题是一个长期性问题，住房保障制度必须慎重设计①。

从发达国家或地区住房保障制度的演变看，国家的经济政策、经济发展程度及其政府保障能力、住房发展阶段、低收入居民的住房保障需求等，是决定一国住房保障制度设计的重要因素，而且保障制度本身也要随着具体情况的变化而不断发展，没

---

① 褚超孚．住房保障政策与模式的国际经验对我国的启示．中国房地产，2005年第6期。

有一个一劳永逸的、简单的解决办法，而且住房保障的方式从来都不是单一的。除了住房供应和房租补贴这两种基本的保障方式外，财税政策、金融政策甚至一定的行政手段，都可以在解决低收入居民住房问题中发挥一定的作用，需要综合考虑和安排。但是，值得注意的是，住房保障制度的最初选择（或一个国家住房制度的历史）对住房保障的方式也有一定的影响。如德国的住宅储蓄制度，是在资本市场重建过程中快速发展起来的，而且当时主要是解决暂时的住房资金短缺情况下的融资安排，经过长期发展而逐步完善，已成为世界范围内独具一格的住宅融资方式。

住房保障的实质，是政府承担住房市场价格与居民支付能力的差距，以解决部分居民对住房支付能力不足的问题。由于保障对象的住房支付能力是千差万别的，因此住房保障的水平也必须具有层次性，以体现对每一个居民的公平。保障水平的层次性使不同收入水平的居民享受不同程度的保障，是一种经济、合理的保障制度，同时也有利于节约财政支出，减轻政府住房保障负担或保障成本，从而使更多的居民按照其所应享受的待遇，享受到政府相应程度的保障。与之相适应，为灵活地适应不同保障对象的具体需求和保障待遇，需提供不同的保障手段，换言之，保障水平的层次性决定了手段的多元化。这些保障手段对政府财力的要求、对市场机制的影响、对保障公平性的体现都是各不相同的，分别适应于不同的经济政策安排、不同的住房发展阶段和不同的居民保障需求。

为保证这种层次性的实现，就必须建立严格的收入划分标准和资格审查制度，规定不同收入标准所能享受到的保障待遇，从而控制不同保障手段和水平的适用对象与范围。当居民家庭收入改变后，待遇也要随之改变，以避免其过度享受福利待遇。例如日本规定，享受公营住宅租金优惠的租户，当收入超过基准时，若连续居住三年以上，则要累进计租；若连续居住五年以上，就须买下该住宅。新加坡政府在住房短缺时期规定，只有月收入不超过800新元的家庭才有资格租用公共组屋。

从发达国家情况看，虽经大力提倡住房私有化，住房自有率有了很大提高，但一般水平也才达到60%～70%左右，欧盟国家住房平均自有率仅为56%。而我国城市住房自有率目前已达80%，还呈现继续提高的趋势，农村居民住房完全是自建自住，这同当前的经济发展和居民收入水平不完全相称，反映出在住房政策上过分强调私人买房，轻视租赁用房。事实上，我国城镇居民中占30%～40%的中低收入者目前还缺乏购房能力，这部分居民应鼓励他们租房入住。所以，应提倡和鼓励住房产权多元化为好，注重发展房屋租赁业，实施租售并举。

我国作为一个发展中国家，由于人力、物力、财力的制约，不可能在短期内大范围地解决居民的住房问题。因此，必须制定分级计划，有步骤、有层次地解决中低收入家庭的住房问题，并注意保障手段的多样化和住房产权的多元化。

（四）建立符合中国国情的住房社会保障制度

不同的住房发展阶段，住房的供求关系状况有很大的差别，住房保障的需求程度和发生作用的范围也会相应产生很大的差别。① 一般来说，住房严重短缺时期，住房供应不能满足住房需求，住房价格与城镇居民家庭平均的住房支付能力差距较大，居民的住房保障需求相对强烈，需要政府保障的范围相对较大，需要保障的程度也较高。而在住房供求关系相对缓和时期，需要政府保障的范围较小、保障程度的要求较低，保障压力相对较轻。

另一方面，不同的住房发展阶段也会深刻影响住房保障具体方式的选择。例如，在住房严重短缺时期，应当适用最有利于刺激住宅的供给、加快住房建设的政府直接建房方式；而当住房供求关系比较缓和时期，采取房租补贴的方式，则更具有选择性，

---

①　褚超孚．住房保障政策与模式的国际经验对我国的启示．中国房地产，2005年第6期。

更有利于减少保障资金支出。相反，如果在住房短缺时期简单地实行房租补贴的方式，则会由于房价较高、申请住房补贴的居民较多、补贴数额较大，难以达到减少政府保障支出的目的。但如果住房供求矛盾较小，房价比较稳定，继续实行建房政策，则不利于市场作用的发展，甚至干扰市场机制的正常运行。

所以，住房发展阶段决定住房保障体制的覆盖范围和程度，影响住房保障方式的选择以及各种具体方式之间的关系。因此，应当根据住房发展阶段来决定住房保障体制的运行方式，并随其演进而及时地对住房保障体制的运行方式进行相应调整。

目前中国的国情是人口多，经济发展虽快但总体发展水平仍比较低，住房的社会保障面更应控制在较小范围内，首先应保障的对象应是中低收入阶层中的住房困难户，保障方法以实施“人头”补贴方式为主。

同时，住房保障制度的设计要考虑政府的财政支付能力。住房保障体制实际上是政府向居民提供的一种公共产品，其效用就是通过转移支付的方式实现社会收入的再分配，使广大中低收入居民家庭也能够享受经济发展的利益，从而保持分配公平和社会稳定。若要使政府持续地提供这种公共产品，或者说使住房保障体制的运行具有可持续性，那么就必须考虑政府的财政支付能力能否有足够的支撑。这是因为，不论各国住房保障体制中采用的是何种模式、何种手段，都毫无例外地需要政府的财政支持作为后盾，尤其是需要财政资金的投入，否则就无法实施。因此，不同住房保障模式所采取的不同措施只有在财政支付能力的可承受范围之内实施，才能保证住房保障体制长期稳定地持续运行。所以说，财政支付能力是保持住房保障体制运行可持续性的基础性因素，在很大的程度上决定了住房保障体制运行的效果。

这对于我国住房保障体制的运行而言，意味着住房保障手段措施的选择要恰当，达到的保障水平要适度，避免陷入西方福利国家曾经出现或正在出现的“福利的困境”。

（五）加快住房法制建设，规范住房保障制度

由于中低收入阶层住房问题是实现社会住房目标所面临的主要问题，因此西方国家一方面以法律为依据成立专门的机构来实现法律规定的各项保障措施；另一方面通过法律来引导和规范其他经济主体的行为，鼓励其服务于住房保障的整体目标，从而保证住房保障制度措施落到实处。

住房的立法历来受到各国政府的高度重视，各国普遍制定了一套规范、严谨可行的住房法律体系，从而保证了住房产业政策的贯彻和实施。西方国家涉及住房问题的法律较多，各国基本上都已经形成了相互补充的比较完整和完善的住房保障法律体系，有关住房保障的法律既包括在宪法、民法等一般性综合性法律中的诸多有关住房保障的法律条文，也包括综合性的社会保障立法中的诸多有关住房保障的法律条文，同时，几乎所有国家都颁行了有关住房保障的专门性法律。因此，不仅相关法律要涉及居民居住问题，还有相对完整的住房法律体系，明确各级政府在解决居民住房问题中的责任。

如美国的《住房法》、《国民住宅法》、《住房贷款法》，日本的《公营住宅法》、《住房金融公库法》，新加坡的《新加坡建屋与发展法令》等，从法律上保证了住房保障制度的构制、完善。我国至今还没有关于居民住宅的有关法律、法规，甚至《住宅法》也还没出台。现代意义上的“住房保障”在我国的发展历史还较短，故还没有建立一套完整的法律保障体系。目前各地执行的法律依据是国务院、建设部和各省（市、区）等政府部门颁布的有关经济适用房、廉租房等方面的行政法规，这与全社会都来关心中低收入家庭的住房问题的目标是不相适应的。我国是法治国家，只有有法可依，才能使保障型住房的资金、建设、使用等问题得以根本解决。

制定出符合我国国情的统一的住房保障法规，可从立法上规定住房保障的对象、保障标准、保障水平、保障资金的来源、专

门管理机构的建立，以及给一些骗取保障优惠的行为予以严惩等。各地方应当结合本地经济发展的实际，制定出地方性的住房保障法规，并针对住房保障的不同对象，提供多种不同方式的住房保障。严格制定住房保障对象的进入、退出管理办法，规定当地居民收入发生变化以后，保障措施也要相应地发生变化。比如原廉租住房的居民，收入达到中等收入水平后，就应当严令搬出，否则将采取法律手段予以解决。住房保障法规的建立，将给经济适用房政策、廉租房供应政策及货币化补贴政策等提供重要的法律支持，也将成为我国住房保障体系顺利建立和实施的重要保证。

（六）大力发展住房金融

随着住房制度改革的全面推进，发展住房金融已成为启动住房消费的重要问题，关系到住房保障制度的建立。我国的住房金融近几年已有了相当规模的发展，但是仍滞后于房地产业的发展。[①] 首先是政策性住房金融发展滞后，除住房公积金贷款以外，我国尚未有直接面向中低收入家庭发放的低息或无息贷款；其次是我国还未建立政策性住房抵押贷款风险担保机制，低收入家庭贷款缺乏担保主体，而美国早在 20 世纪 80 年代便建立了联邦住宅管理局，对房屋抵押贷款实行担保；再次是我国参与住房金融的机构偏少，美国私人金融机构和政府金融机构都积极经营房地产贷款，我国囿于国情的限制，仅有几家商业银行和住宅储蓄机构参与住房金融，涉及面窄，放贷条件苛刻，工作效率低，十分不利于住房金融的发展。

从长远看来，不论是国家建立住房保障制度的资金来源，还是居民改善居民环境，提高居住质量都离不开住房金融的大力支持。我国金融机构应开展住房储蓄和政策性住房抵押贷款，建立贷款担保机制，降低中低收入居民申贷门槛，增强其购房能力，

---

① 张静．国外住房保障制度对我国的启示．城市开发，2002 年第 2 期。

促进住房保障制度的顺利构建。

（七）逐步实现从“补砖头”到“补人头”的转变

综观西方发达国家住房政策工具的演变，我们不难发现有这样的规律：西方各国大都经历了从“补砖头”到“补人头”的转变，而且随着经济的进一步发展，“补人头”手段具有独占的趋势。这当然与这两种手段本身的优缺点有关，更是经济社会发展自然选择的结果。

我国住房问题的解决与西方国家有很大的相似性，因此在进行住房保障制度改革时，我们应在考虑自身国情的基础上，借鉴它们的这一宝贵经验，审时度势，抓住机遇，注重“补人头”手段的运用，设计高效、适用的住房保障制度。

（八）避免贫民窟的出现，促进社会各阶层的融合

在各国实施住房保障政策的实践中，曾经出现过贫民窟现象，即提供给低收入者的公共住房集中在城市的某些区域，形成了低收入社区或者贫民窟。在这些区域，教育水平低，就业率低，社会服务质量低，犯罪率高。这些给城市的稳定带来了极大的隐患，并形成了恶性循环。

因此，我们应采取积极的措施防止贫民窟的出现，应尽量避免采取直接投资建房的住房保障手段，而应采取分散低收入阶层居住点的措施，如采用房租补贴手段，让低收入者自由地、分散地到市场上去租房住，从而使其自然地融入其他社会阶层，促使社会各阶层相互融合，促进社会和谐发展。

第三章　我国城镇住房保障制度基本分析

第一节　现行城镇住房保障制度分析

与其他制度一样，我国传统城镇住房保障制度形成于高度集权的计划经济时期，它对培育其形成的社会经济形态存在高度的依赖性。因此，经济体制改革的渐进性决定了城镇住房保障制度改革的渐进性。伴随着历史上几次大的政策变迁，城镇住房保障制度改革也经历了曲折的历程。

一、城镇住房保障制度改革的历程

（一）邓小平的住房保障改革思想

最早提出城镇住房保障制度改革的是我国改革开放的总设计师邓小平。早在 1978 年 9 月，针对当时的住房困难问题，邓小平就提出，解决住房问题能不能路子宽些，譬如允许私人建房或者私建公助，分期付款，把个人手中的钱动员出来，国家解决材料，这方面潜力不小。邓小平还提出，建筑业是可以为国家增加收入、增加积累的一个重要产业部门，在长期规划中，必须把建筑业放在重要位置[①]。这个谈话开始酝酿住房保障制度改革问题，并且高瞻远瞩地将住房保障制度改革同建筑业和国民经济的发展联系起来考虑。

接着，在 1980 年 4 月 5 日邓小平在与中央负责同志的谈话

---

① 王微．住房制度改革．中国人民大学出版社，1999 年，第 218 页。

中又进一步提出比较完整的住房保障制度改革思想。他指出："关于住宅问题，要考虑城市建筑住宅、分配房屋的一系列政策。城镇居民个人可以购买房屋，也可以自己盖。不但新房子可以出售，老房子也可以出售。可以一次付款，也可以分期付款，10年、15年付清。住房出售以后，房租恐怕要调整，要联系房价调整房租，使人们考虑到买房合算。因此要研究逐步提高房租，房租太低，人们就不买房子了。繁华的市中心和偏僻地方的房子，交通不便地区和不方便地区的房子，城区和郊区的房子，租金应该有所不同。将来房租提高了，对低工资的职工要给予补贴。建房可以鼓励公私合营或民建公助，也可以私人自己想办法。"①

邓小平同志这些高瞻远瞩的讲话，为城镇住房保障制度的改革确定了基本框架，是我国城镇住房保障制度改革最精辟的总设计，城镇住房保障制度改革由此开始了一系列理论和实践的探索。

邓小平在这个谈话中虽然没有使用"住房商品化"的提法，但邓小平同志的讲话突破了住房公有制、福利制的传统理论，首次较为系统地提出了住房私有化、调整房租、分期付款购房等带有市场经济色彩的观点。整篇谈话的实质，充分体现了住房商品化的指导思想。这一思想基本涵盖了迄今为止的中国住房制度改革的绝大部分内容，如：城市住宅建设、住房分配、调整房租、住房出售、分期付款、房价制定和对低收入者的住房保障政策等，涵盖了城镇住房保障制度改革和城镇住房保障政策的绝大部分内容。

邓小平的谈话，全面系统地论述了城镇住房保障制度改革的指导思想和基本内容，既是对传统住房制度的挑战，又为城镇住

---

① 国务院住房改革领导小组办公室．城镇住房制度改革．改革出版社，1994年。

房保障制度的改革指明了方向，奠定了重要的思想基础。进入20世纪90年代，邓小平创立的社会主义市场经济理论，又使住房保障制度改革的目标进一步得到明确。

1998年7月3日发布的《国务院关于进一步深化城镇住房制度改革加快住房建设的通知》（简称《房改通知》）对城镇住房保障制度改革有了比较完整的表述。《房改通知》中指出深化城镇住房保障制度改革的目标是："停止住宅实物分配，逐步实行住房分配货币化，建立和完善以经济适用房为主的多层次住房供应体系；发展住房金融，培育和规范住房交易市场。"

（二）城镇住房保障制度改革的演进

在邓小平创立的社会主义市场经济理论和关于住宅问题谈话精神的指导下，中国城镇住房保障制度开始实质性的启动。从总体上看，采用的是渐进式、稳步推进的方法，经过试点，逐步推广。

至今30多年来，我国城镇住房保障制度改革大体上经历了四个阶段：

1. 理论准备和以公房出售试点为内容的住房保障制度改革的初始阶段（1978—1986年）

这一阶段主要开展了两项工作：

一是开展了住房是具有商品属性还是具有福利属性的大讨论。20世纪70年代末，邓小平同志关于解决住房问题的讲话，引起有关各方对城镇住房制度的关注。一些理论工作者相继在报刊上发表文章，开始讨论在社会主义条件下，城镇住房是否具有商品属性。1984年，我国城市经济体制改革正式启动，计划经济开始向有计划的商品经济体制转轨，国有企业体制改革开始运作。在这种宏观经济背景下，无论在理论部门还是实践部门，住房具有商品属性已成为共识。住房属性的讨论为我国新时期的住房制度改革和住房保障改革做了最基本的理论准备。

二是开始局部的房改试验。在低租金、实物福利分房制度不变的情况下，进行向职工出售公有住房的试点，包括以成本价出售公有住房的试点和公有住宅补贴出售试点。在邓小平 1978 年关于允许城镇居民自建住房的谈话之后，国家有关部门选择河南省南阳、巩义等地区进行公建私助的建房试点。同时，1979 年选择西安、柳州、梧州、南宁四个城市进行新建住房向职工出售的试点。1980 年 6 月中共中央、国务院在批转《全国基本建设工作会议汇报提纲》中正式提出实行住房商品化政策。“准许私人建房、私人买房，准许私人拥有自己的住宅”，公有住房出售的试点扩大到全国各主要城市，正式允许实行住房商品化政策，自此揭开了中国城镇住房制度改革的序幕。

截至 1981 年，新建公有住房向职工出售试点扩大到 23 个省、自治区、直辖市的 60 多个城市以及部分县镇。但因售价过高、租金过低（租售比不合理）、地方行政官员的不正之风等因素干扰，试验很快被迫终止。到 1981 年底，全国试点城镇售出的住房只有 3 000 余套①，新建住房出售量占同期新建住房总量的比例仅为二千分之一，比例很小。故此，全价售房很快就不告而退，代之以补贴售房。

1982 年，在总结成本价出售试点的基础上，有关部门提出了国家、单位、个人三者合理负担的售房原则，以土建成本价出售新建住房的办法基本停止，改为公有住宅补贴出售试点，选择郑州、常州、四平、沙市四城市作为新建住房“三三制”② 补贴出售试点城市。1984 年 10 月扩大试点，截至 1985 年底，全国已有 27 个省、自治区、直辖市中的 160 个城市和 300 个县进行了公有住房补贴出售试点工作，全国大约有 1 000 多万平方米的

① 成思危．中国城镇住房制度改革——目标模式与实施难点．民主与建设出版社，1999 年，第 115 页。

② 所谓“三三制”补贴出售公房，是指按新建住房的土建成本价出售，个人支付售价的 1/3，其他部分由地方政府和单位各补贴 1/3。

住宅出售给了城镇职工。由于部分地区出现了随意压低价格、贱价出售的现象，1986 年 3 月，原国家城乡建设环境保护部发布了《关于城镇公房补贴出售试点问题的通知》，规定公有住宅出售原则上实行成本价。

由于低租金的问题没有得到解决，也就是合理的租售比价未确立，出售旧公房遇到了障碍，从而使出售旧公房暂时告一段落。向城镇居民出售公有住房，是我国住房保障制度改革的最初试验阶段。

经过早期的理论准备和局部房改试验，政府房改决策部门初步形成了对于住房制度改革的基本认识和下一步房改的基本思路。1984 年召开的全国六届人民代表大会通过的《政府工作报告》提出“城镇住宅建设要进一步推进商品化试点，开展房地产经营业务”，确定了住房供给、消费商品化和市场化基本取向。同年初，建设部邀请房管专家对 17 市的租金和居民收入作了全面深入调查以后提出：中国住房制度改革的关键是解决低房租问题①。1986 年，国务院正式成立“住房制度改革领导小组”和“领导小组办公室”，于 7 月 25 日召开第一次会议讨论房改方案，具体确定其后我国房改的重点在于：逐步提高房租（先提高到成本租金再到商品租金），计划改革的内容涉及住宅供给、分配和消费等住宅制度的几个主要层面。从此，房改进入了中国经济体制改革的序列。

2. 提租补贴的单项改革阶段（1987—1991 年）

由于全价与补贴售房在实践中受挫，有关各方遂转向研究改革公房租金的可能性。这一阶段住房保障制度改革的主要内容，是以提高房租为切入口，同时出售公有住房，实行优惠价售房。

---

① 根据经济学原理，在我国长期实行低房租（月租远低于购房价款的月息）的情况下，绝大部分职工缺乏购房的积极性，因此提高房租就成为住房制度改革的思路之一。

1984 年党的十二届三中全会做出了《关于经济体制改革的决定》，提出发展有计划的商品经济的观点，引发人们开始从住房体制的角度探索改革的道路。1980—1984 年的住房属性问题的大讨论，进一步明确了住房的商品性。同时提出的“二次分配”理论认为，传统住房保障制度是通过国家对职工工资中住房消费因素进行统一扣除，政府统一建房，以实物形式向职工分配并无偿使用的过程完成的。可以认为职工工资中没有包含或只有很少的住房因素，调整公房租金的同时应该给予职工足够的住房消费补贴[①]。由此形成了“提租补贴”的思路和改革措施。即“提高工资，增加工资、变暗贴为明补，变住房实物分配为货币分配，通过提高租金促进售房。”

国务院于 1987 年相继批准烟台、蚌埠、唐山三城市以提租补贴相持平为原则，大幅度提高租金同时给予相应补贴的房改方案。1988 年 1 月，国务院召开了第一次全国城镇住房制度改革工作会议。2 月 25 日，国务院以国发第 11 号文印发《关于全国城镇分期分批推行住房制度改革的实施方案》，提出计划用 3～5 年的时间在全国城镇分期、分批实施住房制度改革。

《方案》提出住房制度改革的目标是：实行住房商品化，从改革公房低租金制度着手，将现在的实物分配逐步改变为货币分配，由住户通过商品交换，取得住房的所有权或使用权，使住房这个大商品进入消费品市场，实现住房资产投入产出的良性循环，从而走出一条既有利于解决城镇住房问题，又能够促进房地产业、建筑业和建材工业发展的新路子。这标志着住房保障制度改革的全面推开，这一政策作为向住房商品化的过渡性目标，旨在通过推进实物租金向货币租金的复位，基本上实现公房的“以租养房”，并通过提租达到租售结合和以租促售的目的，提租改革迈出了我国住房商品化的第一步。这是我国出台的第一个房改

① 王微．住房制度改革．中国人民大学出版社，1999 年，第 227 页。

总体方案，一般称之为提租补贴方案。

此后，在全国一些大中城市开展了房改中期试点工作，比较典型的有唐山、烟台、常州、蚌埠、佛山、上海、广州等市。这一时期，试点城市房改的主要内容是“提租增资”和“三三制”售房。“提租”是指将租金提至成本租金（包括折旧、维修管理费和保险费）。原住宅维修管理基金、住房折旧基金作为住房补贴发给职工，即所谓的由暗补改为明补。补贴的依据主要有三个：住房面积、职工级别和工资。“增资”主要是要求按照合理的租售比价提高房租以后相应地提高每个职工的工资。“三三制”售房是在总结前期优惠售房经验基础上提出的另一种公房优惠出售的措施，要求国家、单位、个人三者各负担房价的1/3。与早期的旧公房出售有所不同，这次旧公房出售发生在通货膨胀给提租补贴带来困难的背景之下，带有强烈的贱价出售色彩[①]。

在试点基础上，国务院于1988年8月召开了第一次全国住房制度改革工作会议。会议印发的《关于全国城镇分期分批推行住房制度改革实施方案》提出全国房改分两步实施：第一步的目标是，全国所有公房均按折旧费、维修费、管理费、投资利息、房产税五项因素的成本租金计租，抑制不合理的住房要求，促进个人购房，初步实现住房商品化。第二步的目标是，随着工资调整，逐步把住房消费纳入工资，进入企业成本；在逐步增加工资和住房由成本租金提高到商品租金的基础上，进一步实现住房商品化，推动住房社会化、专业化、企业化经营。根据这一方案，到1990年全国共有12个城市、23个县镇出台了提租补贴为主

① 贱价出售公房未能解决住房保障制度改革的一些根本性问题。首先，它满足的还是在住房实物分配中的既得利益者，尤其是那些从住房分配中获得实惠的特权阶层的利益需要；其次，在住房长期短缺、有效供给不足的矛盾尚未化解的同时，住房需求又被导向到争相购买低价公房上来，而提高住房质量和培育商品房有效需求的目标却被耽误了；第三，旧公房贱价出售收回的资金不足以启动住房保障制度改革，从而使住房保障资金无法实现良性循环。

要内容的住房制度改革方案，公房租金水平从每平方米使用面积0.08～0.13元提高到1.2元左右。此外，许多城市和单位还就存量公房和增量公房方面进行了单项的租金改革试验，如实行新房新租、超标准住房加租和租赁保证金等做法。

住房提租补贴的成效比较显著，取得了较好的成绩，不仅保证了现有房屋的维修养护和折旧费用，而且较为有效地抑制了不合理的住房需求，形成了最早的住房消费资金来源，使住房投资结构开始趋于合理。如表3-1所示，在实施提租增资以后的两年中（1989年和1990年），城镇住宅建设投资一改1979年以后缓步攀升的势头开始出现回落，住宅基建投资占基建投资总额的比重也有同步下降。

表3-1　1979—1990年城镇住宅建设投资的构成情况

单位：亿元

项目／年份	合计	基本建设投资	更新改造投资	集体所有制单位投资	个人（城镇非农业人口）建房投资	住宅基建投资占基建投资总额的比重（%）
1979	78.33	77.28	—	—	1.5	14.8
1980	127.36	111.66	8.4	3.3	4.0	20.0
1981	145.09	111.19	20.4	6.0	7.5	25.1
1982	187.65	141.05	28.8	9.2	8.6	25.4
1983	188.0	125.1	41.9	11.0	10.0	21.1
1984	195.9	135.8	34.3	12.2	13.6	18.3
1985	290.9	215.2	33.3	16.9	25.5	20.0
1986	291.09	189.4	53.45	18.84	29.4	16.1
1987	319.8	181.24	75.08	21.28	42.2	13.4
1988	385.16	198.07	93.96	26.33	66.9	12.8
1989	330.87	189.39	64.09	21.05	56.34	12.2
1990	297.04	170.33	60.82	17.81	48.08	10.0

注：本表根据国家统计局资料整理编制。1979—1991年的“更新改造”投资中含“其他投资”。转引自胡彬．制度变迁中的中国房地产业．上海财经大学出版社，2002年，第105页。

然而，提租改革并不是没有困难，它面临一些现实的障碍：第一，为了保障提租的顺利进行和不降低居民的实际可支配收入，采取了将原建房资金、维修资金转化为住房补贴并转入工资的做法，将“暗补”改为“明补”。随着部分试点城市提租改革的正式启动，补贴也随着转入工资而纳入了企业的成本和财政预算。由于资金的循环和使用并未改变原先局限于企业和财政收入的格局，使得资金的转换和筹措遇到了困难。企业经营好坏和财政预算盈亏都容易直接影响到补贴的发放，从而间接影响到租金的回收。尤其是因缺乏一个统筹的资金管理机构，提租补贴的运作成本相当高昂。保守地估计，累计欠租已使城市公有住房系统流失了上亿元的国有资产。第二，从改革的对象看，它倾向于住房存量的改革，覆盖面尚不完全，对于那些无房的家庭来说有欠公平。第三，改革遇到既得利益者的抵制而难以深化。第四，随着职工收入增加，住房消费在工资中的含量也增加，职工个人不承担提租的负担也不合理。

1990—1991 年，北京、上海等地在实施住房制度改革方案中，采取小步提租不补贴的办法[①]，同时通过优惠出售旧公房以及建立住房公积金制度扩大住房建设资金的来源，以增加住房供给。提租补贴以抑制住房不合理要求为主的思路，也就转变为增加住房供给为主、抑制住房不合理需求为辅的思路。

从上述分析中可以看到，这一阶段的住房保障制度改革是以公有住房“提租补贴”为主要内容的，着重点是在抑制住房的不合理需求，而不是以增加住房供给、加快住宅建设为立足点，反映了指导思想上对原有城镇住房保障制度弊端的实质性认识不足，改革的方向和目标仍不清晰。

---

① 当时的通货膨胀抵消了“小步提租”中提租的大部分效果。由于提租幅度较小，租售比价仍然相差悬殊，实物租金水平仍然偏低，所以没有达到预期的以租促售的目标。

3. 住房保障制度改革全面推进、综合配套改革阶段(1992—1997年)

这一阶段住房保障制度改革的主要特点是，明确了社会主义市场经济理论是城镇住房保障制度改革的根本指导思想，按住房商品化、市场化、社会化的思路，全面设计房改的目标、原则和主要内容，从而把城镇住房保障制度改革推向了全新的发展阶段。

1992年春邓小平巡视南方发表重要谈话，提出了社会主义市场经济理论。1992年10月，党的十四大根据邓小平的思想，确立了中国经济体制改革的目标是建立社会主义市场经济体制，特别是1993年11月党的十四届三中全会发布了《中共中央关于建立社会主义市场经济体制若干问题的决定》，指明了深化改革的方向，明确了改革措施和步骤，提出国有企业建立现代企业制度的改革目标，从根本上规定了住房保障制度改革方向。

紧接着1994年7月18日，国务院以国发第43号文发出了《关于深化城镇住房制度改革的决定》，标志着房改进入了一个新的阶段。

《决定》提出“房改”的根本目标是：建立与社会主义市场经济体制相适应的新的城镇住房制度，实现住房商品化、社会化；加快住房建设，改善居住条件，满足城镇居民不断增长的住房需要。《决定》提出“房改”的基本内容有：实行国家、集体、个人三者合理负担；实行住房建设、分配、维修、管理社会化、专业化体制；把住房实物福利分配改为工资货币分配方式；建立中低收入者住经济适用住房、高收入者住商品房的供应体系；建立公积金制度；发展住房金融和住房保险；完善住房市场体系。

这一制度的推行旨在建立起全国统一的住房建设和消费基金，将改革的重点从现有存量住房转移到存量和增量住房并举上。

这个决定，在中国住房保障制度改革史上具有划时代意义。①第一次明确提出城镇住房制度改革作为经济体制改革的重要组成部分；②全面规定了城镇住房保障制度改革的基本内容；③确立了坚持配套、分阶段推进的方针政策。

《房改决定》的发布实施，极大地完善和规范了房改政策，统一了思想，推动了全国房改的全面深入推进。由于全国各地的认真贯彻落实，出现了前所未有的房改热潮。到1997年，住房公积金制度已在全国大中城市普遍建立，租金改革和公有住房出售加快，住房自有率迅速提高，大大加快了住宅建设特别是经济适用房建设，初步形成了住房供应体系和住房金融体系，职工购买商品房踊跃，推动住房市场大发展。与此同时，企业的住房制度改革也取得重要进步。

本阶段还有一个重大举措就是安居工程的实施。与《决定》密切相关的安居工程酝酿于1993年，主要是为了解决国有大中型企业职工和大中城市居民的住房困难，是在总结各地经济适用住房建设经验的基础之上提出的。其主导思路是配合住房制度改革，建立具有社会保障性质的经济适用住房供应体系。1995年2月6日，国务院办公厅发出《转发国务院住房制度改革领导小组国家安居工程实施方案的通知》，安居工程正式开始运行。安居工程计划在原有住房建设规模的基础上，新建建筑面积1.5亿平方米，用5年左右时间完成。安居工程资金按国家贷款40%、城市配套资金60%的比例筹集，后者主要为房改资金。所需建设用地一律由所在城市人民政府按行政划拨方式提供，并相应减免有关费用。住房建成后，直接以成本价向中低收入家庭出售，并优先出售给无房户、危房户和住房困难户，不售给高收入户。

安居工程进展相当迅速，1997年底的建设规模为7 159万平方米，解决了65万户城镇居民的住房问题，1998年上半年分两批下达的计划建设规模为10 694万平方米，合计起来超过了安居工程的最初计划总量①。

① 成思危．中国城镇住房制度改革——目标模式与实施难点．民主与建设出版社，1999年，第137页。

4. 以住房分配货币化为中心内容的深化改革阶段（1998年至今）

这一阶段的城镇住房保障制度改革，既是第三阶段全面改革的继续，又是突出住房分配制度改革为中心内容的改革的进一步深化。

1998年在中国城镇住房保障制度改革的历程中具有里程碑式的重要意义，因为由福利分配制转向货币化的住房分配制度，不仅意味着国家住房制度的本质性变化，更标志着我国整体经济制度和经济运行方式发生了具有深远意义的转变。1998年6月15日，召开了全国深化住房制度改革和加快住房建设工作会议，会议全面地讨论了深化房改和加快住房建设的问题，其中一个突破性的进展，就是决定截断住房实物福利分配。7月3日国务院颁发的《国务院关于进一步深化城镇住房制度改革加快住房建设的通知》（简称《房改通知》23号文）全面反映了这一阶段房改的特征。

《房改通知》出台的重要背景是，在住宅建设发展过程中，遇到了"实物福利分房"体制的巨大障碍。20世纪90年代中期（1995—1997年），出现了一方面职工住房水平低，另一方面商品房滞销、大量空置的矛盾现象。理论界和业内人士纷纷指出，这是福利分房体制性障碍所致，必须加快住房分配货币化改革。同时，国内的市场供求关系发生了明显变化，拓展住房消费成为扩大内需的重要方面，培育住宅业成为新的经济增长点，拉动国民经济增长，成了宏观经济发展的迫切需要。

正是适应这些要求，《房改通知》进一步明确了住房保障制度改革的指导思想，除了重申推进住房商品化、社会化以外，又加进了"加快住房建设，促使住宅业成为新的经济增长点"这一条，并且确定深化城镇住房制度改革的目标是："停止住房实物分配，逐步实行住房分配货币化；建立和完善以经济适用房为主的多层次住房供应体系；发展住房金融，培育和规范住房交易市场。”住房分配货币化被确立为首要目标，作为房改的中心环节来抓，并构建了一个房改的目标体系。

按照《房改通知》精神，各省、自治区、直辖市纷纷出台了以住房分配货币化为中心内容的深化住房制度改革方案，并逐步实施。

至今10余年来，最突出的成就是：停止实物分房以后，切断了依赖单位实物福利分房的渠道，转变了职工“等、靠、要”的住房消费观念，调动了职工购买商品房的积极性。同时住房货币化补贴和个人购房抵押贷款的支持，又增加了居民买房的能力，扩大了住房市场需求，由此带动了住宅建设发展和空置房的消化。从1998年开始全国掀起了持续的住宅建设新高潮，推动了全国房地产市场新的繁荣期的到来。这个事实说明，住房分配货币化是住房制度改革的中心环节，抓住这个环节可以释放巨大的能量，促使新的城镇住房制度和住房保障制度迅速建立和完善，直到现在，住房分配货币化仍在向纵深方向发展。

由于近几年我国住房市场价格快速上涨，使得广大中低收入阶层特别是低收入阶层很难单靠自身经济能力解决住房问题。为此，2003年11月15日建设部第22次常务会议又审议通过了《城镇最低收入家庭廉租住房管理办法》。2004年建设部、财政部、民政部、国土资源部、国家税务总局五部委联合以120号令发布了《城镇最低收入家庭廉租住房管理办法》，自2004年3月1日起施行，这为我国建立和完善符合本国实际情况的住房保障制度迈出了重要一步。

2007年在十七大报告的第八部分，胡锦涛同志提出：“努力使全体人民学有所教、劳有所得、病有所医、老有所养、住有所居”。同时还提出：“健全廉租住房制度，加快解决城市低收入家庭住房困难。”

自“安居工程”开始，我国的住房保障工作已经进行了十多年。十多年来，住房保障工作的重心一直是经济适用房（“安居工程”是其前身）。直到现在，各地出台的住房保障政策中，也仍然把经济适用房排在最前面。无论是支持力度还是建设规模，经济适用房都远远高于廉租房、双限房等其他政策保障性住房。然而，在十七大报告中，却只见廉租房，而不提经济适用房。同时，保障对象也从原来的“中低收入家庭”转变为“低收入家庭”。这标志着我国的住房保障制度有了重大调整。

二、现行城镇住房保障制度的特点

（一）由完全福利性向部分福利性转变

我国传统的住房保障制度是一种以国家统包、无偿分配、低租金、无限期使用为特征的实物福利性住房保障制度。这种住房制度存在着一系列严重弊端和难以克服的矛盾，其根本问题在于不能有效地满足城镇居民的住房需求，不适应社会主义市场经济的客观要求。

因此，住房制度改革后的住房保障制度就是针对传统住房保障制度的高福利性进行了调整，逐步向部分福利性转变。这里所说的部分福利性包括两层含义：一是对全体居民来说，原来的低租金水平逐步提高，福利的程度有所降低。如果居民有能力依靠自身的力量解决居住问题，那么，福利的程度就降低得更多。二是由向全体居民提供福利变为只向部分中、低收入家庭提供福利。

（二）由配给制向非配给制转变

改革开始后，曾采取了以成本价出售公有住房、补贴出售公有住房、优惠出售公有住房等措施，从而改变了住房完全由国家供给的状况。住房制度改革后，职工可以根据自己的经济力量和实际需要确定自己的住房面积。这样，居民的居住状况不再取决于国家的分配量。

因此，中国公共住房的分配方式就由原来具有的配给制向非配给制转变。

（三）由非商品性向商品化、社会化转变

住房保障制度改革前，住房具有非商品性，即只具有产品性的特征，住房不是用来交换而是采用配给的方式提供给居民。住房制度改革后，人们对住房的属性进行了重新认识，认为住房具有商品性。于是，公共住房可以买卖，出现了住房交易市场和二级市场。在停止实物住房分配后，住房只能通过买卖、自建、租赁获得。

这一切都说明住房保障政策正在发生转变，即它的内容由规定住房的非商品性向推动住房商品化、社会化转变。

（四）住房保障政策由以财政政策为主向财政政策、金融政策综合运用方向转变

住房保障制度改革前，中国住房保障政策的手段主要以财政政策为主。政府采用财政拨款的方式有计划地建造住房，并拨款对原有住房进行维修、管理和改造。而金融政策运用地很少，一般只规定由哪家银行来进行结算和提供流动资金。保障制度改革后，这种状况得到了根本改变，财政政策手段逐步减少，金融手段逐步增强。

20 世纪 90 年代以来，政府逐步减少了直接投资建设住房的规模，到 1998 年停止住房实物分配时，政府直接投资建房的比例也得到了根本性的降低，政府的财政政策正在重新定位。同时，20 世纪 90 年代以来，出现了房地产金融、中央公积金制度以及个人消费信贷等，保障性住房的金融政策越来越受到重视。

总之，住房制度改革后，住房保障政策由以财政政策为主向财政政策、金融政策综合运用方向转变。

三、城镇住房保障制度改革面临的主要难点和矛盾

我国住房保障制度改革从 1979 年开始，经历了 30 年的艰辛历程，取得了一些成绩。但在深化城镇住房保障制度改革进程中，也面临着一些新的矛盾和问题。主要是：

（一）高房价与低收入的矛盾

在停止实物福利分房，实行住房分配货币化以后，绝大多数城镇居民必须通过市场购买商品房来解决自身的住房需求，这就有一个居民购房的承受能力问题。近几年来，随着经济快速发展，职工收入提高，加上住房货币补贴，居民家庭的购房能力有所提高。但总体上看，受到整个国家总体经济水平的限制，购房能力仍较弱。因此，商品房价格水平就成为关键因素。但目前国内房价居高不下，一段时间以来，全国房价已成普涨之势。总体上，全国房价上涨幅度创下 2000 年以来最高，商品房和商品住宅平均销售价格涨幅双双突破两位数。同时，这一涨势已呈蔓延态势，由上海、浙江、江苏等东部沿海地区向中、西部地区扩展。

国家在确定住房补贴标准时，房价与收入比定为 4 倍，而市场的实际情况都在 8～10 倍左右，这是一个尖锐的矛盾。在高房价的情势下，住房货币化补贴很难到位，职工购买商品房的承受能力不足，必然会给住房保障制度的推行带来很大困难。

（二）住房保障的面和水平问题

如何从我国的国情出发，合理确定住房社会保障的面和水平问题，是亟待研究解决的问题。目前我国实行的经济适用房政策是面对广大中低收入者，廉租住房政策则面对城镇最低收入者的住房困难户，主要限于民政部门确定的低保人员中的住房困难家庭。前者的面很宽，后者的面则很窄。所以，在推行经济适用房政策的过程中，普遍遇到了住房对象收入限制标准问题、建筑面积和建造标准过高问题，以及产权问题、房价问题等。在中低收入标准难以准确划分的条件下，经济适用房的发展遇到了较大困难，有些地区因土地收益和税费收入减少，开发经济适用房的积极性不高，甚至倾向取消经济适用房。

从发展趋势看，经济适用房只是在经济发展水平低、居民收入不高的情况下的一种过渡性措施，而廉租住房才是发展的方向。廉租住房面对最低收入者，带有住房救助性质，实际的低收入者和住房困难户比各地现行实施的对象要多得多，一般应占总户数的10%左右。如根据民政部救灾救济司的估计，2000年底城镇低保对象为402万人，而据国家统计局调查，2000年我国城市人均居住面积4平方米以下的困难户达8 000多万户，城市家庭中住房使用面积小于20平方米的占7.8%，20～40平方米的占32.7%，流动人口住房条件更差[①]。至于保障水平，从我国现有经济实力来看，不宜过高，一般仅限于满足基本住房需求，今后随经济发展和居民居住水平的提高再逐步提高廉租住房标准，在房租补贴形式上也要以租金补贴为主。

（三）企业房改进展滞缓问题

企业房改是城镇住房保障制度改革的重点和难点。相对来说，机关事业单位的房改有国家财政资金（建房基金）的支持，而企业则很少甚至没有。目前企业房改之所以推进较慢，住房补贴资金缺乏来源是其中的主要原因。总的来说，企业是生产性或服务性单位，是独立核算、自主经营、自负盈亏的经济实体，职工的住房消费只能在工资成本中开支。

所以，最佳的做法是借鉴国外普遍实行的把住房消费纳入工资的成功经验，随经济效益确定住房消费在工资中的含量，实行住房分配货币工资化。目前的住房消费补贴，要允许企业从工资成本中列支，能列支多少、补贴多少由企业根据实际情况和本企业经营效益状况自主决策。

（四）住房分配货币化与工资化问题

根据国务院1998年第23号文的规定，把实物福利分配改为住房消费补贴，即所谓的“住房分配货币化”。这种做法对解决历史遗留下来的分房不均衡问题，平衡各类人员的利益关系是有

---

① 欧阳东．让穷人有房住——城镇最低收入家庭住房保障探析．城乡建设，2004年第7期。

益的，但也存在一定的局限性。仅仅把住房实物形式的福利分配转换为货币形式的福利分配，并不是住房分配货币化的最终目标。在近几年的具体实践中遇到了不少困难和问题：

一是货币化住房补贴资金的来源问题。由于各单位原有的住房建设基金和住房福利基金多少不一，且很不稳定，在转换成住房补贴资金时也极不平衡，一般都数量不足，少数甚至多年来根本就没有这块基金可转换，住房分配货币化补贴也就难以落实。

二是各企事业单位经济效益差别很大。少数效益好的企业，住房补贴很高，而效益一般或较差的企业，则住房补贴很少，甚至根本就发不出，由此造成新的住房补贴不平衡状况。

三是住房补贴发放的标准和等级很难统一。政府机关基本按职级确定应得的住房面积，以此为基础扣除原住房面积再加补贴。没有考虑职级高的工资高，工资中的住房消费含量也高，这是很不公平的。产生这些问题的根本原因，是住房货币化补贴本身没有突破原先福利分房的实质。所以，住房补贴只能作为一种过渡形式，要尽快结束，以进一步发展到住房分配工资化，把住房消费纳入工资。

上述这些问题和矛盾，产生的原因各不相同。大体有三类：第一类是某些客观因素制约所造成的，有待经济发展后逐步解决；第二类是住房保障制度改革过程中必需的过渡阶段所产生的，随着改革深化可以逐步解决；第三类则是主观认识上的问题，要纠正某些认识上的误区，才能进一步解决。

第二节　现行住房保障政策具体分析

随着住房商品化和住房制度改革的不断深化，本着保障城镇中低收入居民尤其是低收入居民基本住房需要的原则，我国建立了相应的保障型住房供应体系和保障型住房需求支持体系，初步形成了现行的城镇住房保障制度。我国现行住房保障制度主要包括廉租房制度、经济适用房制度和住房公积金制度。

一、廉租住房制度分析

（一）廉租住房制度的涵义

廉租住房是由政府提供的、面向具有城镇常住居民户口的最低收入家庭的社会保障住宅。从社会资源的有效利用角度出发，廉租房的建造标准以满足家庭基本居住需求为原则；其建设的数量要视城市最低收入家庭的数量来确定；考虑到廉租房的社会保障性质和最低收入家庭支付房租的能力，其租金标准通常远远低于市场租金，且该租金水平受政府的严格控制；廉租房不允许进入二手房市场，也绝对禁止转租。

具体来讲，廉租住房制度是指由政府起主导作用，采取租金补贴、实物配租等不同形式，为帮助城镇居民中的中低收入阶层弱势群体等解决住房困难而建立的住房生产、供应、管理体系、运作程序和规则。它带有明显的社会保障性和社会福利性。我国所称的廉租房在本质上就是西方国家在市场经济条件下实行的公共住房制度，我国传统住房制度也可以看作是廉租房制度，因为国家提供的住房租金低廉，具有很强的福利性，只不过当时的廉租住房覆盖面几乎是全民性的，而不像现在只是针对城镇最低收入阶层。

我国在住房市场化改革的同进，又重新提出廉租房。1998年国务院发布《关于进一步深化城镇住房制度改革、加快住房建设的通知》，针对“最低收入家庭”提出了“廉租房”政策。规定“对不同收入家庭实行不同的住房供应政策，最低收入家庭租用由政府或单位提供的廉租住房……”。显然，这仍然是传统意义的廉租房。不过，现在它所涉及的对象仅仅是城镇最低收入家庭，与过去是完全不同的。2004 年 3 月 1 日《城镇最低收入家庭廉租住房管理办法》（以下简称《办法》）的实施，标志着廉租房制度的全面启动。

廉租住房制度自建立以来成效显著，到2003年底，全国已有35个大中城市建立了相对完善的住房保障制度，主要包括：集民政低保和居住困难为一体的“双困”准入机制；以租金配租为主、实物配租为辅的配租形式；以政府公共财政预算资金为主的资金筹集渠道，以及公正规范的复核退出机制。有些城市还建立了市、区、街道三级廉租办公室，民政、公安、街道、社区等协调联动的工作制度①。

（二）廉租住房制度的特征

建立廉租住房制度是解决城镇中低收入阶层住房困难问题的主要措施之一，廉租住房制度具有以下主要特征：

1. 供给对象的确定性

随着社会主义市场经济的发展和住房制度改革的深入，解决居民住房问题，将由计划经济体制下国家、单位统揽统包形式逐步转向与社会主义市场经济相适应的商品房、经济适用住房、廉租房等多层次的住房供应体系。

多层次的住房供应体系是由城市经济收入的不平衡性决定的，高收入家庭根据自己的支付能力以购买商品房改善居住条件，经济适用住房主要供给中低收入家庭，廉租房供应对象是目前住房条件比较差、收入低、通过市场租赁或购买住房缺乏支付能力的家庭。即廉租住房只供给城镇居民中住房困难的最低收入家庭，保障他们住房解困。如按照重庆市廉租住房保障政策的规定，无房户和家庭人均使用面积在6平方米以下且领取最低生活保障费的“双困家庭”可享受廉租住房保障。

2. 廉租住房的性质具有社会保障性和社会福利性

廉租房制度是住房保障制度的核心内容之一，是由国家拨款或社会组织筹资帮助弱势群体解决住房问题，是政府行使社会保障职能的具体体现。这类住房既不同于商品房，也有别于政府扶

① 文林峰．完善住房保障体系的若干政策思路．中国房地产，2005年第3期。

持的经济适用房，而是福利性的租金补贴配房或实物配房。廉租住房保障是专门针对城镇最低收入家庭而设计的住房制度，属于社会救助体系的范畴。建立健全廉租住房制度，是政府按照“执政为民”方针，保障贫困群众必要的社会福利，重视履行“公共服务”职能的体现。

由于政府提供租赁的廉租房的有限性和供应价格的福利性，就要求对申请租住的弱势群体对象进行资格认定，只有经过有关单位认定符合条件的家庭，才能按规定租住政府提供的廉租房或接受租房补贴。

3. 廉租住房补贴方式的多样性

廉租住房的补贴方式概括起来可以分为两大类：一类是供给方补贴，即所谓的“砖头补贴”，由政府或企业建造廉租住房，然后以低房租提供给市民或职工。这是西方国家解决城市住房问题初期通常采用的方式，我国计划经济时期城市住房制度也属此类。

由于供给方补贴效率低，现在无论是在西方国家还是在我国，廉租住房补贴大多转变为第二类补贴方式——需求方补贴，即向住房困难群体发放租房补贴由其自由选择租房，而不是直接对其提供住房。如 2004 年 3 月 1 日颁布的《城镇最低收入家庭廉租住房管理办法》第五条规定：城镇最低收入家庭廉租住房保障方式应当以发放租赁住房补贴为主，实物配租、租金核减为辅。其中，租赁住房补贴，是指市、县人民政府向符合条件的申请对象发放补贴，由其到市场上租赁住房；实物配租，是指市、县人民政府向符合条件的申请对象直接提供住房，并按照廉租住房租金标准收取租金；租金核减，是指产权单位按照当地市、县人民政府的规定，在一定时期内对现已承租公有住房的城镇最低收入家庭给予租金减免。

4. 廉租住房运作过程的封闭性

由于廉租住房只供应给城镇弱势群体居民家庭，它的运作过程是严格按照政府制定的有关政策法规进行的，以保证他们的家庭有房租住，但又不能转让、转租，并随家庭经济状况的变化进行调整。

2007年9月颁布的《廉租住房保障办法》规定：城镇最低收入家庭廉租住房保障对象的条件和标准，由市、县人民政府房地产行政主管部门会同财政、民政、国土资源、税务等有关部门拟定，同级政府批准后公布执行；租用廉租住房要经过“书面申请—审核—公示—登记—调查—核实—排队轮候—公布结果”的程序获得。

（三）廉租住房的运作方式

1. 三种运行方式

总结起来，现阶段我国廉租房的运作方式主要有三种，即租金补贴方式、实物补贴方式、租金减免方式。

（1）租金补贴方式是指政府为符合条件的廉租家庭按其家庭的配租标准发放补贴租金，由其到市场上自行租赁房屋或选择廉租住房管理部门推荐的合适房源，租住双方签订廉租住房合同后，出租方定期到指定银行提取补贴部分租金。这种方式以上海、北京、成都等部分城市为代表。

（2）实物配租方式，即由政府直接向被保障家庭提供符合基本居住功能要求和面积标准的住房。廉租房租金按维修费、管理费两项因素确定，租金标准实行政府定价，可按最低收入家庭收入的5%[①]或公房租金水平的5%～10%确定。这种方式以广州、福州等部分城市为代表。

（3）租金减免方式是指住房面积达到困难标准以上的城镇低保和优抚对象家庭，向产权单位申请租金减免。这种方式以长春市为代表，对租住公房的最低收入居民家庭按照廉租住房租金收

① 5%的比例远低于国际上通行的20%～25%的比例标准，说明我国廉租房房租水平严重偏低，在以后的住房保障改革中应适当提高。

取租金，住户实际交纳租金与公房租金的差额实行补贴或减免政策。2001年，长春市有4 000户左右最低生活保障线以下的居民，其中认定廉租住房对象的为1 608户，其中，有862户的租金差额由市房改办支付给产权单位，其余746户的租金差额由产权单位予以免除。

2. 运行方式的比较

这三种方式哪种方式能够更好地解决廉租房问题，为低收入阶层和社会带来最大效益呢？租金减免方式实质上是实物配租的一种方式，只不过是房屋的产权所有者是国有企事业单位，故可将租金减免方式与实物配租合并为一种方式。下面我们对租金补贴方式和实物配租方式作一比较：

从理论上来讲，租金补贴方式能够带来低收入阶层和社会效用最大化，其优势为①：

一是有效针对廉租家庭的具体情况，更好地满足居民家庭需要，使低收入家庭可以根据工作地点、子女上学、老人看病等因素方便地选择居住地点。

二是有利于社会综合治理，有效地避免了低收入家庭过分集中，形成“廉租群落”和“贫民窟”，从而造成一系列社会问题。

三是提高了资金利用率和廉租住房制度的覆盖面。在资金有限的情况下，资金的使用从新建廉租房的一次性投入变为租金配租的分阶段投入，这样就可以在等量资金条件下解决更多的低收入家庭的住房问题。投入同样的资金解决低收入家庭的住房问题，用租金补贴方式比住房实物安置办法的覆盖面大得多。

四是可以有效利用现有存量住房资源，推动住房租赁市场的活跃。这是因为政府的介入进一步规范了租赁市场，租金补贴可以使整个市场的租金水平，有利于解决我国房地产市场租售价格

① 何双奇，董道元．廉租住房的运作方式和管理机制．中国房地产信息，2003年第8期。

比失调的问题，同时将保障机制融入了市场经济体系之中。

五是节约管理成本，提高管理效率。采取租金配租方式，廉租房管理部门只需负责租赁资格、租赁房屋和租赁协议的审核以及租金补贴的发放等工作，而实物分配由于廉租住户收入少，通讯不便，政府包揽一切的心理较重，从而给物业管理造成很大困难，由此导致管理半径增大，机构、人员增多，管理效果降低。

六是灵活性强。补贴额随职工家庭收入变动进行调整，进行动态管理，可以形成灵活的退出机制，适应现阶段职工家庭收入变动较快的实际。采用租金补贴方式，即使不能从准入机制上杜绝假冒“双困户”情况的出现，也可以通过“釜底抽薪”的方式，一旦原廉租对象的收入超过最低收入标准或发现假冒“双困户”，则立即停发补贴，有效发挥退出机制的功能。

当然，并不是租金补贴方式较优就全部采用租金补贴方式，对一些希望居住环境长期稳定、又不愿到市场上选租房的特殊弱势对象，如残疾人、无依无靠的老人，可通过出资租购给予廉租房实物安排，解决其住房困难问题。因此应建立租金补贴方式为主、实物配租为辅、现住房面积达到住房困难标准以上的家庭减免租金①的运行方式，以更好更全面地解决低收入阶层的住房问题。但从长期来看，实物配租方式应当逐步取消。

（四）廉租住房制度存在的问题

政府直接投资兴建廉租房尽管可以在短时期内大量供应公共住房、大面积解决居民的居住问题，而且也是很多国家在一定时期住房保障政策工具的必然选择。但是，这种方式存在着不可克服的诸多问题。

1. 政府廉租住房的高成本问题

按照我国目前廉租房制度的设计，廉租房由政府直接提供，

① 减免租金的住房面积标准以住房困难标准为限，超过标准的部分租金不予减免。

而政府直接提供公共住房的投资成本是很高的。第一，私人部门建造新的低收入住房的效率高于公共部门，魏歇尔引证大量研究表明新建公共住房的成本高于新建私人住房。第二，存在大量的低质量旧住房供给，甚至最低成本的新住房其成本也要高于旧住房。根据国家住房评论，新建公共住房的成本大约比私人建住房的成本高 33%。选择现金补贴而不是直接提供公共住房可以使效用大幅度增加，增加额大约为成本的 3/5[①]。

由政府直接投资建房，需要在房屋建设过程中一次性大量投资，这成为政府建设廉租房的首要障碍。在一定时间内资金有限的情况下，福利受益面受到很大限制，因此往往需要通过排队等形式，拖延兑现福利的时间。

建设和管理廉租房还存在间接成本，无论是建设还是管理廉租房，都要有相应的机构，政府要承担这些机构运营所需要的资金。

廉租房还存在经常性费用，也可能增加政府的负担。在房租水平低于管理成本的情况下，还要承担部分管理成本。在房租水平达不到维修费的情况下，还要承担维修成本，易出现“租不养房”的问题。

2004 年颁布的《城镇最低收入家庭廉租住房管理办法》中关于保障方式的规定中指出“城镇最低收入家庭廉租住房保障方式应当以发放租赁住房补贴为主，实物配租、租金核减为辅”。这种规定，符合市场经济条件下保障机制的运作规律，与住房保障的进入、退出机制相吻合。

2. 廉租房的制度弹性问题

第一，政府建设廉租房，必然要按照当时所界定的住房基本需要标准进行设计，因此决定了住房的结构和面积。然而，住房

① ［美］阿瑟·奥沙利文．城市经济学（第四版），中信出版社，2003 年，第 390 页。

福利是与经济水平相应的，目前在经济水平较低以及居民居住水平普遍不高的情况下，住房福利标准相应较低，由此决定的建筑，必须水平也低。但以后随着经济发展和人们居住水平的普遍提高，住房福利标准也可能相应提高，但会受到已有建筑格局的限制。

第二，政府集中建设廉租房，很可能会形成相对独立的社区，租户都是低收入者，形成新型的贫困阶层聚居的贫民窟。从城市社会学角度看，这样不利于社区环境、治安等公共管理。国内探索廉租房问题时，许多学者都很重视这个问题。

第三，廉租房受益人群边界太明显，而利益反差又太大。住房福利通常以家庭收入和现有住房面积为标准确定享受待遇的资格，略低于收入标准的家庭有资格享受待遇，而略高于标准的家庭则不能享受待遇，其差异是一套价值数万元的住房。这就出现一种悖论：收入略高的家庭由于不能享受住房福利，必须通过市场解决住房，因此用去相当大的收入，使其用于其他生活必须品的支出大大减少，实际生活水平降低。这样，他有可能选择少工作，使收入降低到资格条件以下。

第四，最重要的是，政府廉租房的退出机制很难运作。廉租房的租户在租房期间，很可能由于家庭就业人数的增加或工资的增加而收入提高，这时就不符合资格条件了，应当退出；另一种情况是，家庭人口出现变化，例如子女长大后出去工作，或者结婚后另立门户，福利住房的面积应相应减小，应当退出原有的住房。然而由于我国的收入登记申报制度不健全，在审核廉租住户条件时存在信息不对称，这样的制度很难执行。住进廉租房，形成既得利益，租户不想退出，管理部门又不能强制执行。其结果是福利资源未能用在最需要的居民身上，制度的福利效果降低。

运用货币化租金补贴代替实物配租是建立廉租房高效退出机制的手段之一。货币化租金补贴分季度给付的是资金量小的租金，而实物配租提供的是资金量大的一次性支付，住房退出不论是从利益诱惑上还是从操作上看都比较困难。所以，采用货币化租金补贴方式对形成良性的退出机制是有益的。退出机制的另一个制度设计是实行差额补贴，通过差额补贴让更困难的住户得到更多的收益增加社会总福利。同时让条件较好的住户由于收益较小而放弃或退出廉租住房，这对形成良性的退出机制具有至关重要的作用。

3. 廉租房制度建设缓慢

我国的廉租房制度建设最早始于 1998 年，到 2002 年 35 个大中型城市中备有实施方案的还不到一半。截至 2006 年底，全国 657 个城市中，512 个城市建立了廉租房制度，占城市总数的 77.9%，尚未建立廉租房制度的城市有 4 个地级城市以及 141 个县级城市。到 2007 年 6 月底，586 个城市建立了廉租房制度，占 89.3%。

4. 资金缺口大，地方政府对廉租房资金的保障程度低

要解决目前 988 万户低收入家庭住房问题，“十一五”期间每年需要资金近 500 亿元。但是，1998—2006 年年底全国累计用于廉租房建设的资金仅为 70.8 亿元，2007 年 1~11 月全国投入资金仅为 83.2 亿元，资金缺口很大①，远远没有满足“十一五”期间每年近 500 亿元的廉租房资金需求。

根据《廉租住房保障办法》规定，廉租房的资金来源有财政年度预算，住房公积金增值收益余额，不低于 10%的土地出让净收益，政府的廉租住房租金收入，社会捐赠及其他方式筹集的资金。但是，有些资金来源，尤其是住房公积金的使用情况和土地出让金收益，信息透明度低，比较难监管。截至 2006 年底，全国累计用于廉租房制度的资金为 70.8 亿元。其中，财政预算安排资金 32.1 亿元，住房公积金增值收益 19.8 亿元，土地出让

① 倪鹏飞．中国住房发展报告（2009—2010），社会科学文献出版社，2009 年，第 417 页。

净收益 3.1 亿元，社会捐赠 0.2 亿元，其他资金 15.6 亿元。2006 年，全国已有 37 个地级以上城市明确了土地出让净收益用于廉租房制度建设的比例。其中青岛、宝鸡定为 15%，深圳、银川定为 10%。但是，仍有 166 个地级以上城市未明确土地出让净收益用于廉租房制度建设的比例，绝大多数城市还没有开始将土地出让净收益实际用于廉租房制度建设。其中，北京市，实施廉租房制度 6 年来解决了 2.5 万户家庭的住房困难，累计用于廉租房制度的资金为 28 601 万元，但其中土地出让净收益为零①。

许多发达国家，政府在廉租房上的投资，一般占财政总支出 3%～6%，而我国 2007 年只有不足 0.3%，2008 年虽然迅猛增至 354 亿元，还是只有区区 0.56%。按计划，2009 年中央将继续加大对财政困难地区廉租住房保障补助力度，西部地区 400 元/平方米，中部地区 300 元/平方米。笔者认为中央的支持力度可更大些。

5. 廉租房保障范围小，廉租房覆盖率低

与经济适用房覆盖范围过宽相反，廉租房制度存在的问题是保障范围小、覆盖率低，应扩大房租补贴范围，帮助更多的低收入阶层居民租房。

关于廉租房的适用对象，目前大部分城市只限于具有“非农业常住户口的最低收入家庭和其他需保障的特殊家庭”。进城务工的农民工、单亲家庭和日益增多的老龄群体中的空巢家庭均未纳入廉租房政策的适用对象中。

据建设部公布的数据，截至 2006 年底，全国人均住房面积在 10 平方米以下的低保家庭有 400 万户，如果扩大到低收入家庭，总共有近 988 万户。而截至 2006 年底，通过廉租房制度改

① 倪鹏飞．中国住房发展报告（2009—2010），社会科学文献出版社，2009 年，第 418 页。

善居住环境的低收入家庭有 54.7 万户，占 2008 年底目标群体的 5.5%。

6. 廉租房抑制了私人住房市场的发展

大量公共住房的存在，不仅限制了住户的选择空间，使他们的福利难以达到最大化。而且由于存在公房、私房租金双轨制，也冲击了私人住房市场的正常发展，人们的选择空间因此更加局促。

7. 廉租住房在各地发展极不平衡

廉租住房在全国各地的发展极不平衡，有些城市在实践中积累了很多很好的经验，并已拥有了成熟的制度与配套措施。而与此形成强烈反差的是，由于缺乏充分的交流与沟通，相当多的城市还在摸着石头过河，发展明显滞后。

从保障力度看，2007 年广州市制定了《广州市城市廉租住房保障制度实施办法（试行）》大幅度提高廉租房保障范围，收入保障线从以往的年人均可支配收入 4 680 元提高到 7 680 元。新纳入廉租房保障范围的 5 643 个家庭的住房问题，在 2007 年 11 月得到全部解决。北京市实施廉租房制度 6 年来解决了 2.5 万户家庭的住房困难，累计用于廉租房制度的资金为 28 601 万元。但目前还有相当多的城市，虽然制定了相对完善的廉租住房制度，但工作进展缓慢，有些城市解决的数量甚至还不到 100 户。

从保障标准看，各个地方在补贴对象的标准与补贴水平上存在较大差异，经济实力较强，保障力度较大的城市已提出把补贴对象调整到 15 平方米以下的住房困难户，而大部分城市只能先行解决 6 平方米以下、甚至是 4 平方米以下的双困家庭住房问题。特别是租金补贴标准差异更大，有些城市只补到 10 平方米，有些城市已补到近 30 平方米。

从保障对象看，一些城市对双困家庭都难以做到应保尽保，保障面不到 1%，而有些城市已把保障范围上调到低收入家庭

（核定收入线标准），保障比例达到居民家庭总户数的10％左右。特别是有些城市如南通市已把保障对象从城市延伸到县城的非农业人口，完善了城镇一体化的住房保障格局。

二、经济适用房制度分析

1998年住房体制转轨，考虑到停止住房实物分配、实行住房货币化分配和商品化供应转轨阶段的供求矛盾，为了减轻改革的阻力，确保改革的顺利进行，政府明确了住房供应体系政策，即高收入者购买商品房，中低收入者购买经济适用房，最低收入者承租政府提供的廉租房。

可见，经济适用房是我国住房体制改革的阶段性产物，在其产生之时就被赋予了住房供应体系的主体地位。经济适用房政策自推出以来，在中央有关部门的积极推动下，各地采取了多种形式组织经济适用房建设，但进展情况却大有不同。始终坚持者有之，执行中消极对应者有之，明确放弃者亦有之。随着经济的发展、体制改革的深入和住房市场形势的变化，人们对经济适用房的认识也在不断深化。

（一）经济适用房的涵义与性质

经济适用房，是指政府提供政策优惠，限定建设标准、供应对象和销售价格，具有保障性质的政策性商品住房[①]。其保障性主要体现在：①销售对象严格限定为城镇中低收入者；②销售价格相对于普通商品住房有较大幅度降低。

经济适用房作为一项基本的国家住房建设政策，旨在通过某种政策倾斜，如免收地价、税费减免等措施，来达到扩大住房供给、调节房地产投资结构和启动市场有效需求的目的，它是基于我国特殊的房地产市场和住房市场发展阶段的一种政策选择。对经济适用住房的要求：一是具有经济性，要求其价格适当，中低

---

① 经济适用住房管理办法．建住房［2004］77号。

收入家庭通常能够承受，具有较强的可支付性；二是具有适用性，要求住房设计建造标准符合居民的需要，面积适当、功能适用、交通便利、公用配套设施齐全等。

由于经济适用房专门面向中低收入家庭销售，因此它与单纯的商品住宅相比有以下几个特点：

（1）经济适用房的建设和售价是在政府严格调控和指导下进行的。首先经济适用房市场受住房制度改革的货币分配补贴总量影响较大，投资规模必须适合这个特定市场的需求，因此经济适用房建设要在专项计划控制下进行；其次是经济适用房的建设标准要经过建设主管部门审定，建筑设计要实用，户型不能过大，还要保证优良的建筑质量和良好的居住环境；再次是经济适用房价格和开发商的利润，都要接受政府的调控和审批，符合微利商品房的定位；最后还要降低征地、拆迁安置费用，取消商业网点费等不合理的收费，以保证经济适用房建设成本的合理性。

（2）为适应中低收入家庭的住房消费能力，政府对经济适用住房建设实行扶持政策，具有政府行为。首先是优先提供适合的建设用地，确保落实经济适用房建设计划；其次是政府免征地价，行政划拨建设用地，从经济适用房的价格构成来看，经济适用房售价比同类同区位的商品房低的部分，主要是免交土地出让金；再次是减免征收城市基础设施等市政配套费，切实将经济适用房开发成本降下来。

（二）经济适用房的基本运行模式

对于经济适用房，目前全国大体有以下几种运行模式：

（1）政府组织，企业运作方式。采用这种方式的城市有北京市、长春市、太原市、成都市等。如北京市政府专门成立了经济适用住房建设工作领导小组，由主管副市长任组长，市建设、计划、规划、房改、房地、财政、金融等部门的负责同志任成员，办事机构设在市建委，具体工作由市开发办负责。经济适用住房建设项目主要来源于政府提供的专项用地、企业现有开发项目的转化和单位自有土地。推行公开招标制度，引入竞争机制，从土地一级开发、规划设计、建筑施工到物业管理都实行招标制度，控制开发成本。对经济适用住房项目实行承诺制，落实项目法人责任制。经济适用住房开发建设单位就建设规模、基础设施和配套设施的保证措施、拆迁安置方案的落实意见、建设标准、销售价格、工期、交用时间和物业管理标准等内容，向市政府做出承诺。

（2）政府组建经济适用住房发展中心。如南京、上海等城市组建的经济适用住房发展中心，直接进行住房开发建设，并组织单位利用自有土地建设经济适用住房。

（3）集资合作建房。2003 年 8 月，国务院在《关于促进房地产市场持续健康发展的通知》中规定："集资、合作建房是经济适用住房建设的组成部分，其建设标准、参加对象和优惠政策，按照经济适用住房的有关规定执行。任何单位不得以集资、合作建房名义，变相搞实物分房或房地产开发经营。"可见，符合条件的集资合作建房也属于国家认可的经济适用房制度的一种实现形式。

（4）单位自建。单位利用自有划拨土地自建、合建和联建经济适用房，向本单位职工出售。

以上四种方式是目前全国经济适用住房建设中出现的几种运作模式，从这四种模式的运行状况来看，第一种模式在各地被广泛采用，在经济适用住房建设中占据主导位置，是我国经济适用住房供应的主渠道。本书对经济适用住房的分析将主要以该种模式为出发点，进行讨论。

（三）经济适用房制度的正效应

1. 在政府计划的安排下，经济适用房大量入市从整体上平抑了房价

近年来，上海、杭州等城市由于中低价位住房特别是经济适用住房供应不足，导致房价持续大幅上涨。相反，北京市每年大

量的经济适用住房投入，使得近几年北京住宅价格发展平稳，对稳定市民住房消费起到了良好作用。

北京市是我国经济适用住房建设规模最大的城市，在北京市，经济适用房对住房市场价格影响表现也较为明显。北京市经济适用房始建于 1998 年，以“政府组织、政策支持、企业实施”为特点。该市经济适用房建设享受的优惠政策包括：建设用地优先划拨，免收土地出让金；开发贷款优先发放；减免 21 项行政事业性收费等。在这里，政府对经济适用房开发成本的控制即免收土地出让金和减免 21 项税费，以及对开发商利润率 3%的控制，为降低经济适用房的价格开辟了空间。从实际价格的比较来看，大多数经济适用房与相同地段、相近档次的商品住房市场价格相比，单价绝对差在 500～1 000 元/平方米左右，相对差大约在 15%～30%之间。如果考虑到经济适用房大多建在远郊区外，而商品房大都集中在市区这一现实，大多数经济适用房的价格实际上相当于商品房价格的 1/2～1/3 左右①。正是这种现实的存在，使人们公认经济适用房是近年来带动京城房价下降的主要因素。

房地产业存在恶性泡沫，这就需要进行严格的控制，而经济适用房就是一种有效的控制手段，它对房地产业的健康发展有着积极意义。

2. 经济适用房政策的实施，满足了中低收入家庭的需要

1998 年我国决定终结旧住房体制之时，大多数居民尚没有足够的财力购买商品房。自 1998 年以来，经济适用房的建设规模一直在迅速扩大。1999—2007 年，35 个城市经济适用房竣工面积总计为 9 462.19 万平方米，占住房竣工总面积的 9.38%。

根据经典的纺锤型的社会结构模型分析可知，中间阶层的比重与其稳定性直接关系到社会的安定。我国全面建设小康社会的

① 牛风瑞．中国房地产发展报告．社会科学文献出版社，2004 年，第 302 页。

一个重点就是扩大中间阶层的比重。因此，我国的经济适用房政策在满足中低收入家庭的需要、提升中低阶层的生活质量、为其提供社会保障方面起着积极作用，为实现创造一个和谐、安定的社会创造了良好条件。

3. 经济适用房政策的实施推动了我国住房体制改革和转轨

经济适用房政策的推出和实施，使住房分配平稳告别旧体制和迈向新体制。1991 年的改革和 1994 年的改革都曾明确住房分配商品化、社会化目标，但进展都不理想。1998 年以后，这一目标才得以初步实现并不断前进。这其中的原因固然是多方面的，但最主要的无疑是缺少建立以经济适用房供应体制这样一个不可或缺的改革配套措施。经济适用房政策，保证了很多人在改革后可以经过努力而“买得起房”。可以说，关于经济适用房对 1998 年以来的住房体制改革的推动作用，无论怎样强调都不过分。

4. 与廉租房相比，政府承担成本较小

从居民角度看，经济适用房提供的福利，主要体现在其价格与商品房价格的差别。研究这种差别，方法之一是将同一地段的商品房与经济适用房之间的价格进行比较。以北京为例，差别一般为每平方米数百元至上千元。

为了提供经济适用房福利，政府通过各种方式承担了一定成本，这些成本可以通过解剖少量的项目而准确地加以计算。关于土地成本，可以根据政府同一地段土地价格确定。关于贷款政策，则可以通过政府资金支持额度涉及的利息与银行等量贷款的利息差确定。将各成本项目加总，除以项目建成住房使用面积，可得单位面积经济适用房的福利成本；除以住房套数，可得受益家庭的福利成本；按每户平均人数，可估算人均住房福利成本。

与廉租房相比，无论单位面积、户均以及人均指标看，经济适用房的福利成本都要小得多。显然，廉租房是由政府承担全部成本，而经济适用房只有部分成本由政府承担，其他都由购房者承担。

（四）经济适用房制度存在的问题

经济适用房对解决中低收入家庭的住房问题起到了积极作用，得到了该阶层居民群众的欢迎。但在实施过程中也出现了一些问题，主要是①：

1. 经济适用房导致社会资源分配不公平，不利于房地产市场健康发展

第一，经济适用房只针对户籍人口，而且申请的条件和手续非常苛刻和复杂，这类人大多是拆迁户或者“改善型需求”户。但是对于真正需要住房的主流人群——城市新移民，却完全被排斥在外。

在当前乃至未来相当长时间，以外来人口为支柱的人口机械增长是城市人口增长的主要方式。而经济适用房完全不考虑这一群体，不仅有失公平，更不利于城市住房问题的解决。而且，按现行制度，经济适用房一旦购买，其退出机制不完备，一个人生前取得大量社会福利和救济，死后还可以留下福利房产给子孙，这更有失公平。

第二，经济适用房很容易造成分配过程中的腐败机会，很难实现公平分配。操作过程中，经济适用房时常暴出黑幕，包括开宝马买经济适用房、七房四厅标准的经济适用房、公务员买多套、老百姓买不到等丑恶现象。2010 年两会期间，住房和城乡建设部部长姜伟新也承认，现在在实际工作当中，确有一些地方把经济适用房分配给了中等收入甚至是高收入的人。

第三，房地产市场秩序遭到破坏。房地产市场需要公平竞争，现在上市了一批经济适用房，它不是按照市场规则买卖。事实上，房地产市场应该只能有一个价格存在。商品房 1 平方米 1

① 袁秀明．我国住房保障制度设计问题剖析与建议．宏观经济研究，2009 年第 7 期。

万元，而经济适用房1平方米3 000元的格局是与市场规则格格不入的。这必然会导致寻租行为猖獗。马克思说过，如果有300%的利润，资本家会不惜践踏人间一切法律。因此，国家建设经济适用房，变相地扭曲了房地产市场，使市场秩序遭到破坏。

2. 经济适用房建设量小，难以满足需求

经济适用房，可谓中国住房制度变革过程中永远的痛。1998年住房制度改革的“23号文”中，明确要建立以经济适用住房为主的多层次城镇住房供应体系；但其后的事实是，经济适用房占全国住宅供应套数比例年年下降，由1999年的28.21%一路跌到2005年的7%。目前，这一比重仅为3%左右①。尤其是建筑面积90平方米以下套房（含经济适用住房）面积所占比重仅为开发建设套房总数的30%左右，远远低于国家要求的70%以上的标准。常州、长沙等地甚至公开暂停新建，转而进行货币化补贴，符合经济适用房条件的家庭去市场中购房，每户补贴8万元；部分城市则倾向于收购存量住宅，用作经济适用房进行分配。可见，保障性住房总量不足问题仍然是造成低收入群体住房困难的主要矛盾。

这样一来，建设部明文要求的“各地住宅建设70%～80%应建经济适用房，销售给中低收入家庭”的规定成为一纸空文。

3. 政府投入和受益者不匹配，难以实现初衷

2006年11月《中国青年报》报道，有调查发现，经济适用房出租率高达48%，而普通商品房用于出租的比例，仅有20.55%。它表明中国现行的经济适用房政策并不成功，近半数经济适用房用于出租，只会加剧社会的不公平。一边是一房难求，一边是近半数的房屋被出租，本应惠及中低收入者的经济适

① 覆盖面窄．中国保障性住房进入退出机制亟须完善．中国新闻网，2009-12-07。

用房政策违背了初衷。

政府免除各类费用，而大量经济适用房由于不是非常的适销对路，而屡屡遭到弃购。据南方日报称，佛山市首批经济适用房有 91 个符合条件的购买户由于经济困难，不能一次性支付购房款，所以暂时未入住，百套经济适用房已交钥匙，买房人却没钱入住。经济适用房出现够条件的买不起，而买得起的不符合入住条件的尴尬局面。

2009 年 1 月，昆明作为样板推出子君村经济适用房，由于存在多数购房者无力购买、房价过高、购房凭证没有核发等一系列问题，竟未售出一套。之后，昆明竞放宽了经济适用房的申购标准，申请标准中人均收入一条由原来的 402 元/月变成了9 666 元/年（月均 805.5 元），此标准引发低收入者的质疑和失望，如此低收入者仍然不能买到住房，经济适用房不经济，低收人家庭依然买不起。而这些够买经济适用房标准的人，由于不符合低保标准，也没有资格租用廉租房，这些人的住房问题仍然得不到解决。

国家经济不发达，有限的资金应该首先照顾最困难的人，而不是照顾那些有能力有钱买房的人，最迫切需要解决的是提供给中低收入无房者一个合理居住的地方，而不是一部分人拥有住房产权的需要。现有政策对经济适用房销售环节的规定不清晰，经济适用房优惠政策支持力度与低收入家庭购买能力有差距。

4. 国有资产流失问题受到关注

经济适用房属于政府保障性住房，之所以价格低，除了开发商利润限制，最主要的是政府让利的结果，不外乎“减免地价，税费优惠，政策倾斜”等。“减免地价”，意味着政府减少了收入，意味着本来公共财政的一部分，现在补贴给了一小部分买房人；意味着纳税人必须多交纳这部分来补充财政，为这部分购房人支付代价。同样，“税费优惠”也意味着政府收入减少以补贴这部分买房者。“政策倾斜”也是一种隐性补贴。若市场价（最有效率价格）是 5 000 元，而经济适用房卖 3 000 元，那么每平米至少要补贴 2 000 元，而有些城市两者之间的差价比这个要高出很多。

国家规定，经济适用房 5 年之后才可以上市交易，但是，5 年过后，如果上市交易，一旦通过市场转让，经济适用房将不再是保障性住房，其性质由福利产品变为纯私人财产，结果是化公为私，无法再由政府重新分配，因而国有资产就出现了流失问题。即使设置 5 年过渡期、补缴地价款等限制，也难以补偿这种流失问题。

在社会信用征用系统没有建立的条件下，购房者家庭年收入证明等材料都可以通过多种造假途径获得，导致经济适用房大量流入了实际上并不缺房、着眼于升值的投资者手中，也给国家造成了不必要的损失。

5. 经济适用房的实施滋长了寻租腐败

国务院 1998 年颁布的 23 号文件规定："经济适用房主要由国家统一下达投资计划，房地产公司开发并对外销售，用地一般采用行政划拨或招标投标方式，免收土地出让金，对各种批准的收费减半征收，开发商利润不超过 3%，销售价格实行政府指导价"。按照文件规定，经济适用房由房地产商按政府指导价对外销售，这个环节涉及到了房地产商的利润空间。尽管政策一再规定房地产商的利润不能超过 3%，但是房地产商的开发成本及其相关费用是由房地产商自己计算的，这又涉及到所谓的行业隐私不能公开，行业隐私的不公开就难以预测和掌握真正的利润空间有多大。追求利润最大化是企业经营的根本目的，在原来隐藏成本的基础上房地产商仍然有向相关官员谋求更多利润的余地和可能。

当经济适用房确定对外销售时，由于价格上的优势必然会产生超额需求。经济适用房有限，当需求大大超过供给时，"关系"就显得尤为重要了。政府官员掌握着分配权力，在同等条件的需求下，必然是“关系”优先，这时便会滋生权钱腐败交易。徐滇庆教授曾举过这样一个例子：若一套经济适用房的价格比商品房低 10 万元，即使拿出 5 万元来打通关系，依然可以省下 5 万元。只要行贿的成本低于两种渠道的差价，行贿就不可避免。我国的经济适用房是因需而生的，具有典型的中国特色。在房地产市场还不健全，政府官员手中掌握着资源分配权利的现实下，寻租腐败是难以杜绝的。

6. 管理和监管成本过高

作为公共服务与产品及规则制定者的政府，与企业不同，对市场价格、市场信息不甚敏感，政府资助的经济适用房在投资、分配、管理等诸多方面存在着监管成本高而效率低的现象，即使政府再“明察秋毫”，也会存在疏漏；而经济适用房潜在市场利润又极大，所以尽管投入巨大的人力物力财力进行严格监管，也难免会给投机者以可乘之机。比如对于经济适用房，各个地方政府需要出台针对本地区实际情况的经济适用房购买规则，对于居住年限、产权拥有等标准，必须从头到尾花费数年层层审核。审核之后还需要监管，监管又需要花费大量的投入，但是结果还是有许多投机者钻了空子。

此外，退出机制不完善也是经济适用房面临的问题。现行的经济适用房运作机制实际是在房屋销售阶段，通过限定房价一次性地将补贴划拨给中低收入者。但是随着经济的快速发展，购买了经济适用房的居民在未来几年内可能会有较大的收入增长，不再属于经济适用房保障之列，而市场上也会涌现出新的中低收入者，那么，这种静态的、以一次性销售方式满足中低收入者住房的保障模式，不能充分、高效利用有限的保障资源。

经济适用房或许可以解决一些低收入者的购房问题，但是其代价是高昂的。现阶段我们最该解决的问题应是低收入者的居住问题而不是购房问题。在住房问题解决的基础上，如果通过自身的努力生活有了改善，收入有了较大提高，希望改善住房或有能力改善住房，那么就可以到市场上去购买住房。因此，低收入者购买房产并不是很急迫的，最需要解决的是居住问题，在这方面租赁房的灵活性以及操作的低成本性应该更适合低收入人群的需要。

7. 经济适用房政策是对“居者有其屋”住房政策目标的错误理解

“居者有其屋”是所有国家和地区住房政策的目标，但是，“有”的含义却并不相同。在新加坡、中国香港，这个“有”是指“所有”，是指拥有产权；而在西方则不然，更多的是指拥有居住权。西欧发达国家中，比利时、英国的住房自有化率约为70%，法国约为54%，荷兰约为45%，瑞士仅为30%。同时，在住房自有化率上，城市要明显低于乡村。在比利时，尽管住房自有化率达70%，然而布鲁塞尔的住房自有化率也只有30%；在法国虽然有54%的人有自己的房子，但巴黎人只有30%的人住在自己买下的房子里[①]。其实，无论一国经济有多发达，也很难达到绝大部分居民都能购买住房的程度，产权意义上的“居者有其屋”本身应该是一个遥远的理想目标。

我国经济适用房的政策设计可能受福利房的影响，以所有的人都拥有自己的住房为目标，所以提出以大规模建造、优惠向中低收入群体出售住房的办法，这里就有值得商榷之处。以中国的国情，是否能支撑这样的目标？况且，住宅是巨额的生活必需品，住宅本身不可移动，这两个特点与人们收入的有限性和劳动力的流动性发展趋势形成对立。

“固守一地，买房置业”是我国几千年沿袭下来的拥有财富的理想标准，“人人拥有住房所有权”留有农业文明的深深印记。而在工业文明和知识经济时代，劳动力的自由流动趋势需要人们对生活方式和财富的理解发生改变。

① 孙向红．对现行经济适用房政策的反思．经济问题，2003年第7期。

可以说，经济适用房和股市“大小非”、汇率双轨制以及煤炭等能源的计划内价格一样是计划经济向市场经济过渡阶段的产物，它的初衷是好的，但是它的弊端也显而易见，为寻租行为提供了极大的空间，这与市场经济原则是相悖的，早晚要摒弃，而且越早抛弃对市场经济发展越有好处。虽然它名义上是为广大低收入者设计，考虑的是照顾低收入者的利益，但是这种方式无论在操作层面还是监管层面都是非常复杂而且成本高昂的，最终受益者也不一定全给了低收入者，实践中所暴露的许多问题已经证明了这一点。如果真正想帮助低收入者，不如索性将补贴经济适用房的资金直接发放给低收入家庭，或者多建廉租房使大家都有房住，这才是解决问题的关键。

可以看出，住房福利与市场化相结合显示出保障性住房制度设计的缺陷。市场和福利的目标是不同的。经济适用房作为一种福利措施，旨在通过某种政策倾斜，达到扩大住房供给和启动市场有效需求的目的，只是一种过渡政策。但是，经济适用房政策实施的时间越长，成本越大，对房地产市场建设越不利。它与住房商品化、市场化改革的长远目标是非常不一致的。在经济适用房发展上，政府与开发商之间在很多方面难以达成共识。从某种角度上来说，经济适用房与市场经济原理是相违背的，经济适用房必将会随着房地产市场的逐渐成熟而取消。

三、住房公积金制度分析

自 1991 年上海市率先建立住房公积金制度以来，我国大多数地区先后推出了住房公积金的实施办法，经过十多年的发展，在全国已经具有一定的规模。

(一) 住房公积金的概念和性质

我国 2002 年 3 月 24 日修订的《住房公积金管理条例》（简称《条例》）规定，所谓住房公积金，“是指国家机关、国有企业、城镇集体企业、外商投资企业、城镇私营企业及其他城镇企业、事业单位、民办非企业单位、社会团体（统称单位）及其在职职工缴存的长期住房储金。”这是一个标准的定义。

从这一定义可以看到，住房公积金是单位和在职职工个人按固定比例缴存的专项用于住房的义务性长期住房储蓄。职工个人缴存的公积金是个人长期储蓄的住房基金；单位缴存的公积金是单位对职工住房分配从实物福利分配向货币工资分配的转化，可以看作是住房消费在工资中含量的增加，两者都为职工个人所有。

因此，住房公积金制度是我国城镇住房制度改革的重要内容之一，其目的是在国家、单位、个人三者共同负担的情况下筹集住房资金，加快住宅建设，并通过个人的长期储蓄积累，逐步增强职工个人住房消费支付能力。住房公积金制度转变了传统的由国家或集体一手包揽住房生产、建设的局面。

住房公积金是一种带有强制性、义务性、互助性和社会保障性的长期住房储蓄金，是专为职工建、购、修住房设立的专项资金。

所谓带有强制性，是指根据 1994 年《国务院关于深化城镇住房制度改革的决定》及财政部、国务院房改领导小组、中国人民银行联合下发的《建立住房公积金制度的暂行规定》，凡在规定中确定的缴存单位的在职职工及其所在单位，都需按规定的缴存基数、缴存比例为职工建立住房公积金，职工个人、所在单位，包括各级财政部门，不管你是否愿意，都必须按上述决定执行。

所谓义务性和互助性，是指凡是在职职工，不管你是否需要住房，包括已经解决住房问题的职工及其他暂不需要解决住房问题的职工，其职工个人和所在单位都必须按规定交纳公积金，这是国家动员和集中社会力量，共同筹集长期稳定的住房建设周转资金，来推进住房制度改革和住房建设，加快解决职工住房困难，逐步改善和提高职工住房的质量和水平，也是职工对社会应尽的义务和相互间互助精神的体现。

所谓社会保障性，是指住房公积金是由国家、单位和职工个人共同筹资，用来解决和改善职工，尤其是中低收入职工家庭建、购、大修住房的所需资金，以此保障中低收入职工家庭逐步做到“居者有其屋”。住房公积金的本质属性是工资性，其含义有两部分：一是职工个人缴存部分，单位按职工工资的一定比例为职工缴存公积金。实际做法是发工资时，代扣工资中一定份额转入到职工个人公积金账户，这明显属职工工资的组成部分。二是单位资助部分，实质是把单位原来用于住房实物分配的基金，在单位财力不能以货币形式一步到位补贴给职工购房的情况下，采用货币形式按月补贴给职工，属职工工资中住房消费的一部分。两者共同存入职工个人住房公积金账户，全归职工个人所有，为职工家庭解决住房问题之用。

（二）住房公积金制度的基本内容

住房公积金制度是结合我国城镇住房制度改革的实际情况而实行的一种房改政策，它包括有关住房公积金的缴存、归集、管理、使用、偿还等诸环节有机构成的整个运作机制和管理制度。

1. 缴存

住房公积金缴存的重点是确定住房公积金的缴存对象、缴存基数、缴存比例等问题。根据国家 1994 年有关文件规定，缴存对象是企业、事业、行政单位及其在职职工。职工和单位住房公积金的月缴存额为职工本人上一年度月平均工资乘以职工住房公积金缴存比例。职工和单位住房公积金的缴存比例均不得低于职工上一年度月平均工资的 5%；有条件的城市，可以适当提高缴存比例。在实践中，一些经济效益好的企业，公积金缴交比例已提高到 8%～10%，有的企业甚至提高到 30%。

2. 归集

住房公积金的归集是指管理住房公积金的法定机构，依据立法授予的职责权限，将每个职工的住房公积金记入其专用帐户，并集中运用资金的工作。在职职工和单位按月缴存的住房公积金额度，都必须归集到职工个人公积金帐户，为职工个人所有，属职工个人的私有财产，任何人不得侵犯。归集的比例，国家只确定一个基数，各地区、各企事业单位可根据自身的经济发展水平，职工工资提高的水平，提高职工个人和单位缴存公积金的百分比。

3. 管理

住房公积金管理中心负责管理住房公积金，是不以营利为目的的独立的事业单位。它可以委托金融机构代办相关业务，自己负责策划、监督，使住房公积金保值增值。

4. 使用

在职工住房公积金缴存期间，按照规定的使用范围、条件、数额、手续，职工有权使用其属于自身所有的住房公积金。住房公积金职工只能用于建、购、大修住房，不能挪作他用。如果职工积累的公积金（包括家庭成员和直系亲属积累的公积金）不足以支付建、购、大修住房费用，职工可申请公积金贷款。由于申请公积金贷款额度有一定限量，还可申请商业性贷款，由以后缴交的公积金和其他积累资金逐步偿还。为了使公积金保值增值，公积金管理机构可将公积金余额的适当比例贷款给从事经济适用房建设的房地产开发商，促进住宅业的加速发展。住房公积金的经营收益按顺序用于住房公积金的风险准备金、管理机构的经费，其余部分用于廉租住房建设补充资金。

5. 偿还

住房公积金只有到职工离退休时，职工个人账户上的公积金还有余额，其积累的公积金本、息余额一次结清，退还职工本人。

6. 监管

住房公积金的监管，贯穿于住房公积金运行的全过程，包括住房公积金的立法、决策、运行、审核、财政监督、社会监督、审计等各个方面各个环节。

从以上规定可以看出：一是各种所有制的单位和职工，包括城镇私营企业和在城镇私营企业工作的进城务工流动人员，都应当按照工资收入的一定比例缴存住房公积金；二是住房公积金全部为职工个人所有，由住房公积金管理机构集中管理；三是住房公积金具有暂存款的特性，全部本息都是要归还职工个人的；四是住房公积金的用途、收益使用等都有严格的规定。

总之，住房公积金和住房公积金制度，是根据城镇住房制度改革的整体方案提出来的，是按照国家规定的“个人存储、单位资助、统一管理、责权利一致，利归地方和专款专用”的原则建立起来的，现已成为新的城镇住房制度和住房保障制度的重要组成部分。

（三）建立住房公积金制度的意义

1. 扩大住房建设资金来源，保证住房建设资金的稳步增长

建立住房公积金制度，结束了几十年来只由国家或单位投入住房资金，单向且只投无收的运行局面。现由国家、单位和职工个人三者共同筹集住房资金，并不断增加资金数量，国家可有一笔稳定可靠的住房融通资金。通过向住房建设投资商贷款或购、建房投资，加快住宅建设，增加有效供应，有利于住房资金的短期周转；通过向消费者个人提供长期抵押贷款，帮助职工个人购建房融资，提高购建房能力，有利于住房资金的长期周转。

这种短期和长期相结合的良性资金循环周转，并逐步扩大，为住宅市场的健康发展，打下了可靠的资金基础。

2. 改变职工住房理念，增加住房消费投入

从 1949 年新中国成立以来，尤其是 1956 年社会主义改造以来，城镇职工的住房问题，一直是由国家或单位包下来，长期以来形成了一套陈旧的住房观念。职工全靠国家或单位无偿分配住房，在住房问题上养成了“等、靠、要”的思想习惯。

随着国家经济体制改革的深入发展，人们认识到住房是消费品，是商品，也要进行买卖，这促进了住房制度改革方案的出台。住房公积金制度的建立，标志着职工工资中住房消费含量的增加，冲破了广大职工思想习惯上最后的堤坝，形成住房不能“等、靠、要”，只能靠自己“买、建、租”的新理念，从而使职工家庭增加了住房消费的投入。

3. 促进住房分配制度的改变，有利于住房分配货币化

在高度集中的计划经济时代，住房生产及其分配模式是与计划经济运行机制相联系的，住房生产的数量和质量，关键靠住房建设资金到位数量的多少。由于那时我国经济发展水平不高，财力有限，国家或企业虽尽了很大努力建设住房，但在只投无收的态势下，国家和企业的包袱越背越重，已不堪重负。而职工因人口的增加、成年人的增多，住房越来越紧张、困难。要解决职工住房困难，就必须进行住房分配制度改革。

建立住房公积金制度实质上就是住房分配货币化的一种形式，这就为我国由实物福利分房向商品货币化分房转变，迈出了实质性的一步，使住房成为商品，使国家把住房推向市场成为现实。职工个人通过住房公积金的缴存，积少成多，又确立了住房要靠自身财力的思想。因此会节省其他不必要的开支，多储蓄一些钱用来购建房，实现“居者有其屋”。

4. 有利于政策性抵押贷款制度的建立，支持居民购房

住房公积金制度建立的目的，是为了帮助绝大多数工薪阶层，能够通过自己的积累提高购、建住房的能力。这种能力包括先贷款，后以公积金的积累逐步归还贷款的本息。这就要求有政策性抵押贷款制度的出台，保证借、贷双方的权利与义务的实现。

第一，通过住房公积金积累为政策性抵押贷款提供了较低成本和相对长期稳定的贷款资金来源；

第二，由于住房公积金的存储利率相对较低，利用住房公积金积累所发放的银行贷款利率也相对较低，职工就有较强的贷款欲望和承受能力，促进职工利用贷款购房或建房；

第三，住房公积金按月缴纳，为借款人提供了长期稳定的还款保证；

第四，通过抵押贷款，可以使职工个人先购房后还债，使职工提前解决和改善住房条件，从而克服中国人的先存款后消费、不欠债的传统习惯，逐步养成贷款购房的意识和行为。

5. 有利于职工提高购建房的能力，提前改善居住条件

当前我国大多数职工收入还不高，积蓄有限，要购、建住房是有困难的，建立住房公积金后，职工有了一笔长期稳定的资金积累，既可以通过公积金积累，也可通过公积金获得政策性抵押贷款。职工购买住房申请住房公积金贷款，实际负担的利率要比金融市场上提供的同期住房贷款利率低1%左右，获得了实惠。也就是说，实行住房公积金制度，提高了职工可用于住房的收入，减少了贷款的利息支出。住房公积金有助于提高职工购建房的能力，还可引导职工节约其他消费，增加积累，尽早实现购建房。

6. 加快住房建设，增加住房供应

建立住房公积金制度，可从供应与需求两方面加快住房建设。从供应的角度讲，通过住房公积金的资金融通，为房地产开发商提供了住宅开发资金，扩大了开发住宅的资金来源和数量，开发住房建设项目就会增多，住房供应数量就会增加；从需求方面讲，需要住房的职工通过公积金的积累和贷款，购建房的能力大大提高，现实有效需求增加。供需双方都在增长，就促进了住宅建设的健康发展和住宅市场的繁荣。

（四）我国住房公积金制度取得的成就

1. 住房公积金制度覆盖面不断扩大

从住房公积金制度覆盖面来看，从原来以国家行政机关为主，已扩展到国有企事业单位、外商投资企业和私营企业。目前，住房公积金已成为居民购房的主要融资渠道。把有覆盖率数据的城市按覆盖率大小排序，北京的公积金覆盖率最高，为98.35%，海口最低，为52.3%（见图3-1）。

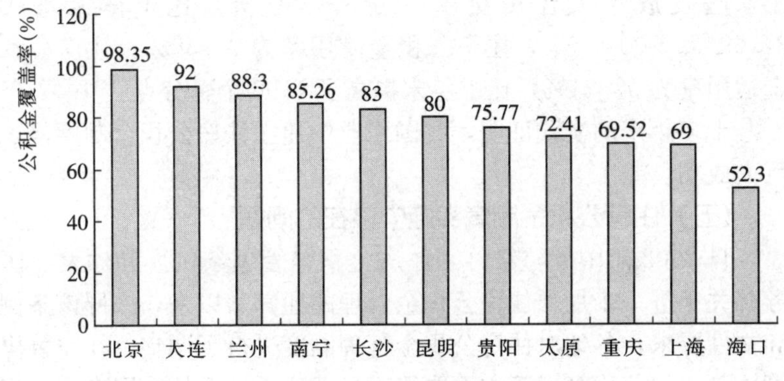

图3-1　2007年各城市公积金覆盖率

公积金制度的全面建立，为我国政策性住房金融体系的建立创造了条件，使政策性住房抵押贷款制度在全国主要大中城市推开。由于住房公积金较低的筹资成本以及相应的低利率贷款，使政策性抵押贷款受到了职工的普遍欢迎。从各地的贷款实践看，该项贷款安全性好，流动性较高，发展前途很大。

2. 住房公积金归集额快速增长

各地住房公积金缴交基数，已经由职工基本工资调整为职工工资收入。缴交率也由公积金制度建立初期占职工基本工资的3%～5%，提高为占职工工资收入的5%，部分地区还适当提高了缴交比例。北京市住房公积金缴交率已达职工工资收入的8%，上海、天津、广州和江苏省也提高到职工工资收入的6%。上海市还建立了职工补充住房公积金。随着缴交率的逐步提高和职工覆盖面的扩大，住房公积金的归集额也呈现出快速增长的趋势。

来自建设部的数据显示，2007年末，全国住房公积金实际缴存职工达7 187.91万人，与上年相比增幅为3.92%；2007年缴存额为 3 542.92 亿元，增幅为 21.01%；缴存余额为 9 605.11 亿元，增幅为 22.03%。截至 2007 年末，累计为 830.04 万户职工家庭发放个人住房贷款 8 665.90 亿元，比上年末增长 34.59%。2007 年末，住房公积金使用率为 74.58%，住房公积金运用率为 57.24%，比上年末提高了 1.96 个百分点。

十多年来的实践证明，我国房改中建立住房公积金制度得了巨大成功。

（五）住房公积金制度实施中存在的问题

自 2002 年国务院修订《住房公积金管理条例》和颁发《国务院关于进一步加强住房公积金管理的通知》以来，按照该条例和文件要求，各地对住房公积金管理制度进行了调整，在完善决策体制、规范化管理等方面取得了显著成效。但从全国来看，当前各地住房公积金制度的运作和发展仍面临诸多问题。

1. 住房公积金制度覆盖率较低，覆盖面较窄①

尽管截至 2007 年年末，全国住房公积金缴存人数为 7 187.91万人，但是与《住房公积金管理条例》规定的覆盖城镇在职职工的要求相比，仍然差距较大。目前，全国公积金缴交职工仅为城镇基本养老保险参保职工的 47.66%。

其中原因主要是：①部分国有企业和事业单位职工因改制脱离出公积金体系，原来建立了住房公积金制度的职工因身份的改变而停缴了住房公积金；②部分外商投资企业、城镇私营企业及其他城镇企业，由于种种原因不愿为职工缴纳住房公积金；③部分单位实行对所谓编制内的正式员工缴纳住房公积金，而对聘用的员工则不予缴纳住房公积金。

与此同时，城镇个体工商户、自由职业人员、外来进城务工人员、在城市有固定工作的农民工等群体还没有纳入住房公积金制度之中。

---

① 周江．进一步完善我国住房公积金制度．中国金融，2008 年第 6 期。

2. 住房公积金资金贬值问题严重

由于近年我国房价大幅上涨，而公积金作为长期储蓄资金，法定只能专项用于购房，这导致住房公积金储蓄贬值严重。到2007年，全国住房公积金缴存余额达到9 605.11亿元，比2003年增长146%，但房价涨幅远超2倍。这意味着，在总量上全国新增公积金储蓄财富被贬值吞噬，基金总体购房购买力没有有效增加反而缩水。从微观上看，那些未使用公积金的缴存者贬值尤为惨重。随着我国国民经济的成长，房价长远上升趋势将会继续，作为长期住房储蓄的公积金，在现有政策规定下，将始终面对房价不断上升和通货膨胀的双重贬值压力。

3. 住房公积金资金效率有待进一步提高①

2007年，住房公积金使用率（个人提取总额、个人贷款余额与购买国债余额之和占缴存总额的比例）为74.58%，住房公积金运用率（个人贷款余额与购买国债余额之和占缴存余额的比例）为57.24%，沉淀资金为2 186.55亿元，沉淀资金占缴存余额的比例为22.76%，沉淀资金偏大。

住房公积金使用方式单一是造成资金效率不高的重要原因。目前，住房公积金资金除少量用于购买国债外（2007年购买国债余额为405.76亿元，占住房公积金缴存余额的比例为4.22%），大部分用于发放个人住房贷款。由此又进一步形成住房公积金使用的公平问题，即在高收入者与低收入者群体之间，前者有能力购房，成为公积金贷款的主要受益者；而后者由于无能力购房，既不能享受公积金贷款的优惠利率，也难以提取使用住房公积金，同时还要以较低利率强制储蓄承受利息损失。

4. 住房公积金制度发展呈现地区性与阶段性的不平衡现象

2007年年末，东、中、西部地区实际缴存职工人数分别为3 567.63万人、1 982.24万人和1 638.05万人，分别比上年末增

① 周江．进一步完善我国住房公积金制度．中国金融，2008年第6期。

长4.89%、4.19%和1.55%。2007年的缴存额分别为2 135.24亿元、708.07亿元和699.61亿元，同比分别增长17.96%、22%和30.18%；当年发放个人贷款额分别为1 398.74亿元、397.47亿元和405.37亿元，同比分别增长16.78%、17.31%和77.3%。尽管中西部地区的缴存额和发放贷款额的增长速度较快，但从总量上看与东部地区差距较大。

同时，各地住房公积金的资金整体运用和融资效率状况也存在比较明显的差异。在沿海和经济发达地区，住房公积金个人购房贷款发放率较高，资金运用率平均达到75%以上，而在经济发展相对较缓的西部及中部地区，住房公积金总体资金运用率平均仍不足50%。造成以上地区差异的原因，主要是由于各地社会经济发展水平不同，导致住房公积金制度处于不同的发展阶段。

5. 住房公积金的风险管理问题日益突出

目前，我国住房公积金个人住房贷款总体质量较高，资金总体处于安全状态。截至2007年年底，全国住房公积金个人贷款余额占缴存余额的比例（即个贷率）为52.83%，当年个人贷款发放额占当年缴存额的比例为62.14%，个人贷款逾期余额为2.8亿元，全国平均逾期率为0.06%，年末贷款风险准备金余额为233.18亿元，占贷款余额的4.58%（该比例远远超过一般商业银行风险准备金占信贷资产余额1%的比例）。但是，住房公积金在风险管理方面仍存在一些突出问题，需要予以高度重视和解决。

一是住房公积金资金挤占挪用问题尚未完全解决。2007年，住房公积金项目贷款、单位贷款和挤占挪用资金余额为17.44亿元，占缴存余额的比例为0.18%，主要是2002年国务院《住房公积金管理条例》修订前发放的经济适用房和危旧房改造等项目贷款。

二是住房公积金投资风险仍然存在。按照《住房公积金管理条例》，住房公积金沉淀资金只能投资购买国债。从2004年开始，原建设部会同财政部、中国人民银行发出紧急通知，要求各地只能通过银行间债券市场购买国债。但个别地方为提高收益率违规操作，导致潜伏着较大的金融风险。

三是住房公积金个人贷款担保机制不完善潜藏风险。目前住房公积金制度实行属地管理，各地住房公积金个人贷款业务和与之配套的担保业务相互隔离，这种地区分割且封闭运作的担保模式存在着无法分散和规避区域性经济和房价波动引致的贷款风险的系统缺陷。

（六）住房公积金制度完善对策

1. 扩大住房公积金的覆盖面

随着改革开放的深化和我国加入世界贸易组织，我国的私营经济、个体经济、中外合资企业和外资企业不断增加，在这些单位就业的职工也不断增多。国家和社会对他们的住房问题应该同样给予关心，这是经济发展的需要、社会稳定的需要、建设文明城市的需要，也是国家和社会应尽的责任和义务。应该以立法、执法的要求，采取适当的方法，把他们吸收到公积金缴交的队伍中来，使他们既对社会尽义务，又获得社会的关爱。在这方面，上海市的经验值得借鉴，《上海市住房公积金管理若干规定（草案）》规定，凡与用人单位签订6个月以上劳动合同，或者虽未签订劳动合同但事实上已形成6个月以上劳动关系的从业人员，都属于在职职工，单位和职工都应当按规定缴存住房公积金。

同时，对已缴交公积金的单位和职工个人，都必须严格按月缴交公积金，不缴或缓缴者必须事先向公积金管理委员会申请，经管委会审核批准，否则就是违规，应受到法律制裁。这样，才能体现公积金制度的严肃性。

2. 适当提高缴交率

从建立公积金制度到现在已十多年了，国家经济得到了很大发展，在职职工工资提高得也较多较快，尤其是沿海大中城市提高的幅度更大，这从逐年来银行储蓄存款中可以看出。因此，职工有能力多缴一些公积金，随着银行存款利率的降低，教育说服职工多缴一些公积金，也是完全可以做到的。从使用公积金购房角度看，按现在缴交的基本工资5%的比例，职工不贷款，用公积金积累的钱购房，需要等40年的时间，若逐步把公积金缴交率提高到10%～20%，一般职工就可通过公积金储存实现居者有其屋。

在提高缴交率的同时，为体现住房公积金的保障性和公平性，对公积金缴交基数应设置最高限额，避免出现“穷人救济富人”的现象出现，此限额的具体数量规定应以满足居民合理住房需求为原则，根据当地工资水平及居民住房状况合理确定。如江苏省规定缴存基数按职工本人2002年度月平均工资总额核定，封顶基数为月平均工资5 000元。

3. 探索建立多功能综合性的公积金制度

1986年以来，我国退休养老和待业保险开始实行社会统筹，建立了退休养老和待业保险基金。近些年也建立了医疗保险基金，这些基金和住房公积金一样，同属社会福利保障基金性质。借鉴新加坡的经验，可以把住房公积金和职工的养老保险、失业保险、医疗保险等社会保险基金等合并，统称公积金。各种基金均由企业和个人按工资额的一定比例缴纳，随着国家经济发展和企业的发展而逐步提高。

我国是一个经济发展中的大国，各地区经济发展极不平衡。因此，国家在各种基金缴纳比例上，不能一刀切，只能规定总的原则，并以法规制度加以明确。如基金的种类、缴纳对象、基金用途、管理机构及职责、审计监督等可以统一规定，而缴存基数、比例等各省、自治区和直辖市人民政府则可根据本地区经济发展水平决定，并在两年左右的时间里调整一次。这既是其他国家的成功经验，也符合我国居民传统的积蓄防病防老和以丰补歉的生活习惯。这样做的好处是职工无后顾之忧，既可尽力工作，又可尽情享受物质、文化娱乐生活。国家可统筹到一大笔社会保障基金，用于社会福利保障事业，既有利于促进社会稳定和人际之间的和谐发展，还有利于精简机构、统一领导、便于监督、方便群众等。

4. 放宽公积金使用范围

公积金设立的根本目的是通过国家、单位、个人的共同努力，提高居民的住房消费能力。应改变目前住房公积金主要用于购房领域的限制，放宽公积金的使用范围，允许将住房公积金用于租房支出等领域。这既有利于发挥住房公积金应有的作用，又可以促进我国住房租赁市场的发展。

5. 加强对住房公积金的管理

2002 年 3 月国务院修订了《住房公租金管理条例》，对规范住房公积金管理提供了一个法律文本。根据《条例》的精神，规范管理的原则是：住房公积金的管理实行住房公积金管理委员会决策、住房公积金管理中心运作、银行专户存储、财政监督的原则。总的要求是：健全决策体制，调整管理机构，强化监督工作，规范发展业务，努力把住房公积金管理工作提高到一个新水平。

具体来说，可以分为四个方面：

（1）健全决策体制。就是要建立统一的住房公积金使用和管理的决策机构，规范决策机构人员的组成，形成科学、民主的决策机构。按《条例》规定，住房公积金管理委员会成员中，人民政府负责人和建设、财政、人民银行等有关部门负责人以及有关专家占 1/3，工会代表和职工代表占 1/3，单位代表占 1/3，以此保证管委会能够充分代表住房公积金所有人的利益，切实维护群众利益，确保公积金安全运行。同时，在决策时要贯彻少数服从多数的原则，实行表决制度和责任追究制度，确保决策的严肃性。

（2）调整管理机构。就是各地区要在所有地级以上城市建立统一高效、运作规范的住房公积金管理中心，该中心直接隶属城市人民政府，是非营利性的独立的事业单位，不得挂靠任何部门和单位，也不得投资、参股或者兴办各类经济实体。

(3) 强化监督工作。就是要健全监督机制，明确监督责任，加大监督力度，确保公积金使用、管理的安全有效。包括完善同级监督，加强自上而下的监督，形成监督体系。对住房公积金使用和管理中的违法违规行为，必须依法严肃查处。

(4) 规范发展业务。住房资金主要用于购买、建造、翻建和大修住房贷款，这是防范住房资金贷款风险的主要措施，也是住房资金政策性的体现。规范发展业务就是要依法运用公积金，改进服务方式，提高服务水平，积极发展个人住房贷款业务。

第三节 城镇住房保障制度创新个案分析

针对我国现行城镇住房保障政策存在的问题，近几年各地纷纷开展城镇住房保障制度的创新工作，其中最为典型的是宁波市的“限价商品房”政策、日照市经济适用房“货币直补”政策和扬州特色的“解困定销房”政策。

一、宁波市“限价商品房”政策

(一) 宁波“限价商品房”政策设计①

和其他很多城市一样，宁波市在 2002 年 6 月就曾推出了经济适用房政策。购买经济适用房的标准是人均住房使用面积低于 12 平方米的低收入家庭。

当时，这样的居民在宁波大约有 2 000 多户，他们可以买到供应价格为每平方米 2 280 元的房子——这个价格比后来推出的限价商品房每平方米要低 700 元左右。

但据宁波市经济适用房建设管理办公室综合科调查的数据显

① 为穷人建房的宁波方案．南方周末，2005－11－10。

示，当年宁波仍有 18 000 多户中低收入家庭，他们既不够条件购买经济适用房，也无资金实力购买一般商品房。而在 2002 年，宁波的房价涨幅已经连续三年排名全国第一。

为更快地为更多地中低收入者提供低价住房，宁波市从 2003 年底推出了一项房产新政——“限价商品房”政策。这样，一个较为完整的住房解决机制建立起来——中等和中等以上收入家庭购买商品房，中等以下收入家庭购买限价商品房，低收入以及困难家庭则购买经济适用房或租住廉租住房。

宁波市限价商品房的价位基本限定在每平方米 3 000 元左右，其中多层住宅均价为每平方米 2 980 元，中高层住宅均价为每平方米 3 300 元。与同一地段的普通商品房项目相比，这样的价格至少使购房者每平方米节约了 1 000 元左右。

当然，不是所有人都有资格购买这样的房子。限价商品房的供应对象为市区范围内人均住房建筑面积 18 平方米以下的中低收入住房困难家庭和无房户。

数据显示，从 2002 年以来，宁波竣工的经济适用房面积为 78 万平方米、10 257 套，其中限价商品房是 28 万平方米、3 396 套，而 2006 年还有 17 万平方米的限价商品房竣工。

（二）宁波“限价商品房”政策的正效应

限价商品房的推出一方面缓解了中低收入家庭的住房压力，另一方面则直接下拉了宁波城区的整体房价。2003 年，宁波市区新开楼盘套均面积下降了 15 平方米。2004 年这个数字再次下降 9 平方米，商品住宅平均销售价格则每平方米平抑了 310 元。同时，2003 年，宁波房价涨幅从上一年的全国第一退至第二；2004 年，房价涨幅降至 13.9%，退到全国第五；2005 年一季度，房价涨幅更是回落到 11.9%，全国排名第七。这一现象被当地媒体称为房价“软着陆”。

商品房、限价商品房、经济适用房和廉租住房共同构成了能覆盖全体居民、适应不同对象、健全有效的住房解决机制和供应体系。到 2003 年底，中心城区城镇居民人均住房使用面积已达到 22.54 平方米，低于 11 平方米的家庭全部纳入了住房保障，住房成套率达到 98.3%，90%以上家庭拥有了自有住房。

这样的成绩让宁波市屡屡在浙江省甚至全国的房地产会议上受到表扬，浙江省政府更是发文推广宁波的做法，要求其他城市因地制宜建设一些限定销售价格、限定建设规模、限定销售对象的限价商品房。

西安、青岛、大连、南京、杭州等许多城市都派了政府和企业组成的考察团前来取经，其中一部分城市随后也开始颁布类似的政策。

（三）宁波“限价商品房”政策的缺陷

宁波市创立的“限价商品房”政策虽然有效降低了宁波市商品房均价，为中低收入阶层住房问题的解决提供了一个可供借鉴的途径，但由于“限价商品房”政策采取的是“限定房价拍卖地价”的操作模式，属于经济适用房制度的变形，在本质上属于“砖头”补贴范畴，其必然难以避免“砖头”补贴的固有缺陷。

1. 住房保障受益固定化、永久化

购买到限价商品房的中低收入家庭相当于一次性地获得了一笔数目不菲的住房补贴，即使其在明年收入明显增加，不再属于住房保障对象，该笔住房补贴其依然享有。为避免中低收入家庭在购得限价商品房后转售牟利，宁波市规定“限价商品房 5 年之内不能转让或出租，5 年之后上市转让，也要补交土地收益金差价或土地出让金。”但是按照该政策的规定，如果购房户购房满 5 年后将该住房出租，其便可以利用政府所提供的住房补贴造成的房租差价牟利，这显然是不公平的，也违背了住房保障制度的宗旨。

2. 开发商缺乏积极性

为了控制限价商品房的价格，政府采取了“以房价定地价”的原则，在规定房子的售价和核定建筑成本后，开发商的利润被控制在 3%～5%之间。而宁波市普通商品房项目的利润却能高达

15%～20%。由于开发商是逐利的，利润率的限制必然会影响开发商的参与积极性，进而影响该政策的有效推行。正如一位房地产开发商所言“我们会考虑这些项目，但目前肯定不会参与其中。”

3. 中低收入者聚居，容易出现社会问题

限价商品房住户的消费能力相对较低，如果把他们集中在一个区域，有可能这个地区的商业、交通、教育等配套设施的普及速度会比较慢，并进一步成为一个社会问题，目前这个问题还看不出来，但是至少有这个趋势。

4. 管理难度大

目前，限价房出现了与前面讲到的经济适用房问题，不仅导致对国家资源大量的浪费，更有失社会公允。2008 年北京市第二批保障性住房的摇号全部完成，首批 1.4 万余户限价房配售家庭的选房签约过程中，有 2 794 户选房家庭放弃了选房，弃选率达 20%。原因或者是地处偏僻，交通成本高，或者是朝向不好等。广州、上海等地也都发生了类似的情况。北京、广州等地大量限价房遭弃购，开发商被迫到处向上级政府请求从其他区县调配指标。而由于限价房有保障性住房的性质，所以一旦出售其保障性的功能即刻消失。

综上所述，宁波市所推出的“限价商品房”政策，仍属于经济适用房制度的范畴，经济适用房制度的一系列固有缺陷在该政策身上仍有明显体现。因此，“限价商品房”政策并不具备普遍推广的价值。

二、日照市经济适用房“货币直补”政策

（一）“货币直补”政策设计①

1999 年，山东日照市开始向中低收入家庭提供经济适用房。1999—2002 年，政府在城市西部边缘地带共建设了 1 000 套经济

① 日照首推经济适用房货币化 率先实行货币直补．半月谈，2005 年第 5 期。

适用房，到2003年只卖出了700套，群众不是嫌位置偏，就是嫌房型不实用。基于这种状况，日照市对经济适用房政策运作方式进行改革，政府不再建设经济适用房，改为发放住房补贴。

2003年6月，日照市在全国率先实行经济适用房直补政策，变划拨用地为招拍挂土地，变分配低价住房为发放补贴，变定向购买住房为自主选择，实现了经济适用房建设“用地市场化、补贴货币化、购房自主化、运作透明化”。

他们的具体做法是：把经济适用房建设用地，通过招、拍、挂的方式公开出售，将土地所得净收益划归财政专户储存，作为经济适用房购房户的专项补贴费用。然后，由符合条件的群众直接领取补贴款，在市场上自由购房，实行先购后补、不购不补，1年内有效。年度户均补贴标准为土地净收益除以计划供应户数。政府对整个过程实行全程监控，对申请户的资格进行严格审查，并实行公示和有奖举报，确保公开、公平、公正。

（二）“货币直补”政策的正效应

“货币直补”政策在推出以后，受到了无房困难家庭的热烈欢迎，也刺激了房市的繁荣。2003年12月25日，日照市首次为具备申请经济适用房资格的6 013户家庭公开摇号，572户获得当年度补贴资格，成为这项政策的首批受益者，房地产公司也从中获益。该市天德房地产公司销售经理孙春雷透露，已有几十户享受直补政策的家庭，在他们的小区购买了住房。据统计，2004年日照市商品房销售额增长了60％多。

对政府来说，新政策不但摆脱了大包大揽带来的烦恼，也增加了财政收入。经济适用房直补政策的实施，为杜绝不公、腐败等现象打下了坚实的制度基础。现在，房地产商用地不用找市长，取得土地的惟一手段就是参加拍卖。实行货币直补后，政府只需集中精力做好补贴申请人的资格审核和轮候摇号时的公正监督，这大大降低了行政成本。据估算，两年来，政府共发放经济适用房补贴约6 000万元，加上买房户的配套资金，带动约2亿元的市场购买力。政府从中获得税收、城市配套费等收入 2 000 多万元，经济适用房第一次变成了政府的新税源。

同时，从经济角度看，实行货币直补政策，使住房困难家庭享受的优惠明显提高。暗补时，每户享受的补贴为 2.45 万元，实行明补后户均补贴 52 447 元。同时市民可自主选择购房位置、户型面积、房屋档次，改变了长期以来经济适用房“不实用”的局面[①]。该项政策的实施也规范完善了房地产市场秩序，激活了住房二级市场。实行直补后，购房户中有 84%购买了二手房，2004 年二手房交易量同比增长 167%。

更重要的是，直补政策大大加快了日照市落实中央经济适用房政策的力度和速度。日照市市长于建成说，过去我们建设了 700 套经济适用房，4 年时间还没有卖完，而现在，我们两年就解决了 1 144 户困难群众的住房问题。他表示，日照市将进一步完善有关直补政策的实施办法，以使更多的无房困难家庭受益。

（三）“货币直补”政策存在的缺陷

日照市推行的“货币直补”政策相比现行的经济适用房政策和宁波的“限价商品房”政策相比，有了质的转变，其将经济适用房的“砖头”补贴转化为“人头”补贴，变暗补为明补，提高了补贴效率，便于受补贴家庭自主选择住房，有效避免了中低收入者聚居问题。

但是，“货币直补”政策设计中，购房补贴的发放方式是一次性的，该发放方式仍然存在住房保障补贴固定化、永久化问题，这是该政策需要进一步完善的。

三、扬州市“解困定销房”政策

我国住房制度改革实施以来，扬州市紧密联系实际，积极探

① 日照经济房直补政策由暗补变明补　困难家庭补贴 5 万．半岛网，2005－11－04。

索建立住房保障制度、解决困难家庭住房难的新思路，初步形成了廉租房解决最低收入家庭住房困难、解困定销房解决低收入家庭住房困难、经济适用房（限价商品房、拆迁安置房）解决中低收入家庭和拆迁户住房问题、商品房面向中高收入家庭出售的具有扬州特色的四级住房供应保障体系，较好地解决和满足了不同层次居民的住房需求。特别是近两年，建设了11万平方米解困定销房，为1 800多户低收入和住房困难的“双困”家庭解决了住房问题。这种做法深受广大群众欢迎。

（一）解困定销房制度设计①

为了解决“双困户”家庭住房困难，扬州与其他城市一样前几年就建立了廉租房、经济适用房保障体系，但这两者之间仍留下了“真空地带”。

2002年9月至11月，扬州市委、市政府主要领导深入老城区调研，发现有不少“双困户”三代人住在一起，有的常年住在阁楼上。这部分家庭经受“两难”困扰：既买不起经济适用房，又不符合廉租房条件。针对住房保障中存在的“夹心层”状况，扬州市政府决定，在推广廉租房、经济适用房基础上，再推出解困定销房，形成三级住房供应保障体系。

扬州市本着“实事求是，突出重点”的原则，从2003年开始建设供应解困定销房。解困定销房的特征是“三定一不”：

（1）定向供应。解困定销房申购条件可归纳为“831”，即家庭人均住房使用面积8平方米以下；按家庭所有成员的实际收入计算，家庭人均收入300元以下；一对夫妇为一个申购家庭，夫妇至少一方具有市区常住户口10年以上。

（2）定点建设。由市政府补贴建设资金和区政府出资提供土地，由市房管部门选点统一组织定销房建设。

---

① 扬州市房产管理局．多轮驱动建立住房保障制度——谈扬州特色住房保障制度之经验．城市开发，2005年第1期。

(3) 定价出售。定销房价格由市物价、财政和房管部门审核后报市政府批准，为每平方米790元。此价格低于成本价，是市区经济适用房价格的一半、商品房平均价格的1/3。一套三人户预缴款是5万元，四人户6万元[①]。

(4) 不得上市。定销房不得出租、出售、抵押、赠与，并在《房屋所有权证》上注记。住户更新住房后，定销房由市房管部门按原销售价格收购，重新纳入解困渠道。实施解困定销房政策充分考虑到了政府和保障对象的承受能力，既保证财政拿得出，又防止形成变相的福利分房；充分考虑到了本地的经济住房发展水平，填补了经济适用房和廉租房之间的保障空白，形成了比较完整的住房保障体系。

(二) 解困定销房的正效应

我国现行住房保障制度设计的一个重要缺陷就是廉租房覆盖对象过于狭窄，受保障家庭数少；而经济适用房受保障家庭范围过宽，房价过高，中低收入家庭难以负担。因此，在住房保障实施过程中，出现了“夹心层”问题。

解困定销房的销售价格介于廉租房和经济适用房之间，适合夹心层收入居民的需要和住房支付能力，较好地解决了住房保障制度中出现的夹心层问题。由于定销房出奇低廉，受到扬州居民的广泛欢迎，取得了不错的效果。

应该说解困定销房是我国城镇住房保障制度的一次不错的创新，在一定程度上解决了现有住房保障制度中存在的“夹心层”问题。

(三) 解困定销房的缺陷

从本质上讲，解困定销房仍然属于经济适用房范畴，只不过其价格更低、购买条件更严。经济适用房存在的缺陷在解困定销

① 定销房：申购家庭陆续缴款 . http: //www. yztour. net/content/newsinfo. asp? id=268。

房上仍然存在，如一次性补贴过大，政府财政负担过重；属于“砖头”补贴，补贴效率低；住房补贴退出困难；容易形成贫困家庭聚居区等。

解困定销房只是对我国现行经济适用房制度的一种改进，不可能依靠解困定销房解决我国城镇中低收入居民的住房问题。要真正解决城镇中低收入居民的住房问题，必须对我国城镇居民住房保障制度从根本上进行改革，重新设计我国的城镇住房保障制度。

第四节　城镇中低收入家庭住房保障需求调查

一、调查背景与目的

住房条件的好坏是衡量居民生活水平高低的重要标志，是全面建设小康社会的重要内容。完善城镇中低收入家庭住房保障制度，维护中低收入家庭住房基本权益，对于构建和谐社会，保持社会稳定，具有十分重要的作用。

为了更好地了解城镇居民的住房保障需求，我们选取成都市为样本城市，对成都市常住人口进行了住房保障需求调查，以期设计更加科学合理的城镇住房保障制度，更好地改善城镇中低收入家庭的住房状况，实现“人人有房住”的社会发展目标。

二、调查情况概述

本次调查对象为成都市常住居民。涉及的调查内容包括调查对象家庭常住人口数、家庭每月总收入、住房性质、住房满意度、对住房保障政策的了解程度、对廉租房和经济适用房面积标准的建议、住房保障对象范围、住房支出负担能力以及对住房保障方式的选择等。

本次调查采用问卷访问的方式进行，在成都市武侯区、青羊区、金牛区、锦江区和双流县等五个地区通过访问城镇住户各发放问卷 100 份，共计 500 份调查问卷，收回有效问卷 469 份。

三、被调查者基本情况

在接受调查的 469 名成都市民中，男性和女性比重分别为 56.1%和 43.9%；从年龄构成来看，涉及到多个年龄段（见表 3-2）；从户籍构成来看，成都市非农业户口占 38.6%，成都市农业户口占 18.1%，外地户口占 43.2%（见表 3-3）；从收入构成来看，低于 2 000 元/月的占 25.6%，该收入满足成都市廉租房申请条件，高于 2 000 元而低于 4 000 元的占 41.9%（见表3-4），该收入额大体符合成都市经济适用房申购条件。从被调查对象的分布构成来看，本次调查的调查结果可以反映和代表成都市常住人口对城镇住房保障政策的需求情况。

表 3-2 被调查者年龄构成

	频数（人）	百分比（%）
25 岁以下	112	23.9
26～30 岁	112	23.9
31～35 岁	106	22.6
36～45 岁	82	17.5
46～55 岁	44	9.4
56 岁以上	13	2.8
合计	469	100.0

表 3-3 被调查者户籍构成

		频数（人）	百分比（%）
Valid	成都市非农业户	181	38.6
	成都市农业户口	85	18.1
	外地户口	203	43.3
	Total	469	100.0

表 3-4　家庭每月总收入构成

		频数（人）	百分比（%）
Valid	1 000 元以下	37	7.9
	1 000～2 000 元	83	17.7
	2 000～3 000 元	116	24.7
	3 000～4 000 元	76	16.2
	4 000～5 000 元	49	10.4
	5 000～6 000 元	49	10.4
	6 000～8 000 元	28	6.0
	8 000 元以上	31	6.6
	Total	469	100.0

四、调查数据分析

（一）住房性质

从被调查家庭的住房性质可以看出，租房居住的家庭占 34.8%，其中廉租房住户占 3.2%，可见成都市居民租房居住的比例是很高的，但廉租房数量远低于成都市政府规定的廉租房覆盖 20%的中低收入家庭的住房保障目标；经济适用房也仅占 5.5%（见表 3-5），说明成都市城镇住房保障工作任重而道远。

表 3-5　居住的住房性质

		频数（人）	百分比（%）
Valid	祖传或自建的住房	73	15.6
	购买的商品房	125	26.7
	购买的单位福利房	55	11.7
	购买的经济适用房	26	5.5
	租住的公房	36	7.7

（续）

	频数（人）	百分比（%）
租住的私房	112	23.9
租住的廉租房	15	3.2
其他	27	5.8
Total	469	100.0

（二）住房满意度

随着近几年成都市房地产市场的快速发展，居民的居住条件得到了很大改善，居民住房满意度不断提高。

表 3-6　居民住房满意度

		频数（人）	百分比（%）
Valid	十分满意	32	6.8
	基本满意	276	58.9
	不满意	146	31.1
	非常不满意	15	3.2
	Total	469	100.0

从本次调查数据来看，成都市居民对现有住房基本满意和十分满意的家庭占 65.7%，只有 3.2%的家庭表示非常不满意（见表 3-6）。其中，不满意的主要原因是房屋面积小、户型结构不合理以及配套不完善。据调查有 39.8%的被调查家庭当前有改善居住条件的打算，说明居民改善居住的愿望强烈（见表 3-7）。在改善居住条件的方式选择上，有 72.2%的家庭选择的是“拥有所有权”的方式，即购买商品房、经济适用房、限价房或等待拆迁安置，而这些方式都会使家庭拥有房屋所有权；仅有 7.4%的家庭选择以租房的形式改善居住条件（见表 3-8），说明当前成都市居民拥有家庭住房的愿望十分强烈，合理合适的住

房消费观念有待形成，也需要政府为住房观念的树立和形成提供舆论宣传和实际保障。

表 3-7　居民改善当前住房状况的计划

		频数（人）	百分比（%）
Valid	打算	187	39.8
	目前没这种打算	149	31.8
	以后再说	133	28.3
	Total	469	100.0

表 3-8　改善住房状况的方式选择

		频数（人）	百分比（%）
Valid	换购更好的商品房	135	28.8
	购买或租住经济适用房	94	20.0
	购买限价房	61	13.0
	等待拆迁安置	49	10.4
	租住廉租房	10	2.1
	租一套更好的商品房	25	5.3
	其他	95	20.3
	Total	469	100.0

（三）市民对住房政策的了解

城镇住房保障制度的顺利实施需要居民对政策要有清楚的了解。从我们的调查来看，成都市居民对住房保障政策非常了解和基本了解的仅占 30.1%，有 46.5%的居民表示听说过，有 23.5%的居民表示根本没有听说过（见表 3-9）。中低收入家庭由于信息渠道有限，这部分需要政府提供保障的家庭对住房保障政策却缺乏了解，说明我们对住房保障政策的宣传力度不够。居民了解住房保障政策的途径主要为报纸（56.3%）、电视（47.6%）、网络（34.5%）和邻居（30.6%）（见表3-10），政府有关部门在宣传住房保障政策时应主要以这几类媒体为主。

表3-9　居民对住房保障政策的了解情况

		频数（人）	百分比（%）
Valid	非常了解	22	4.7
	基本了解	119	25.4
	听说过	218	46.5
	根本不知道	110	23.5
	Total	469	100.0

表3-10　居民了解住房保障政策的途径（多选题）

Dichotomy label	Count	Pct of Responses	Pct of Cases
报纸	261	27.9	56.3
电视	221	23.7	47.6
网络	160	17.1	34.5
邻居	142	15.2	30.6
广播	45	4.8	9.7
社区	25	2.7	5.4
其他	32	3.4	6.9
没法了解	48	5.1	10.3
Total responses	934	100.0	201.3

5 missing cases；464 valid cases.

（四）居民对住房保障政策的看法

1. 保障性住房的面积

在廉租住房单套适当建筑面积的选择中，只有22.5%的被调查家庭选择50平方米及以下，有31.8%选择60平方米，有45.6%选择70平方米（见表3-11），这与国家2007年出台的《廉租住房保障办法》中规定的“廉租住房单套建筑面积控制在50平方米以内”的规定有些出入。

表3-11 居民对廉租房面积标准的选择

		频数（人）	百分比（%）
Valid	30平方米	11	2.3
	40平方米	26	5.5
	50平方米	69	14.7
	60平方米	149	31.8
	70平方米	214	45.6
	Total	469	100.0

被调查对象对经济适用房建筑面积的要求比廉租房相对要高一些，2.6%的被调查家庭接受50平方米的住房，只有13.7%认为60平方米以下是可以接受的（见表3-12），而《国务院关于解决城市低收入家庭住房困难的若干意见》中，规定经济适用住房单套建筑面积控制在60平方米。

表3-12 居民对经济适用住房面积标准的选择

		频数（人）	百分比（%）
Valid	50平方米	12	2.6
	60平方米	52	11.1
	70平方米	106	22.6
	80平方米	146	31.1
	90平方米	153	32.6
	Total	469	100.0

不难看出，从整体来看，成都市居民对保障性住房面积的预期显然高于国家相关政策的现有规定。从本质上来说，居民仍然

认为保障性住房是一种能满足一般居住要求的低价商品房（等于或略超过平均居住水平），而非满足基本需要的保障性住房（通常明显低于平均居住水平）。这也说明成都市居民家庭把保障性住房作为现阶段商品房价格居高不下的情况下改善现有住房条件的一个重要途径。

我们的调查结果发现，成都市居民家庭在改善住房条件时，有 45.5%的居民选择的是通过政府住房保障（经济适用房和廉租住房）方式解决。可见，居民家庭将廉租房和经济适用房看作改善居住条件的主要途径之一，这与我国当前住房保障政策的定位有所差异，需要政府相关部门做好宣传解释工作。同时也说明，随着居民居住条件的逐步改善以及政府财政能力的逐步增强，城镇住房保障的面积标准应该适当提高，以更好地满足中低收入家庭的住房需求。

2. 住房保障对象

住房保障对象的甄别依据主要是家庭收入和现有住房面积。对于需要政府帮助解决住房问题的家庭收入条件选项，有 25.1%的被调查家庭选择 4 万元，有 49.6%的家庭认为家庭年收入超过 5 万元解决住房问题即可无需政府帮助，29.2%的家庭认为收入达到 7 万元以上解决住房问题便无需政府提供帮助（表 3－13）。

表 3－13　居民对住房保障家庭收入标准的选择

		频数（人）	百分比（%）
Valid	2 万元	23	4.9
	3 万元	46	9.8
	4 万元	49	10.4
	5 万元	115	24.5
	6 万元	99	21.1
	7 万元	137	29.2
	Total	469	100.0

可见，一方面，由于住房保障所要达到的目标是保障居民的基本居住需求，居民会认为现行住房保障政策住房面积标准太小，收入标准太低，难以完全满足居民需要；另一方面，说明近几年由于房价上涨过快，大多数居民都觉得住房压力太大，对单纯靠自身解决住房问题比较悲观，迫切需要政府帮助。

3. 住房保障方式

在政府解决中低收入家庭住房困难问题的主要方式选择上，居民选择最多的是“降低市场房价”，占48.3%（见表3-14），也就是有近一半的居民家庭认为要解决中低收入家庭住房问题，首要的选择是降低房价，房价过高已成为全社会广泛关注的民生问题。我们认为不管采取什么样的住房保障措施，降低总体房价是首要任务，房价降不下来，住房保障的压力只会越来越大。从“其他方式”的选择上可以看出，“对住房拥有所有权”是大多数居民家庭的选择，相对租房来讲，居民对买房更加青睐。建立住房保障制度，一是要加强宣传，改变居民的住房消费观念；二是要加快发展住房租赁市场，为居民提供稳定、舒适、价格适中的租赁房房源。

表3-14　居民对政府解决住房问题方式选择的看法（多选）

居民选择	频数（人）	总百分比（%）	样本百分比（%）
降低市场房价	225	26.4	48.3
提供购房补贴由居民自己购买商品房	165	19.4	35.4
直接提供经济适用房	160	18.8	34.3
直接提供廉租房	123	14.5	26.4
提供限价房	97	11.4	20.8
提供租房补贴由居民自己租房	81	9.5	17.4
Total responses	851	100.0	182.6

3 missing cases；466 valid cases.

从各国住房保障经验以及我国城镇住房保障实践来看，住房保障措施主要分为供给补贴和需求补贴，相对于供给补贴来讲，需求补贴效率更高、对住房市场的负面影响更小、管理更简单、退出更容易，现已成为发达国家或地区住房保障发展的主潮流。从我们的调查可发现，对于以租房补贴代替廉租房、以购房补贴代替经济适用房，32.4%的被调查者表示同意，45.2%的被调查者表示都可以接受（见表3-15）。

表3-15　居民对“以租房补贴代替廉租房以购房补贴代替经济适用房”的看法

		频数（人）	百分比（%）
Valid	同意	152	32.4
	不同意	105	22.4
	都可以	212	45.2
	Total	469	100.0

可见，77.6%的市民对租房补贴和购房补贴的住房保障方式是可以接受的，城镇住房保障制度的设计可以采取以需求补贴为主的方式。从被调查对象不同年龄段的态度还可看出，表示“不同意”的被调查对象中，31～35岁（27.4%）和36～45岁（25.6%）年龄段最高（见表3-16），这两个年龄段的人群，其收入一般较高且比较稳定，因此，其对住房所有权的要求会更加强烈一些。从不同收入层次家庭对住房补贴态度的分布也可以发现（见表3-17），收入越高对住房所有权要求越强烈这一总体趋势。

表3-16　不同年龄居民租房补贴和购房补贴的看法

年龄	态度		
	同意	不同意	都可以
25岁以下	33.9%	18.8%	47.3%
26～30岁	31.3%	22.3%	46.4%
31～35岁	32.1%	27.4%	40.6%

（续）

年龄	态　度		
	同意	不同意	都可以
36～45 岁	34.1%	25.6%	40.2%
46～55 岁	31.8%	15.9%	52.3%
56 岁以上	23.1%	15.4%	61.5%
Total	32.4%	22.4%	45.2%

表 3-17　不同收入居民对租房补贴和购房补贴的看法

家庭每月总收入（元）	态　度		
	同意	不同意	都可以
1 000 以下	35.1%	16.2%	48.6%
1 000～2 000	25.3%	18.1%	56.6%
2 000～3 000	31.0%	19.8%	49.1%
3 000～4 000	32.9%	23.7%	43.4%
4 000～5 000	32.7%	24.5%	42.9%
5 000～6 000	38.8%	22.4%	38.8%
6 000～8 000	21.4%	53.6%	25.0%
8 000 以上	51.6%	16.1%	32.3%
Total	32.4%	22.4%	45.2%

2007 年北京华远集团总裁任正强的一句“中低收入家庭应通过‘租房住’解决住房问题”曾在社会上引起热议不断，从我们对成都市民的调查来看，有 57.4%的被调查者并不反对此观点（表 3-18）。并且年龄越大、收入越高的群体越容易接受该观点，可以由此得出随着居民收入的提高（见表 3-19，3-20），租房居住会越来越容易被大家接受，住房租赁市场具有良

好的市场发展机会。

表 3-18　居民对“中低收入家庭应通过‘租房住’解决住房问题”的看法

		频数（人）	百分比（%）
Valid	同意	171	36.2
	不同意	200	42.6
	没看法	98	20.9
	Total	469	100.0

表 3-19　不同年龄居民对“租房”观点的看法

年龄	您是否同意中低收入家庭通过租房住解决住房问题？		
	同意	不同意	都可以
25 岁以下	39.3%	44.6%	16.1%
26～30 岁	26.8%	50.0%	23.2%
31～35 岁	32.0%	44.3%	23.6%
36～45 岁	45.1%	35.4%	19.5%
46～55 岁	38.6%	36.4%	25.0%
56 岁以上	69.2%	15.4%	15.4%
Total	36.4%	42.6%	20.9%

表 3-20　不同收入居民对“租房”观点的看法

家庭每月总收入（元）	您是否同意中低收入家庭通过租房住解决住房问题？		
	同意	不同意	都可以
1 000 以下	43.2%	35.1%	21.6%
1 000～2 000	33.7%	38.6%	27.7%
2 000～3 000	31.9%	51.7%	16.4%
3 000～4 000	34.2%	43.4%	22.4%

（续）

家庭每月总收入（元）	您是否同意中低收入家庭通过租房住解决住房问题?		
	同意	不同意	都可以
4 000～5 000	30.6%	42.9%	26.5%
5 000～6 000	28.6%	46.9%	24.5%
6 000～8 000	57.1%	39.3%	3.6%
8 000 以上	61.3%	22.6%	16.1%
Total	36.4%	42.6%	20.9%

（五）居民住房负担能力

从成都市居民对住房房租的支付能力来看，73.4%的成都市居民能够承担的房租在 200～800 元之间，12.4%的成都市居民能够承担 2 000 元以上的购房月供（见表 3－21，表 3－22）。

表 3－21　居民家庭每月最多能承担的租金

单位：元

		人数（人）	百分比（%）
Valid	100 以下	22	4.7
	100～200	46	9.8
	200～300	90	19.2
	300～400	86	18.3
	400～600	95	20.3
	600～800	73	15.6
	800～1 200	45	9.6
	1 200 以上	12	2.6
	Total	469	100.0

表 3-22　居民家庭最多能承担的购房月供

单位：元

		人数（人）	百分比（%）
Valid	500 以下	68	14.5
	500～800	92	19.6
	800～1 200	129	27.5
	1 200～1 600	74	15.8
	1 600～2 000	48	10.2
	2 000～2 500	37	7.9
	2 500 以上	21	4.5
	Total	469	100.0

取组中值以后计算的成都市居民能够承担的平均月租金为473.56 元，购房月供平均为 1 180.81 元（见表 3-23），平均来看，购房月供是月租的 2.5 倍。由此可以看出，一方面，居民愿意为购房付出更多比例的家庭收入；另一方面，就居民的支付意愿来看，以租养房就成都目前来看是不太现实的，住房投资最优的方式是通过买卖赚差价，而不是出租牟利，这也是目前房地产市场投机盛行的一个原因。

表 3-23　租金与月供统计描述

	N	Minimum	Maximum	Mean	Std. Deviation
租金	469	100.00	1 400.00	473.560 8	293.363 76
月供	469	500.00	2 750.00	1 180.810	616.063 97
Valid N (listwise)	469				

如果城镇住房保障措施采取需求补贴的方式，我们需要了解居民最高能够负担的房租和购房月供占家庭总收入比重。表 3-

24是租金和月供分别除以家庭月收入计算的比例。平均来看，月租占家庭月收入16%左右，月供占家庭月收入的40%左右(因在计算的过程中两次取了组中值，所以结果会存在一定的偏差)，月供比例在20%～40%的家庭数占49.5%。我们在设计四川省城镇住房保障制度时，对于租房户其租房支出占家庭收入的比例平均值最高应该控制在20%左右，购房月供不能超过40%，否则可能出现支付困难，进而引发金融风险。

表3-24　租金与月供负担比例统计描述

	N	Minimum	Maximum	Mean	Std. Deviation
租金负担比例	469	0.02	0.93	0.160 1	0.116 40
月供比例	469	0.06	2.25	0.401 2	0.258 79
Valid N (listwise)	469				

表3-25　将月供比例重新赋值以后的一个频数分布

		人数（人）	百分比（%）
Valid	20%以下	80	17.1
	20%～40%	232	49.5
	40%～60%	96	20.5
	60%～80%	39	8.3
	80%以上	22	4.7
	Total	469	100.0

表3-26　将月租比例重新赋值以后的频数分布

		人数（人）	百分比（%）
Valid	10%以下	194	41.4
	10%～20%	182	38.8
	20%～30%	52	11.1

（续）

	人数（人）	百分比（%）
30%～40%	20	4.3
40%～60%	15	3.2
60%～80%	4	0.9
80%以上	2	0.4
Total	469	100.0

对于城镇住房保障对象是否应涵盖外来务工人员，有95.5%的被调查者认为应该包括外来人员，其中有33%的被调查者认为应该先解决本市居民再解决外地务工人员（见表3-27）。可见，建立和完善外来务工人员的住房保障问题已成为全社会的共识。

表3-27　居民对住房保障是否应包涵外来务工人员的选择

		人数（人）	百分比（%）
Valid	应该	293	62.5
	不应该	21	4.5
	应先解决本市居民再解决外地务工人员	155	33.0
	Total	469	100.0

五、小结

通过本次调查，我们可以得出以下结论：

（1）当前房价过高对中低收入家庭解决住房问题形成了了巨大压力，同时住房保障建设滞后，政府应一方面做好房价控制工作，另一方面加大力度发展城镇住房保障。

（2）大多数居民希望通过拥有住房产权形式来解决住房问题，尽管“租房也是解决住房问题”这一观点被越来越多的家庭接受，但居民住房消费习惯仍需要政府加以引导和培养，特别是要大力发展住房租赁市场。

（3）多数居民可以接受“以租房补贴代替廉租房，以购房补贴代替经济适用房”的住房保障方式，我们可以设计和实施以需求补贴方式为主的城镇住房保障制度。

（4）居民能够承担的租房支出占家庭总收入的比重为16%，能够承担的购房支出占家庭总收入的比重为40%，这个可以作为我们设计住房保障补贴标准的依据。

（5）城镇住房保障应该包含外来务工人员，已成为全社会共识，政府在制定住房保障政策时必须将外来务工人员考虑在内。

第四章　中国城镇住房保障制度设计的总体构想

为了尽可能顺利地取得一项改革的成功，应当在以下三个方面认真思考并努力探索：一是改革的目标模式，每一项改革措施的出台都应有利于这一目标模式的最终实现；二是要认真研究每一项改革政策在技术、经济、法律、操作、进度、政治等方面的可行性，特别是要注意处理好各方面利益的平衡，以尽量减少改革的阻力；三是要精心策划好改革的策略和步骤，不失时机地稳步推进，并及时加以调整。由于改革具有路径依存的特性，即每一步改革措施都会受到以前各步措施的制约，故应特别注意防止因一步不慎而导致以后各步付出更大的代价①。

我国城镇住房保障制度还处于初建时期，存在着诸如目标不明、原则模糊、政策措施实际可操作性差、政策效率低等一系列问题，导致政策运行的效果与政策设计者的初衷相悖。为此，有必要对我国城镇住房保障制度的设计做一个全方位的思考和研究。

第一节　城镇住房保障制度设计的基础

工业化国家的住房保障制度的基础是公平性、效益性和社会政治性。

---

① 成思危．中国城镇住房制度改革——目标模式与实施难点．民主与建设出版社，1999年，第15页。

一、住房保障制度公平优先性

住房保障制度安排属于公共产品、公共资源在公共领域中的分配。缓和社会不公平、创造并维护社会公平，是住房保障制度安排的基本出发点，也是住房保障政策实践的基本归宿，失去了公平优先的特性就不再是住房保障。因此，虽然住房保障制度的设计应遵循效率与公平并重，但应更多地考虑社会公平问题。“公平优先原则”是现代社会保障制度成为社会和经济长期稳定发展的维系、润滑、保障机制的根本要求，也是我国城镇住房保障制度设计的基础原则。

二、住房保障制度的效率性

住房保障以创造和维护住房公平为基本宗旨，但在实施过程中同样需要特别关注效率，不考虑效率的住房保障制度不仅是不可持续发展的住房保障制度，而且会产生严重的不良后果。

因此，城镇住房保障制度的构建，必须充分考虑运行成本的大小和效率的高低，防止实施成本过大而侵蚀住房保障基金或给政府财政带来新的压力，同时还必须杜绝制度实施过程中的官僚主义和渎职行为。以较低的成本争取尽可能高的效率，应当成为构建住房保障实施系统的基础和评价其良性与否的重要指标。

许多经济学家都认为收入分配是比住房分配更明确的分配政策。一般认为，向个人的现金分配具有明显的优越性，因其可以确切地了解分配资源的转移情况，知道给谁和给什么以及给多少。通过前面住房保障供需政策的比较分析，我们亦得出住房保障的各种模式中，租金补贴和购房补贴的效率要高于直接给住户提供廉租房和经济适用房。因此，我国城镇住房保障制度的设计应以现金补贴为主，实物补贴为辅。

但是公平与效率并不总是对立的：①效率提高会产生某些不公平，但不是说非效率就必然实现公平；②效率提高会产生某些不公平，不能反过来说不公平就必然有效率；③从长远来看，公平有利于效率提高，高效率也能促进公平。

我国社会主义市场经济的一个原则是“效率优先，兼顾公平”，作为市场机制的必要补充，社会保障包括住房保障的设计基础应是“公平优先，兼顾效率”。住房保障属于二次分配范畴，“公平优先，兼顾效率”原则也符合十六大提出的“初次分配注重效率……再分配注重公平”的精神。

三、住房保障制度的社会政治性

住房保障制度的社会政治性首先是人们已形成一种共识，即获得合适的住房应该是一种“社会权利”，而不仅仅是商品；其次是住房保障制度与各个社会和经济阶层间的利益分配有关；再次是住房保障制度将影响到区域的发展和劳动力的流向，以及为中低收入阶层提供住房将为城市和地方政府树立权威。

第二节　城镇住房保障制度设计的目标和原则

一、城镇住房保障制度设计的目标

根据现有文献研究以及综观世界各国住房发展的经验，可以这样认为，绝大多数国家或地区住房保障制度目标的重点是帮助中低收入者解决住房问题，各国住房保障制度的主要差别是为实现上述制度目标而采取的措施和途径不同。

关于政府住房保障制度的一般目标，概括起来主要有以下一些[①]：

（1）基本人权目标。“天赋人权”，这是西方发达国家的基本人权观，而人人拥有“居住权”是保障“人权”的一个极为重要

---

① 褚超孚．广厦万间　大庇居者——刍议政府住房保障政策的目标和原则．城市开发，2005 年第 4 期。

的方面，保障居民的居住权是任何一个政府的义务和责任。

（2）供应目标。住房保障制度的实施需要住房供给和需求两方面的保证，供应目标就是使保障型住房总供应与总需求达到平衡，满足中低收入居民的居住需要。任何住房保障计划都包含着对保障型住房供应规模、供应结构和供应系统的要求。

（3）公平目标。其理论基础是西方经济学家提出的“公平理论”，遵循最劣者受益最大原则，即在社会上处于劣势者获得最优先的考虑和最大利益。

（4）纠偏目标。市场这一“看不见的手”在资源配置上是最有效率的，但由于存在市场的机能性障碍和缺陷，市场往往会“失灵”，市场机制并不能自发地引导经济达到帕累托最优。政府干预这一“看得见的手”起作用的重要原因之一就是治理“市场失灵”，纠正偏离市场正常轨道的因素，减少和消除由于“市场失灵”导致效率损失的负面影响。在住房市场也同样，政府有必要进行市场监管，通过住房保障制度的实施，维护市场的正常秩序，促进住房市场的健康发展。

（5）社会稳定目标。由于市场经济容易造成两极分化，有相当一部分人没有足够的收入在公开市场上购置或租赁住房，而住房条件差或恶劣会带来严重的社会外在成本。住房被认为是一种“美好”的物品，有利于社会稳定、进步和发展，故政府部门通过住房保障制度帮助中低收入居民解决居住问题，从而使全社会居民居住条件得到改善，以利于社会的稳定繁荣。

住房问题不仅仅是一个经济问题，也是一个社会问题。住房问题解决得好，社会稳定、政治安定，人民安居乐业，社会不断进步。住房问题解决得不好，部分居民住房紧张，几代同堂拥挤在狭小的陋室里，甚至还出现成批的无家可归者露宿街头，这些都将成为影响社会安定团结的不稳定因素。

在社会主义市场经济背景下，我国政府的住房制度应有三大任务，分别是宏观调控、市场监管和住房保障。政府通过宏观调控，保持住宅产业与其他产业的协调发展，调节供求关系和价格，使住房总供给与总需求达到平衡，防治金融风险，协调宏观经济的持续健康发展；政府通过法律和法规进行市场监管，确保市场有序的公平竞争；住房保障则是政府通过各种措施解决中低收入阶层的住房问题。

“居者有其屋”，就是每个居民家庭都有一套体面、安全的住房，就目前而言至少有一个适宜的栖身之所。但这里要说明的是“有其屋”是指“享有”，而不是指“拥有”，即“有其屋”不一定拥有产权，拥有“居住权”即可。每一个国家的住房保障制度的目标都是满足“居者有其屋”，而不是满足“居者买其屋”。

因此，我国城镇住房保障制度设计的目标应是：建立健全城镇住房保障制度，通过各种有效的途径和方式，努力解决城镇中低收入家庭的居住问题，分层次地逐步实现“居者有其屋”，最大程度地满足居民的居住需要，使每一户城镇居民家庭都能享有一套面积适宜、环境适宜的住房。

二、城镇住房保障制度设计的原则

城镇住房保障制度的构建是一项政策性和社会性强、涉及面广的系统工程，在具体实施过程中应遵循以下主要原则：

（一）政治可行性原则

政治可行性的具体表现是使住房保障计划获得政府批准通过。其中涉及的主要政治因素有政党、官僚政客、各种利益集团和公众观点，这些因素对政府的要求是各种各样的。一个住房保障计划的政治可行性不仅取决于各种政治因素的支持或反对，而且取决于计划本身。

威尔逊在（J. Q. Wilson）其政治性投入—收益分析（political cost-benefit analysis）框架中指出：任何建议所引发的冲突和对立的程度，取决于这些建议改变原有投入和收益模式并产生损失的程度。当投入和收益的改变集中于特定的群体时就会产生最大的冲突，而当人们认为边际投入和收益被广泛地分散于各个阶层时冲突就最小。当某种政策建议使投入集中而同时产生分散的收益时，会遇到严重的政治可行性问题。因为“损失者”会持强烈的反对意见，而“受益者”则是少数支持者。相反，当某种政策建议产生分散的投入（如由众多的纳税人承担投入），而使受益者为特定的群体时，这类建议一般能获得通过，因为没有任何特定的群体有反对的动机，而受益者则会全力支持①。

住房不仅仅是商品，还是一种社会权利，住房反映着各个社会和经济阶层间的利益分配，住房保障政策的决定过程能反映民主状况，并应强调公众参与。因此，住房保障制度的设计应遵循威尔逊提出的“分散化投入和集中受益者”原则。

我们可以把住房保障制度形成的过程简化为政策制定和实施两个阶段，政策制定不是政府机构独断的决定，而是各种政党、政治家、利益集团和社会公众等政治、社会、经济因素之间调和的结果。

一般的认识是，由政府先制定出政策，然后交给下级政府、公务员、利益集团和公众去实施，这种程序常被称为自上而下（top-down approach）的程序。这种对政策形成过程的描述显然过于简单，因为住房保障政策实施并非只是执行已有的政策措施，执行者在实施过程中往往要根据执行情况对政策制定进行反馈，从而影响政策制定，也就是说政策实施中往往也包含着政策制定。同时，下级政府、公务员、利益集团和公众也不仅仅是政策的被动执行者，他们也参与政策制定。因此，与自上而下的程序相对，显然还存在着自下而上（bottom-up approach）的程序。两者相互交替，共同形成住房保障政策的形成机制。

从住房保障制度的政治可行性角度来看，这种机制显然有利

① 田东海．住房政策：国际经验借鉴和中国现实选择．清华大学出版社，1998年，第11～12页。

于公众参与、民主决策和公平目标的政治可行性的实施。因此，我们把这种机制作为体现住房保障政策政治可行性的基础。

（二）行政可行性原则

行政可行性主要是避免组织上的混乱，从体制上保证住房保障制度得到贯彻执行。同时，行政可行性还包括把住房保障制度执行情况及时反映给政府、利益集团和公众，以便使制度长期稳定地得到贯彻，并最终实现制度目标。本书中把政治家和公务员作为影响政治可行性的两个互相独立的因素，因为从行政可行性的角度来看，任何政府制定的制度都必须通过受薪行政官员的具体执行。这些人我们称之为公务员（civil servant）。这种称呼反映出一种等级差别，即由政治家代表政府制定制度政策，由公务员来实施这些政策。

我们还可以换一个角度来加深对行政可行性的认识。一个具有政治、经济、技术可行性的住房保障计划也可能遭遇失败，其直接原因就是缺乏有力的实施者和有效的管理机制，也就是没有行政可行性。由此可见，行政可行性同样具有相当的重要性。

（三）经济可行性原则

住房社会保障是国家和社会有组织地运用经济援助的手段，解决社会成员的住房保障需求，这就使得其必然要与当时当地的社会经济状况相适应。经济可行性主要指住房保障制度要能实现住房资金、人力和资源的合理配置，并使住房保障计划与国家经济能力和住房消费者支付能力相适应。

相对应地，住房保障制度的经济可行性包括两方面：一是政府的财政承受能力。住房保障具有刚性增长的特征，在实践中表现为保障水平只能上、不能下，从而使保障规模不断扩大，保障支出亦不断膨胀，这种趋势愈快，政府的财政压力就愈重。例如西方各国已陆续对公共住房制度进行改革，以减轻其日益加重的财政压力。为此，在设计我国住房保障制度时，应充分考虑现阶段我国的财政承受能力。二是指住房保障制度的效率性，它着重于利用和分配住房资源的效率性、合理性。住房保障制度的经济可行性显然是住房保障与住房市场相结合的产物，也是住房保障与国家宏观经济政策相联系的纽带。

（四）保障水平刚性原则

绝大多数国家的住房保障实践都揭示了现代住房保障制度刚性发展的客观规律，即住房保障待遇往往能升不能降，否则，便会遭到获益阶层的强烈反对，甚至酿成大的社会危机。因为人类社会的发展不允许倒退，受益群体便不可能允许政府将自己从已经进入的社会保障网络内剔除，更不会认同社会保障待遇水平下降。因此，现代住房保障制度在项目结构、覆盖范围、待遇水平等方面无疑是刚性增长的。同时，住房保障的目标是满足人们的基本居住需要，做到既保证人们的基本生存，又不至于养懒人。为此，住房保障水平设置上必须坚持低起点，这是现代住房保障制度以往实践表现出来的客观规律，也是现阶段乃至未来社会考虑住房保障发展问题时必须引起充分注意的规律。

因此，我们在设计我国的住房保障制度时，必须充分注意到这一规律。一方面，我们的住房保障群体范围不应过宽，以防止后期财政压力使政府不得不压缩群体范围；另一方面，保障水平应与我国的经济发展水平相适应，坚持低水平起点，然后随着经济社会的发展，选择合适的时机和切点，渐进式地提高住房保障水平。

（五）适度保障、水平协调原则

根据国际经验给我们的启示，结合我国各级城镇政府的财政承受能力，政府对城镇居民住房的保障只承担有限责任，而非无限责任。也就是说，要确立适度保障的原则。这对于改变我国城镇住房保障制度覆盖面过于宽泛化的现状具有非常重要的现实意义。

首先要把住房消费纳入经济初次分配的范畴，绝大多数人应通过自己的工资报酬解决住房问题。政府采取垂直公平的积极计划，只对中低收入家庭通过经济二次分配，帮助其解决基本居住需要，体现“最劣者受益最大原则”，保证住房消费的适度水平。

同时，现代住房保障制度是由多个子系统共同构成的，如廉租住房、租房补贴、购房补贴、住房公积金等，各子系统之间虽然保障对象不同、保障条件、保障待遇也存在差异，但它们是一个完整的、协调的体系，在发展中不能顾此失彼，也不能厚此薄彼。否则，就会严重影响保障体系整体功能的发挥，甚至会激化社会成员之间的矛盾。因此，不同住房保障子系统之间的保障条件以及保障水平之间应当相互协调。如以廉租房和经济适用房的住房保障标准为例，虽然后者高于前者，但若两者差别太大，整个住房保障范围就会失去平衡，出现大量住房保障“夹心层”。

（六）市场主导原则

我国城镇住房新体制是以市场化为特征的，即充分发挥市场机制在住房资源配置中的基础性作用，优化住房资源配置，提高住房资源的利用效率，实现住房的商品化和社会化。市场机制具有弹性和选择性的特点，能够较好地适应复杂的住房需求结构，满足多样化的住房需求。因此，只有充分发挥市场机制的作用，住房建设才可能快速发展，住房问题才能得到解决，居民的居住条件才能得到改善。事实也证明，哪里市场机制发挥得充分，哪里住房问题就解决得好。因此，住房保障新机制应以市场化为特征，纠正目前我国某些地区在实施住房保障政策时只讲究“公平”而牺牲市场效率的做法。

政府住房保障的作用是市场机制的必要补充，因为市场机制无法解决中低收入家庭的住房问题。完善的住房新机制必然是由市场机制和住房保障制度有机构成、各负其责的制度。根据城镇住房新体制的要求，市场机制可以解决的问题，由市场去调节，政府不宜过多干预，而此时政府有责任对市场进行监控，以保证市场的健康发展；对市场机制不能完全发挥作用的领域和不能完全解决的问题，政府要起补充作用。居民不能再像以前那样依靠单位解决住房问题，而是要通过市场解决；对于不能通过市场解决住房的中低收入居民家庭，要实行政府的住房保障。

城镇住房保障制度的设计应正确处理保障和市场的关系，充分发挥市场机制的作用：一是住房保障制度仅是对市场机制的补充，既不能代替市场机制的作用，也不应因为住房保障制度的建立而过多地影响市场的正常运行，甚至扭曲市场信息；二是住房保障制度设计本身也要尽可能地利用市场机制，融入到市场中去。

（七）社会公平性原则

社会公平是完善的住房保障制度必须明确的核心价值目标，这也是和谐社会的一个重要标志。

（1）从公平与效率的一般性结构关系中可知，公平具有价值统领的地位，尤其是社会公平。从整个社会系统看，公平既是起点又是终点，是最高指向，效率处于中间，充当着手段。

（2）依据公平与效率的时序性结构关系，社会公平在当前具有现实意义。社会生产力发展水平较低时，生存需要是主要矛盾，经济效率的提高是首要问题；当生产力水平提高，享受和发展需要成为社会的普遍要求时，社会效率和社会公平的矛盾就处于突出的地位。目前我国在改革开放的普遍受惠之后正走向利益分割，不同社会阶层呈现出不同收入和占有不同的财产。这样的情况表明这是一个特别需要社会保障（包括住房保障）的时代，在追求效率的提高和财富增长时，更要争取整个社会和谐、健康地发展。

（3）社会公平是住房保障制度的内在要求。住房保障属于再分配领域，是社会公平的体现和产物。效率是和谐社会中完善的住房保障制度重要层次的价值目标。社会公平是和谐社会完善的住房保障制度的核心价值目标，但它不否认、排斥效率。因为社会公平有利于经济效率和社会效率，即公平具有促进效率的功能，公平与效率有着正相关的一面。同时，当前住房保障制度还存在一些非效率问题，即住房保障制度在实现社会公平的同时可能带来的对效率的负效应。但无论是发挥正效应还是避免负效应，效率只是具有手段层次的意义，追求效率和避免非效率只是为了更好地实现其保障社会公平的目标。

（八）原则性与灵活性相结合原则

一方面，强调原则性是住房保障制度的内在要求，它必然且只有通过住房保障制度的统一性来具体实现；另一方面，由于我国幅员辽阔、人口众多、地区发展很不平衡、阶层结构日益复杂化，又事实上不可能在住房保障方面实行“一刀切”。

因此，住房保障制度的设计应当尊重本地区的具体国情，将原则性与灵活性相结合作为一项基本原则。在原则性方面，应当统一规范住房保障或各子系统的宗旨、性质和基本模式，明确住房保障的责任主体、管理体制和实施对象等，并普遍适用于全国，这是避免各地区各行其是和最终导致地区、阶层矛盾激化和住房保障制度陷入混乱局面所必需的；在灵活性方面，则可以在住房保障工具的设置、标准的确定、组织实施等方面，由各地根据本地的具体情况进行确定。

（九）动态调整原则

住房分配与社会各阶层的利益休戚相关，这就决定了住房不可能单纯地作为私人产品而存在，在某些情况下，住房是一种公益性很强的公共产品。根据上面的分析，围绕以经济效率和政治公平为核心的目标，政府的住房保障政策在住房市场的发展中往往扮演着重要角色。综观国外住房保障政策的演变，无一不是随着住房市场的发展打上阶段性的发展烙印。

因此，住房保障政策是具有阶段性的，住房供应体系中各类住房所占的比例应是动态的。也就是说，住房保障的广度和深度是与一个国家或地区经济发展水平、各级政府的保障承受能力、居民的可支配收入、消费结构等紧密地联系在一起的。住房保障应与社会、经济的发展和人民生活水平的提高相适应，保障的范围、保障的方式、保障的程度也应随着社会经济环境的变化不断地进行调整。

我国现行的城镇住房保障制度与政策设计从总体上来说具有静态的特征。我们在设计未来的城镇住房保障制度时应充分考虑居民住房消费能力和政府财政支付能力的变化，根据经济与社会发展的阶段性对住房保障体系与政策适时作出动态调整。

第三节　城镇住房保障制度设计框架

在中国城镇住房保障制度设计总体构想的指导下，城镇住房保障制度设计的框架如图 4－1 所示：

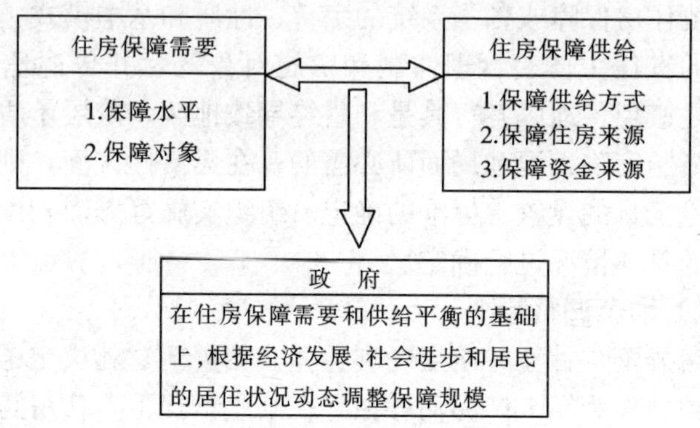

图 4－1　城镇住房保障制度设计的理论框架

一、住房保障需要

从“住房保障需要”的层面，具体分解为以下二个要素：

1. 保障水平的确定

具体指的是住房保障适度水平的指标刻画，从“质”与“量”两个方面呈现出保障型住房的标准。保障型住房的“质”包含着丰富的内涵，如住房的地段、建筑施工质量、结构、朝向、采光、绿化、交通便利度等；而“量”则集中体现在“面积标准”上。本书将选择“面积标准”作为其衡量的量化指标，对“质”的指标暂不考虑。

2. 保障对象的识别

主要由两个量化指标构成：一是现有住房面积没有达到保障型住房的“面积标准”；二是其家庭收入低于住房保障收入线标准。需要强调的是，只有这两个条件同时满足，才能成为保障型住房的供应对象。

二、住房保障供给

从“政府住房保障供给”的层面，住房保障也可分解为以下三个要素：

1. 住房保障供给方式的选择

住房保障供给主要分为“砖头”补贴和“人头”补贴两种主要方式，其中属于“砖头”补贴范畴的有政府直接提供廉租房、经济适用房建设；属于“人头”补贴范畴的有租房补贴、购房补贴。不同的住房保障供给方式，其补贴效率和市场效果不同，政府的短期、长期财政压力也不一样。本书在设计我国城镇住房保障制度方案时，采用租房补贴与购房补贴相结合的保障型住房供给方式，补贴采用逐月直接发放方式。在政府住房保障资金有限的情况下，为保证“保障公平”，补贴对象通过公开的“摇号”方式确定。

2. 保障型住房的来源途径

本书设计的城镇住房保障制度的保障方式以发放住房补贴为主，因此，城镇住房保障制度的实施以存在足够的、适宜的中低价位住房和租赁房为前提。在我国目前住房二、三级市场很不完善的形势下，拓宽价格（售价或租金）适中的普通住房来源就成为制约新住房保障制度实施的关键问题。本书借鉴国内外住房保障实践，提出通过政策优惠发展住房二、三级市场，拓宽保障型住房的来源途径。

3. 住房保障资金来源

住房保障是解决中低收入居民的住房支付能力不足问题，这就需要政府拿出足够的资金对中低收入居民的住房消费进行补贴，应通过政府经营土地收益分配、财政拨付等多种渠道筹集住房保障资金。

以上是在某一时点下，从供需平衡的视角对城镇住房保障制度所做的静态框架分析。但经济与社会的发展是动态的，随着经济、社会的发展，政府财政实力的增强，居民居住情况的改善，城镇住房保障的保障标准、保障程度和保障方式也应相应做出动态调整。

第五章 中国城镇住房保障制度设计方案

第一节 城镇住房保障对象的识别

从理论上说城镇住房保障的对象应是无力进入市场购房或租房且住房困难的中低收入家庭。住房保障对象的认定，看似简单，而实质上是一个相当复杂的问题。若保障对象界定模糊，将导致住房保障的泛社会化，结果会造成需要政府提供保障住房的家庭得不到保障。

因此，应在遵循市场经济规律的前提下，从居民家庭住房支付能力的角度来确定住房保障的家庭收入线，依划定的收入水平线识别住房保障对象。

一、住房支付能力

（一）住房支付能力的定义

为研究住房保障政策而进行的保障对象的确定，首先需要考察家庭的住房支付能力。住房支付能力的定义如下：设某家庭要占用在一特定水平或档次 j 的某住房（称为目标住房），家庭第 i 月（或年）的家庭收入为 Y_i，某时期内的平均月（或年）家庭收入为 Y，该家庭在这段时期内的住房消费比例（即用于住房的消费与家庭收入之比）的平均倾向（简称为住房消费倾向）为 a。而要占用此目标住房所需的月（或年）支出为 C_j，若满足支付能力关系式：

$aY_i \geqslant C_j$，简化表示为：$aY > C$（或 $a > C/Y$）

则表明此住房对该家庭具有可支付性，或者说该家庭对此住房具有支付能力①。

住房支付能力可针对不同收入水平的家庭，应用于不同房型和价位的住房，以及购买、自建自用、租住等不同的住房占用形式。影响住房支付能力最主要的四个因素是住房价格、家庭收入、融资方式和住房消费倾向。其中住房消费倾向按购房还是租房又称为购房消费倾向和租房消费倾向，其大小不仅受制于家庭收入水平的客观因素，还受制于住房主体的主观心理因素影响，即同住房传统观念、住房政策导向和市场状况关系密切。

对住房消费比例的确定存在三种观点，分别是“应该”、“可能”和“实际”用于住房消费的比例。“应该”是指由非住房使用者如政府等客观地确定住房使用者的住房消费比例；“可能”是指住房使用者最高愿意负担的住房消费比例；“实际”是指住房使用者已经用于住房消费的收入比例，统计资料中住房消费或居住消费的数据均属于这一范畴。在住房保障政策的研究中往往是依据对“实际支付”的量度和对“可能支付”的估测，致力于确定“应该支付”多少。此时住房消费比例依赖于家庭收入水平，住房支付能力的大小与家庭收入水平正相关。

（二）住房支付能力的影响因素

1. 住房价格

住房价格指商品住房的市场价格（售价或租金）、经济适用房的微利价格或廉租房租金（虽然住房消费还包括装修费用、维修费用和物业管理费等用于住房消费的开支，但在研究住房支付能力时通常不予考虑）。住房价格与支付能力成反比：住房价格越高，支付能力越低。

因此，提高中低收入家庭住房支付能力的一条有效途径就是

---

① Mulkh Raj, and Peter Nientied. Housing and Income in Third World Urban Development. Oxford & IBH Publishing Co. Pvt. Ltd., 1990.

对中低收入家庭所需住房进行有效的价格调控。

2. 家庭收入

一个家庭的收入影响其住房支付能力，在住房价格一定的前提下，家庭收入越高，住房支付能力越强。家庭收入中若干时间的积累形成家庭积蓄，决定家庭支付首期付款能力；家庭月收入决定家庭支付抵押贷款月还款额的能力。在分析居民住房支付能力不足特别是购房能力不足问题时，我们必须要区分造成居民购房能力不足的原因是首期付款能力不足还是月还款能力不足。如果是月还款能力不足，这类家庭需要政府资助；如果属于具备月还款能力，而首期付款能力不足（如刚毕业参加工作的大学生），其通过若干时间的积累是可以具备购房能力的，这类家庭不能划入住房保障对象的范围。

随着一个国家或地区国民收入水平的逐步提高，住房保障范围也会有所变化，政府对住房保障的投入份额就相对会在达到一定程度后可能下落，呈现为一条倒 U 形的曲线[①]（图 5-1）。

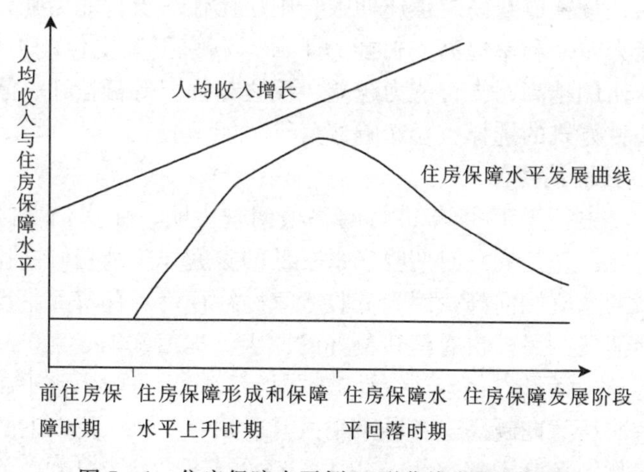

图 5-1　住房保障水平倒 U 形曲线发展的轨迹

① 褚超孚．城镇住房保障模式研究．经济科学出版社，2005 年，第 152 页。

在工业化前的农业社会，人均国民生产总值很低，仅能维持人们的生存需要，不可能存在现代意义上的住房保障，我们权且称之为“前住房保障时期”；工业化开始以后，伴随着经济发展而来的是大规模的城市化，农村人口大量集聚于城镇，产生大批低收入居民，于是就产生了现代意义上的住房保障问题，我们可以称这一阶段为“住房保障形成和保障水平上升时期”；当国民经济发展到中产阶级占绝对多数，贫困人口逐渐减少时，用于住房保障的支出额占国内生产总值的比重将会下降，我们可以称之为“住房保障水平回落时期”。从上升到回落，也就形成了一个住房保障水平的倒 U 形曲线发展的轨迹。

3. 融资方式

融资方式包括抵押贷款类型（是否有政府优惠或担保）、贷款价值比、还款期限、贷款利率、首付款比例及还款方式等。贷款方式对支付能力的影响规律是：政府担保贷款比商业贷款支付能力强；贷款成数高、偿还期限长则居民住房支付能力强，反之支付能力差；利率提高支付能力下降，利率下调支付能力增强；首付款比例越高，支付能力越差，反之越强。等额偿还、累进还款等还款方式的选择也会影响住房支付能力。

4. 住房消费倾向

世界银行于 1985 年进行的一项调查表明，住房消费倾向有三个特点：一是同一时期收入水平低的家庭住房消费倾向比收入水平高的家庭倾向高，因为低收入家庭往往为了住房而不得不排挤其他消费，另外也有消费偏好的原因。据《2004—2005IMI 消费行为与生活形态年鉴》统计数据显示，个人月收入水平越高的消费者购房意向越高，各城市个人月收入在 1 500 元以上的消费者购房意向率基本都在 30%以上，而个人月收入在 1 000 元以下的消费者购房意向率普遍不超过 20%。二是从长期来看，住房消费倾向随总体收入水平上升而增加；三是自置居所者比租房者消费倾向高[1]。

5. 其他影响因素

家庭人口特征、婚姻状况和家庭构成等因素会影响家庭的收入和消费，进而影响家庭的住房支付能力。按照户主年龄状况，美国支付能力最强的是 55～64 岁年龄段的居民，支付能力最差的是 25 岁以下的居民。在我国年轻家庭的支付能力强于老年家庭，目前情况是 35～45 岁年龄段的家庭支付能力最强，随着工资制度改革和住房制度改革的深入，支付能力强的年龄段将逐步向上推移。

二、居民家庭收入水平线的划分

居民家庭收入水平线的划分是研究住房保障的基础性工作。政府划定一个收入线，家庭收入高于这个收入线的家庭，具有足够的住房支付能力，其住房需求通过市场方式自行解决；家庭收入低于这个收入线的家庭，其住房支付能力有限，属于住房保障对象，解决问题需要政府的帮助。

（一）美国现行划分方法[2]

划分不同家庭收入水平的收入线标准由美国住宅与城市发展部（HUD）每年公布更新。美国的家庭收入线与家庭规模有关，分为中等收入、低收入和最低收入，该收入线主要用于根据联邦住宅法案的有关条款，确定可获得政府住房补贴的申请者资格，如表 5 - 1 所示。表中还列示了公平市场租金，主要用于确定可获住房补贴家庭的补贴金额。

以 4 口之家作为确定各类收入线的基本家庭，最低收入线

① Maipezzi Stephen K. Mayo with David J. Gross. Housing Demand in Developing Countries. World Bank Staff Paper No. 733，World Bank，Washington D. C. 1985.

② 成思危．中国城镇住房制度改革——目标模式与实施难点．民主与建设出版社，1999 年，第 309～311 页。

表 5-1　美国部分地区家庭收入线划分

单位：美元

地区名称	家庭人口数（人）		1	2	3	4	5	6	7	8
Mohave County LasVegas, NVAZ	家庭年收入水平	中等收入	46 900							
		低收入	27 700	31 700	35 650	39 600	42 750	45 950	49 100	52 250
		最低收入	17 350	19 800	22 250	24 750	26 750	28 700	30 700	32 650
	公平市场租金	居室数	0	1	2	3	4			
		月租金	482	572	681	948	1 119			
San Diego County San Diego CA	家庭年收入水平	中等收入	50 800							
		低收入	28 450	32 500	36 600	40 650	43 900	47 150	50 400	53 650
		最低收入	17 800	20 300	22 850	25 400	27 450	29 450	31 500	33 550
	公平市场租金	居室数	0	1	2	3	4			
		月租金	483	552	691	960	1 133			

资料来源：Office of Policy Development & Research. U.S. HUD，Fiscal Year 1998 Income Limits and Section 8 Fair Market Rents，1998.

通常为 MFI 的 50%，低收入线为 MFI 的 80%或最低收入线的 1.6 倍（80%/50%），中低收入线为 MFI 的 95%或低收入线的 1.2 倍（95%/80%）家庭规模不同的则以表 5-2 所示的调整因子做相应调整。美国联邦住宅法有关条款规定，可获住房补贴的家庭收入线为其所在地区 MFI 的 95%或按最低收入线推算的低收入和中低收入家庭。HUD 的最低收入线和另一种常用的由统计局定义的经济贫困的“贫困线（poverty line）”不同，最低收入线平均比贫困线高 2/3，贫困线用于确定除住房外的其他政府补贴。

表 5-2　美国收入线家庭规模调整因子

家庭规模（人）	1	2	3	4	5	6	7	8
调整百分比（%）	70	80	90	100	108	116	124	132

注：家庭人口超过 8 人，每增加 1 人收入标准增加 4 口之家的 8%。

值得指出的是，由于收入线的确定直接影响到家庭的住房支付能力，当房价（租）与家庭收入比过高或过低时，HUD 就对最低收入线进行相应调整，使之与家庭的住房支付能力相适应（也就是说最低收入线并非总是 MFI 的 50%）。

（二）中国香港地区现行划分方法

中国香港房屋委员会（HA）负责公营住房计划的制定，房屋属负责具体执行。除政府拥有的宿舍外，政府资助的公营住房主要包括两个部分：一是面向低收入家庭的公共出租住房（简称“公屋”或“廉租屋”），二是面向中低收入家庭出售的居者有其屋（HOS）与私人参与计划住房（PSPS）。

由于公营住房的租金和售价远低于市场租金和价格，因此对申请入住家庭的收入和财产拥有情况作出了严格的规定。香港房屋委员会负责入住公营住房家庭收入线的确定和更新，该收入线的确定与房价和政府财力有关，每财政年度更新一次。1997/1998 财政年度 4 口之家申请入住公屋的家庭月收入为 16 300 港币（见表5-3）。该收入线还依家庭规模的不同而有所调整。目前香港公屋申请者的平均轮候时间为6.5年，计划到2001年、2003年和2005年将分别降至5年、4年和3年，但在2005年后仍将保持一个合理的轮候期。

对于购买居者有其屋计划住房的家庭，香港政府也有家庭月收入的限制，但无家庭规模的区别。1997/1998财政年度香港家庭购买居屋的条件为：家庭月收入低于3万港元，对于已确认其公屋申请资格的家庭如列入公屋轮候册的住户、拆迁区住户、初级公务员等则没有收入线限额。

表5-3　香港申请公屋情况

财政年度	1985/1986	1990/1991	1995/1996	1996/1997	1997/1998
现有申请者人数（千人）	181	157	149	—	—
四口之家月收入线（港币）	5 100	6 600	13 600	14 700	16 300

资料来源：Hong Kong Housing Authority. Annual Report, Various Years.

（三）国内有关建议方法

1. 统计分组法

国家统计局城镇家庭基本情况分组采用的是五等分法。做法是：将调查户按平均每人年实际收入由低到高排列，然后按照各1/5的比例分为低收入户、中等偏下收入户、中等收入户、中等偏上收入户和高收入户五个组，又将低收入户分为最低收入户和低收入户两组，各占总数的10%，将5%的更低收入户作为困难户单列；将高收入户分为最高收入户和高收入户两组，也是各占总数的10%。在将低收入户和高收入户进一步划分为4个阶层之后，全部家庭按收入由低到高分为7个类别，因此，五等分法又可称为“收入七分法”。2007年全国城镇家庭年收入情况如表5-4所示。

表 5-4　2007 年我国城镇居民家庭平均每人全部年收入

单位：元

家庭类别	全国	最低收入户	低收入户	中等偏下收入户	中等收入户	中等偏上收入户	高收入户	最高收入户
全部年收入	14 908.61	4 604.09	6 992.55	9 568.02	12 978.61	17 684.55	24 106.62	40 019.22

资料来源：中国统计年鉴 2008 年。

2. 倒推法

这种方法主要依据商品房价格和房价收入比经验系数来计算收入线，计算公式如下：

$$Q_1 = n \times s \times p;\ Q_2 = n \times i \times a$$

式中：Q_1 为住房总价，n 为家庭人口数，s 为人均住房面积，p 为住房单价，Q_2 为家庭收入积累中可用于购房的部分，i 为人均年收入，a 为房价收入比经验系数（$a=3 \sim 6$）。

令 $Q_1 = Q_2$，得：$i = s \times p / a$

即选定 s、p 和 a 后，可通过计算 i 来划定收入线。例如，有专家建议：设定 $a=3$，对应商品房价计算得出高收入线；设定 $a=5$，对应中等收入线；设定 $a=7$，对应需要政府补贴的低收入线。

3. 基数法

该方法是以平均收入或收入中位数作为基数，选定适当乘数来确定收入档次。采用这种方法可依据政府的解决能力来确定收入乘数，并可根据物价指数或消费者价格指数进行逐年更新。家庭收入基数可选用家庭规模为 3 口或 4 口的作为基本家庭，用家庭规模调整系数对不同家庭规模进行调整，亦可用家庭成员的平均收入作为基准。基数法的前提是准确测定平均收入或中位收入，对数据准确性要求较高。另外，由于统计数据在时间上有一定的滞后性，因此只有当具备一定时间长度的收入序列数据时，才可依据趋势因子估算或预测最新收入情况。

如成思危将城镇居民职工的收入划分为高、中上、中、中低和低五个阶层。其中，高收入阶层的收入为当地职工平均收入的400%以上，中上收入阶层的收入为当地职工平均收入的200%以上，中等收入阶层的收入为当地职工平均收入80%～200%，中低收入阶层的收入为当地职工平均收入的50%～80%，低收入阶层的收入为当地职工平均收入的50%以下。并认为，高收入阶层主要会购买高档住房，中上、中、中低收入阶层大多会购买或租用中档住房，而低收入阶层则多半会租用低档住房。由于缺乏职工实际收入和收入分布的数据，难以定量地将供应结构与需求结构进行匹配，如果按线性简化处理，则可认为高、中、低三档的住房需求分别占20%、60%和20%①。

（四）我国家庭收入线划分的原则

从以上分析可以看出，按住房支付能力的大小划分住房保障对象范围，需要考虑家庭收入、收入中可用于住房消费的比例、与收入水平相适应的住房标准和可供选择的现行融资方式等。由于住房消费比例与收入水平呈正相关关系，因此在划分保障对象群体结构的实际操作中，可依据家庭收入划分保障群体。划分住房保障群体结构的原则如下：

（1）政策性原则。家庭细分受制于政府提供住房保障的力度，不考虑政府在支持住房保障上的资源投入能力，就难以进行有效的家庭细分或所划分的家庭等级缺乏可操作性。

（2）竞争性原则。尽管政府负有帮助中、低收入家庭解决住房问题的责任，但由于住房需求的普遍性和住房价格的高昂，政府的支持能力和居民的需求之间始终存在缺口，确定等级标准时要考虑让住房补贴的申请者经历合理的轮候时间。划分家庭类型时体现竞争性原则有两方面的作用：一方面能保证政府补贴的有

① 成思危．中国城镇住房制度改革——目标模式与实施难点．民主与建设出版社，1999年。

效实施，另一方面能刺激市场价商品住房的有效需求。

（3）地区性原则。不同地区、不同规模城市的经济发展水平以及现有住房水平明显不同，相应的住房价格水平、住房建造标准、居民收入水平、消费水平和消费观念都有较大差异。因此，无论是收入线的划分还是对居民支付能力的考察都要限制在特定地域内。

（4）可更新原则。家庭细分的标准应随着社会经济的发展、住房价格、居民收入等的变化进行及时更新。

（5）易操作性。城镇住房保障问题涉及全国各级大小城镇，其住房保障对象的划分标准必须是易于操作的，以便于各地了解、掌握和应用，增强该制度的可实施性。

（五）我国住房保障收入线的划分

包宗华在研究收入线划分时，发现在欧洲一些国土面积小的国家，如比利时，采取全国统一公布的办法。而在美国，则由每个城市公布自己城市高、中、低收入线的划分。高、中、低收入是相对而言的划分，并随着国民经济和居民收入的提高而变化，因而要每年公布。收入线一般要把城市的经济实力，人均收入，人们收入中平均用于衣、食、住、行、用的比例，住房价格和租金价格（区别平均价格和高、中、低价格）与户均收入的比例等因素综合起来考虑。但这些计算非常复杂，经过多年的测算与公布，西方国家的高、中、低收入之比一般都稳定在20∶60∶20，在美国则为20∶62∶18，每年的变化不大。因此，为操作的简便起见，这些国家的高、中、低收入的划分一般均用此经验数据①。

我国目前各城镇每年都进行“城镇居民家庭基本情况”统计并予以公布，在这项统计中，按收入的高低采用“七分法”将城镇居民家庭依次划分为最低收入户（10%）、低收入户

① 包宗华．住宅与房地产．中国建筑工业出版社，2002年。

(10%)、中等偏下收入户（20%）、中等收入户（20%）、中等偏上收入户（20%）、高收入户（10%）和最高收入户（10%）[①]。有的城镇采用的是五分法，即低收入户（20%）、中低收入户（20%）、中等收入户（20%）、中高收入户（20%）和高收入户（20%）。

以统计分组法进行家庭细分的方法，由于各城镇现阶段每年都要统计公布，数据资料易于获得，且较为准确客观。但在上面分析中我们知道，家庭住房支付能力不是只受家庭收入的影响，仅仅依靠家庭收入统计分组法划定住房保障对象是缺乏针对性的[②]。

所以，本研究在识别住房保障对象时，采用的方法是将统计分组法与倒推法相结合：

(1) 通过统计分组法按家庭收入高低将全部家庭分为七个收入阶层；

(2) 确定房价收入比的最高限；

(3) 采用倒推法计算按房价收入比最高限计算得出的住房保障对象家庭最高收入；

(4) 收入低于家庭最高收入的即为住房保障对象。

对于居民家庭收入的具体涵义，宋庭敏、陶树人认为[③]，家庭总收入应包括家庭总资产和现期收入两部分。家庭总资产可以用家庭拥有的不动产与金融资产的价值来衡量，具体包括家庭在

---

① 括号内为该收入阶层所占家庭总数的比例。

② 有学者提出由于我国目前缺乏相应的收入申报、监督和统计分类制度，按收入线划分住房保障对象是不可取的。但是笔者认为无论是采用何种方式确定住房保障对象，最终还是要归结到家庭收入上来，这是避无可避的，要想做好住房保障工作，对家庭收入的准确掌握是必须的。按照居民家庭收入高低决定其获取住房的途径，是国家长远的住房政策。所以，不能依此否定“七分法”在住房保障对象识别中的应用。

③ 宋庭敏，陶树人．有关我国经济适用住房建设问题的认识和建议．经济问题探索，2000 年第 1 期，第 40～42 页。

银行、信用合作社、邮局等的存款、股票、国库券、公积金等有价证券和其他投资以及自己居住的房产和其他不动产的产权价值，现期收入应包括家庭所有成员的工资收入（第一、二职业收入）和其他工资外收入（如社会保障津贴等）。要判断一特定家庭的收入水平，必须综合考虑这两部分因素。而且，居民家庭收入是一个变化的概念，地区之间因经济发展的不平衡存在着一定的差别。

因此，建议在短期内，各市（县）政府应结合本地区社会经济发展状况、人口、住房水平及市场需求状况在统一口径的基础上广泛调查，进行科学的样本分析，提出本地区平均家庭总收入的计量标准，采用相对标准进行划分。

长期而言，应尽快建立我国个人财产及收入申报制度，从而有利于从根本上衡量家庭总收入，也有利于我国税收、社会保障、社会监督等工作的有效进行。

三、衡量住房支付能力的指标

（一）住房消费收入比

1. 住房消费支出的含义

居民住房消费是生活消费的重要组成部分。要理解住房消费支出的含义，首先应对居民消费结构有所了解。居民消费结构，是指居民家庭支出中用于消费资料和接受服务的种类及其数量的比例关系。

住房消费（Housing Consumption）是指住房提供庇护、休息、娱乐和生活空间的服务所引发的消费。住房消费既可以通过租房，也可以通过买房来实现。

家庭是住房消费的主体。住房消费的相关消费项目包括：①房租（或购房款），这是取得住房使用权（或所有权）的投入和支出；②装饰装修款，这是为了改善住房室内环境而付出的费用；③水费、电费和燃料费，即在住房使用过程中消耗水、电、气、燃料等产生的费用；④家庭服务、物业管理费用。

我国在1990年以后有关住房支出的统计指标增加了住房支出和居住支出，居住支出包括住房支出和水电燃料及其他支出。在我国住房消费主要指住房消费相关消费项目的前两项内容①和②，居住消费则包括前三项①、②和③。在本研究中，考虑到数据资料的可获取性，以及本书研究的目标是根据居民支付的住房价格或住房租金计算和发放补贴，因此，本书中的住房消费采用"住房支出"这一指标。

过去我国城镇居民的住房是由国家包下来的，居民只需支付象征性的少量租金，因此在居民可支配收入中住房消费只占很小的比重。自城镇住房制度改革以来，国家逐步改变了居民住房供应的方式，实行住房商品化政策，居民住房消费比重有所提高，但其总体水平还是比较低的（见表5-5）。

按照住房消费一般规律，我国2007年恩格尔系数为36%，其对应的平均住房支出比大约为9.5%，而我国2007年城镇居民实际住房支出比仅为3%，与平均水平相差6.5个百分点。说明我国城镇居民住房消费支出远远低于经济发展水平和居民生活水平相近国家的平均水平（见表5-6、表5-7），我国城镇居民住房消费在消费性支出中所占比例严重偏低。统计资料表明，住房支出的比例，基本上每3～5年增长一个百分点，平均4.3年增长一个百分点[①]。按此增长速度我国与平均水平相差的6.5个百分点需要将近28年的时间才可达到，也就是说，我国城镇居民的实际住房消费水平比合理状态落后28年。

笔者认为，随着我国经济发展和居民收入的增长以及住房制度改革的深化，我国城镇居民住房消费比例将逐年增大到合理的水平。

---

① 韩冰．我国城镇居民住房消费水平研究．城市问题，2002年第2期。

表 5-5 2007 年城镇居民家庭平均每人全年消费性支出

单位：元

项　目	总平均	最低收入户	困难户	低收入户	中等偏下收入户	中等收入户	中等偏上收入户	高收入户	最高收入户
消费性支出	9 997.47	4 036.32	3 447.68	5 634.15	7 123.69	9 097.35	11 570.39	15 297.73	23 337.33
食　品	3 628.03	1 904.09	1 672.36	2 451.15	2 942.78	3 538.30	4 229.78	5 062.13	6 439.53
住　房	302.19	64.44	49.49	114.99	135.63	215.10	315.54	532.09	1 174.75
恩格尔系数（%）	36.29	47.17	48.51	43.51	41.31	38.89	36.56	33.09	27.59
住房支出比（%）	3.0	1.6	1.4	2.0	1.9	2.4	2.7	3.5	5.0

资料来源：据《中国统计年鉴 2008》有关资料计算。

表 5-6 人均国内生产总值与住房消费支出比对应关系

人均国内生产总值（美元）	住房支出比（%）
250	8.66
500	9.04
750	9.3
1 000	9.5
1 500	9.83
2 000	10.1
5 000	11.29
10 000	12.79
20 000	15.39

资料来源：杨同利等．住房消费支出的国际比较．建筑经济，2000 年第 12 期，第 36 页。

表 5-7 恩格尔系数与住房消费支出比对应关系

恩格尔系数（%）	住房支出比（%）
60	7.43
55	7.87
50	8.33
45	8.81
40	9.32
35	9.86
30	10.45
25	11.11
20	11.87
15	12.83
10	14.16

资料来源：杨同利等．住房消费支出的国际比较．建筑经济，2000 年第 12 期，第 36 页。

2. 住房消费收入比的确定

住房消费收入比是指住房消费支出占家庭可支配收入总额的比重。住房消费支出收入比是评价一个国家或地区的住房消费通常采用的指标，直接地反映了一个国家或地区居民住房消费水平的高低。用公式表示如下：

$$住房消费收入比=\frac{住房消费支出}{居民家庭可支配收入总额}$$

采用住房消费收入比，而不是采用前面作国内国际比较时所使用的住房消费支出比例的原因是，在识别住房保障对象时，核对申请者的可支配收入要比核对其消费支出更为容易。

在德国，若某家庭所应占用的住房开支，超过家庭总支出的15%～25%（单身家庭超过30%），则认为该家庭不具备支付能力，应享受住房津贴[①]。美国住宅与城市发展部（HUD）规定的家庭应该支付的住房消费比例的标准是：用最多占家庭收入30%的金额即可购买或租用适当的住房，而1981年前此标准为收入的25%。

从表5－6可发现住房消费支出变化的一般规律：人均GDP越高，住房支出比例越高，但当收入水平极高时，由于住房消费亦有限度，住房消费比例会回落（见图5－2）；同时，恩格尔系数越低，住房支出比例越低。张京等人通过对36个国家的恩格尔系数的比较分析，得出恩格尔系数越高，住房平均消费比重越低；反之，系数越低，住房消费比重越高。

研究表明，恩格尔系数在55%～59%的温饱型国家居民住房消费支出为7.6%[②]。由此可以得出这样的结论：属于贫困型居民的住房消费的合理支出可能在7%以下，在本研究中我们取5%。结合美国住房消费比例不能高于30%的标准，以及赵路兴

① Hills, J., Hubert, F., Tomann, H. and Whitehead, C. Shifting Subsidies from Bricks and Mortar to People: Experiences in Britain and West Germany. Housing Studies, 1990, 5 (3), 147～167.

② 张京等. 房改——无限需求的终止. 中国财政经济出版社，1992年，第145页。

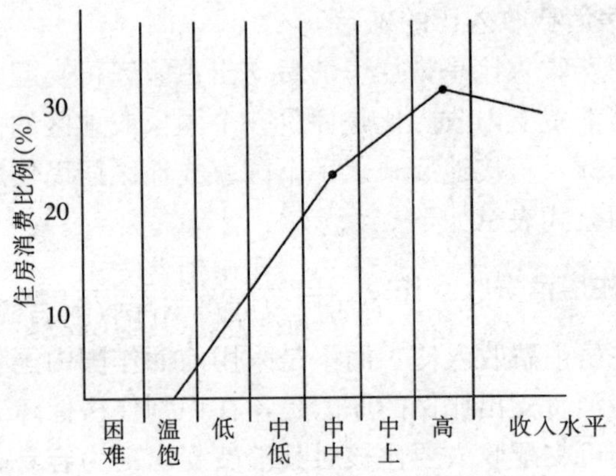

图 5-2　住房消费比例与家庭收入水平关系图

提出的[①]："我国目前住房消费支出占可支配收入比重的一般水平为 20%，最高不能超过 30%。"

考虑到各阶段申请户经济的承受能力，我们设定不同收入阶层家庭住房消费收入比例分别为：5%、15%、20%、25%、30%（表 5-8）。在本阶层住房标准面积以内，住房支出中超过这个比例的部分由政府给予全额补贴。

表 5-8　住房保障家庭住房消费收入比例

项　目	双困户（2.5%）	困难户（5%）	最低收入户（10%）	低收入户（10%）	中等偏下收入户（20%）
住房消费收入比例	5%	15%	20%	25%	30%

（二）房价收入比（Price Income Ratio）

房价收入比是指住房平均价格（或住房价格中位数）与家庭平均收入（或家庭收入中位数）之比，用于衡量家庭购买住房的支付能力。20 世纪 80 年代中期，美、英、德、法四国的房价收入

① 赵路兴，浦湛．中低收入家庭住房保障收入线划分研究．城市开发，2003 年第 11 期，第 59 页。

比分别为6.7、6.2、9.6和6.9[①]。房价收入比和购房消费比例有一定关系，房价收入比越低，所需的购房消费比例越低（见表5-9）。

表5-9　不同房价收入比相应的购房消费比例[②]

房价收入比＼支付年限	15年	20年	25年	30年	35年
3	20%	15%	12%	10%	9%
5	33%	25%	20%	17%	14%
7	46%	35%	28%	23%	20%

一般地，房价收入比被认为是房地产商品“有效供给”与城市居民“有效需求”间的消费现象的质的属性在数量上的反映，是评估一定居住单元内，一定时期内的居民住房购买能力的重要依据之一，同时也是政府制定住房政策的重要依据之一。无论是要购房的居民还是有关机构单位，对房价收入比指标都十分重视。世界银行在衡量一个国家的住房消费水平时，认为房价收入比在4～6倍之间较为适当，这是许多国家分析房价收入比情况时的一个重要指标。

1. “4～6倍”标准的由来

首先提到房价收入比概念和“4～6倍”取值区间的中文文献，是世界银行亚洲区中国环境、人力资源和城市发展处编写的世界银行对中国经济考察研究丛书《中国：城镇住房改革的问题与方案》（1992年3月第1版）。该书第一章第三节在分析住房建设热的第一个原因“住房面积标准的随意扩展”时，认为“政府推动和提高住房面积标准时，没有考虑居民的家庭收入和选择意愿”。并以天津为例予以说明：“从天津的家庭收入分布中，我

① Holmans. The 1980's National Housing Policy Review in Retrospect. Housing Studies，6：3，July 1991.

② 成思危．中国城镇住房制度改革——目标模式与实施难点．民主与建设出版社，1999年，第307页。

们可以看出……家庭平均年收入为 4 500 元。相比之下，假如给一个具有平均收入的家庭分配一套建筑面积为 60 平方米的住宅，每平方米造价为 600 元，那么，总费用 36 000 元。因此，房价收入比为 8∶1。”这是第一次计算中国城市的房价收入比。

接着，该书又引用世界银行资料，说明 8∶1 的房价收入比不合理，指出：“在发达国家，平均每套住房的价格总额与平均家庭收入的比例在 1.8～5.1∶1 之间……在发展中国家，该数一般在 4～6∶1 之间，当然也有例外”这是第一次探讨中国城市房价收入比是否合理，或者说，探讨中国城市房价收入比的合理区间。

此后国内研究房价收入比的几乎所有文章，都引用了上述文献的结论，即“4～6 倍的合理区间”。在研究中也都沿用了上述文献中房价的计算方法，即房价＝单价×面积指标。

2. 房价收入比的计算方法

根据联合国人类住宅（生境）中心所发布的《城市指标指南》，房价收入比是指“居住单元的中等自由市场价格与中等收入之比”。其中，自由市场价格具体包含有两层意义：一是非市场化的交易活动（如公房出售、集资建房等）不应在计算范围之内；二是市场交易的房屋不仅包括新建住房，还包括存量住房的交换与流通。在美国，存量住宅的交易量是新竣工住宅的 5～6 倍，中国香港市场上流通的住房 2/3 是存量房，二手房市场的发展对平抑住房市场价格有着不可低估的作用。在计算家庭年收入时，联合国关于家庭收入的定义是各种税前收入，包括：工资、养老金、商业活动收入、租金收入和各项实物补贴等。而我国只考虑工资收入或人均可支配收入，各种福利性收入和隐性收入都没有计算在内。

国内关于房价收入比的计算，一般不是基于调查统计去计算平均每套住宅的房价，而是采用面积单价乘以面积指标得出，即：房价＝新房单价×面积指标。

因此，国内外关于房价收入比计算方法的差异主要体现在：

（1）国际上按套统计房价，国内按面积单价统计房价。根据国家统计局调查样本显示，2007 年全国城市户均建筑面积 68（中位数）平方米。但是目前很多学者计算房价收入比通常是采用 100 平方米的指标，这样计算出来的房价收入比会高估不少。

（2）国际上计算房价时包括各种类型的房屋交易，国内只计算新房交易。国际上计算房价收入比要求房价包含各种类型的房屋，包括新房和存量房，而国内计算房价时只反映了新房的交易价格。由于在同一市场中，新房的交易价格一般要比旧房高，所以只考虑新房的价格会高估房价收入比。

由于计算方法的差异，使得我国房价收入比的国际可比性较差。如果要进行房价收入比高低的国际比较，在理论分析与实践运用时均应统一到联合国人类住宅（生境）中心的定义上来，否则计算出的房价收入比就无国际可比性。由于我国房价和收入的中位数据不易采集，根据我国目前的情况来说，大多数研究者计算时所采用的是房价和收入指标的平均数，而不是国际上通常使用的是中位数。

为此，在计算我国房价收入比时，本书采用国内研究通常采用的计算公式：

房价收入比＝年平均上市房价/居民年家庭平均可支配收入①

---

① 在讨论房价与家庭年收入的关系时，我们通常以职工工资收入作为家庭年收入进行比较，这是不准确的。随着我国改革的不断深化，居民收入渠道越来越多元化，如股票、期货、国债、保险等收入已成为居民投资的主要渠道，居民收入日益增加。储蓄存款大幅增加，利息收入不断增多。部分居民从事第二职业，第二职业收入已经成为部分家庭的主要收入来源。另外，收入也有明暗之分，福利、补贴也是构成工资收入的组成部分。由于居民家庭收入来源总和远远超过工资收入，简单用工资收入与房价进行比较，可能存在房价偏高的问题，为了纠正这个偏差，在分析家庭年收入时必须引入工资外收入系数，对工资收入作为家庭收入进行修正，因为只有包含了工资外收入，家庭收入才具有真实性，在进行房价收入比分析时才具有可比性。

在本节进行城市居民分收入阶层房价收入比分析中，我们采用的是居民家庭的可支配收入，而不是采用工资总额计算，有效地避免了"居民家庭收入低估"问题。考虑到家庭可支配收入数据不易获得，各城镇在识别住房保障对象和计算补贴额时，也可采用工资总额数据代替，对应的住房收入比和支出比应有所提高。

假如一个城市的居民户平均年收入为1万元，当年市场销售住房平均每套为3万元，房价收入比为3倍。居民买房先付款30%后，还需向银行货款2.1万元，按20年还款并加上利息，平均年住房消费支出为1 500元，占居民收入15%。如果年平均房价为6万元，房价收入比为6倍，则可计算出年居民的住房消费占居民收入的30%。在上边分析居民住房消费收入比时，我们采用此指标最高不能超过30%，否则居民不能承受，因而可以认为房价收入比在4～6倍之间比较适当。

（三）租金收入比（Rent Income Ratio）

居民解决住房问题主要有两个途径：一是购房，二是租房。与此相对应，衡量居民住房支付能力的指标也应有两个：房价收入和租金收入比。房价收入比上边讨论了，接下来讨论租金收入比。

年房租支出占年家庭收入的比例称为“租金收入比”，用于衡量租住住房家庭的支付能力。英国政府在1991年提出，如果租户的租金（含服务费）支出超过其收入的20%以上，则该租金水平是不可支付的，1993年将该比例提高到其净收入的22%。香港1996年住房租金中位数占家庭收入的比例平均为10.7%(其中，公共住房为8.6%，私人住房为25.0%)①。

虽然由于我国各地到目前为止尚没有一个完整、精确的租金统计数据，在研究中租金收入比目前只能作为一个参考，但租金仍是一部分居民的住房支付方式，租金收入比反映了这部分居民的住房消费负担情况。因此住房保障中租金补贴的计算依然可以依照本研究设定的各收入阶层受保障家庭的住房消费收入比标准(见表5-10)，即如果住房保障家庭的租金支出超过规定的比例标准，超过部分由政府补贴。

---

① 成思危．中国城镇住房制度改革——目标模式与实施难点，民主与建设出版社，1999年，第307页。

表 5-10　住房保障家庭住房消费收入比例

项　目	双困户（2.5%）	困难户（5%）	最低收入户（10%）	低收入户（10%）	中等偏下收入户（20%）
住房消费收入比例	5%	15%	20%	25%	30%

四、城镇住房保障对象的确定

从上面分析的衡量居民住房支付能力的三个指标：住房消费收入比、房价收入比和租金收入比来看，住房消费收入比和房价收入比计算的原理和得出的结论是一致的，两者实际上是一个指标。对于租金收入比，由于我国住房租赁市场很不发达，租金数据没有一个权威的统计，导致租金收入比目前只能作为一个参考。所以，在识别住房保障对象，判断居民住房支付能力时，笔者认为最好的是工具是房价收入比，如果房价收入比高于国际上通行的“6 倍”标准，则这类家庭就应划为我们的住房保障对象。

（一）我国各大城市不同收入阶层房价收入比

房价收入比是一个比较笼统的指标，只能大致描述一个地区的家庭收入与房价之间的关系，通过对比不同地区的房价收入比，可以观察到这些地区居民购买住宅的支付能力情况。房价收入比高于 6 的阶层，如果其目前同时住房困难，则可划为住房保障对象。我国各大城市不同收入阶层房价收入比[①]见表 5-11、表 5-12：

由表 5-12 的计算结果可以发现，如果严格遵循国际上通行

① 商品房均价=每平方米商品房均价×80。原则住房标准设定为 80，是据住房和城乡建设部副部长齐骥 2009 年 9 月 28 日在国庆新闻中心举行的“中国社会保障、住房保障情况和住房建设成就新闻发布会”上表示，到 2008 年底，中国城镇人均住房建筑面积达到了 28 平方米以上。按一家 3 口计算，每户的平均住房面积大约为 80 平方米。

的“4～6倍”标准，我国一些城市要将中等收入纳入住房保障范围，甚至有些城市如上海住房保障的范围将涵盖中等偏高收入层，保障住房涵盖范围达到80％之多，这显然与我国住房市场的改革方向和住房保障的宗旨相悖。

表5-11　全国城市居民家庭的房价收入比情况（七等分法）

	年份	合计	最低收入户（10％）	低收入户（10％）	中等偏下户（20％）	中等收入户（20％）	中等偏上户（20％）	高收入户（10％）	最高收入户（10％）
全　国	2007	7.1	29.1	15.0	11.0	8.1	6.0	4.4	2.7
成都市	2006	7.3	24.3	17.3	12.8	9.2	6.5	4.5	2.4
武汉市	2008	8.7	30.3	17.5	13.4	10.0	7.2	5.4	3.4
青岛市	2008	8.3	22.1	15.9	11.8	9.1	6.8	5.1	3.4

注：本表数据根据全国及各城市统计年鉴计算而得，商品住宅价格采用当年商品住宅售价均值×80平方米计算。

表5-12　2008年城市居民家庭的房价收入比情况（五等分法）

	合计	低收入户	中低收入户	中等收入户	中高收入户	高收入户
北京市	6.4	14.7	9.4	7.2	5.5	3.3
上海市	6.1	14.1	9.3	7.2	5.4	3.0
杭州市	10.7	24.9	16.0	12.2	9.2	5.2
哈尔滨	6.1	15.3	9.8	7.3	5.3	2.8

注：本表数据根据各城市2009年统计年鉴计算而得，商品住宅价格采用2008年商品住宅售价均值×80平方米计算，其中哈尔滨市为2007年度数据。

采用国际标准得出的我国城市住房保障对象范围过宽，出现这样一个问题有两种的可能：一是“4～6倍”的房价收入比标准不正确，二是我国的房价收入比计算出现偏差。关于“4～6倍”的标准其实早已为不少学者所怀疑、诟病，认为此指标不具备说服力。但他们在否定了“4～6倍”标准之后，却又拿不出一个更为“合理”的标准。笔者认为不是这个标准存在问题，而是我国在计算房价收入比时计算方法出现偏差，导致计算得出的房价收入比被高估。要正确衡量居民住房支付能力、准确识别住房保障对象，需要对我国的房价收入比的计算进行调整，得出我国真实的房价收入比。

（二）我国目前真实的房价收入比的计算

目前，世界上许多国家都在使用房价收入比，因为它是一个比较好的综合指标，而且现在还找不出比它更好的指标来代替它。特别是这个计算方法的依据，是住房消费占居民收入的比重应低于30%，这也是世所公认的合理界限。为此，“4～6倍”的房价收入比作为判断居民住房消费负担能力和房价高低的一个标准，被人们广为接受。

由于房价收入比计算方法上的偏差，使我国各城市的房价收入比普遍被高估，要更为准确地计算我国的房价收入比，必须对房价的计算作出适当调整。有调查研究得出①，在同一区域，二手房价格一般是新房价格的70%左右。我国的房地产市场在经过近几年的快速增量发展之后，二手房必然会有一个比较好的发展前景，其市场份额必然会不断加大。为此，我们假设房地产市场上二手房和新房的比例各占五成，那么我们计算房价收入比的房价相当于新房均价×85%。由于本研究的目的在于划分住房保障对象，而现阶段人均20平米已可满足居民基本居住需要，因此，这里我们取住房面积标准为人均20平米，即60平米为计算标准。我们利用调整后的房价再来计算我国城市居民家庭的房价收入比（表5-13、表5-14）。

从经过房价调整后计算而得的我国各城市不同收入阶层房价收入比中可以发现，房价收入比在6倍以上的居民主要是中等偏

① 北京二手房价格优势明显．www.sunco.com，2004-06-22。

下收入户，占城市居民家庭的比例为40%（最低收入户10%、低收入户10%和中等偏下收入户20%）。

表5-13 全国城市居民家庭的房价收入比情况（房价调整后）

	年份	合计	最低收入户（10%）	低收入户（10%）	中等偏下户（20%）	中等收入户（20%）	中等偏上户（20%）	高收入户（10%）	最高收入户（10%）
全　国	2007	4.5	18.6	9.6	7.0	5.2	3.8	2.8	1.7
成都市	2006	4.7	15.5	11.0	8.2	5.9	4.1	2.9	1.5
武汉市	2008	5.5	19.3	11.2	8.5	6.4	4.6	3.4	2.2
青岛市	2008	5.3	14.1	10.1	7.5	5.8	4.3	3.3	2.2

表5-14 2008年城市居民家庭的房价收入比情况（房价调整后）

	合计	低收入户	中低收入户	中等收入户	中高收入户	高收入户
北京市	4.1	9.4	6.0	4.6	3.5	2.1
上海市	3.9	9.0	5.9	4.6	3.4	1.9
杭州市	6.8	15.9	10.2	7.8	5.9	3.3
哈尔滨	3.9	9.8	6.2	4.7	3.4	1.8

（三）住房保障对象的识别与确定

根据房价收入比大于6的标准，从上边的分析可以得出我国城镇住房保障制度的保障对象涵盖城镇居民中的最低收入户、低收入户和中等偏下收入户，住房保障程度为40%，其余60%的城镇居民的住房问题需要通过市场解决（如图5-3）。

40%的保障范围与建设部政策研究中心课题组提出的住房保障范围是一致的："在住房供应上，大力规范商品房市场，使普通商品房价格趋于合理；继续完善经济适用住房政策，严格控

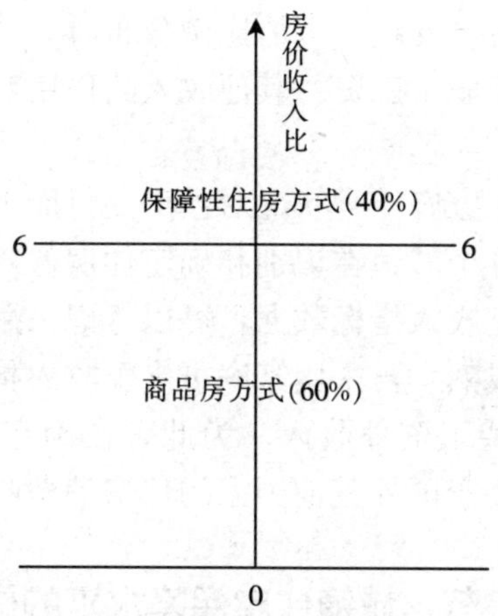

图 5-3　住房保障范围与房价收入比关系

制供应对象，这部分占 20%左右；对于收入水平低于平均线又进入不了廉租住房范围的中低收入家庭，可提供可支付租赁房，这部分占 15%左右；属于完全保障性质的廉租房供应对象是最低收入阶层中的住房困难家庭，这部分控制在 5%左右。①" 即住房保障范围占居民家庭总数的 40%，只不过本书所提出的各收入阶层住房保障的解决方式有所不同。

影响住房支付能力的收入指标应为家庭可支配收入，为此，识别和确定住房保障对象也应使用家庭可支配收入指标。但由于目前在我国家庭可支配收入还没有一个正式的统计，如果以此指标识别住房保障对象在实践中可能会遇到一定困难。因此，可考虑用职工工资的指标替代可支配收入。理由如下：

（1）家庭可支配收入统计的准确性问题。我国目前对职工工资以外的部分其他现金收入难以纳入家庭可支配收入的统计中；

① 建设部政策研究中心课题组．全面建设小康社会居住目标研究．经济研究参考，2005 年第 43 期，第 2～20 页。

（2）从工资占可支配收入的比例分布看，中低收入家庭的收入来源绝大部分为职工工资。其他收入的作用对支付能力的影响较弱；

（3）中低收入家庭储蓄状况对住房支付能力的影响也很小。

综合考虑，各个城镇在识别和确定住房保障对象时，如果难以取得家庭可支配收入指标数据，可以考虑采用职工工资这一指标，待将来条件成熟，再采用家庭可支配收入指标。由于职工或多或少都会有一些工资外收入，为此，在确定住房消费收入比时，该比例可稍高于国外其他国家的住房消费收入比。

第二节　城镇住房保障水平的确定

中国城镇住房保障制度的改革和完善包括多方面的内容，住房保障水平的研究和确定是其重要内容之一。住房保障水平指的是住房保障的程度，通常以保障型住房的建筑质量标准、户均面积标准、住房保障人口占总人口的比重等指标来衡量。住房保障水平这一指标反映的是一个国家或地区对于居民住房保障程度的高低，它是相对于国民经济发展程度而言的，因此是一个相对性范畴。在相同条件下，住房保障水平越高，人们居住的保障程度越大。

在住房保障体系中，住房保障水平占有很重要的地位：第一，住房保障水平直接反映住房保障程度的高低和资金要求的大小，保障水平越高，保障程度就越高，资金需求量就越大；第二，住房保障水平的高低，直接关系着企业的生存发展和社会稳定，住房保障水平过高，政府和企业在经济上很难以承受，保障水平过低，一些人的基本居住需求难以保证，社会就会动荡。因此，住房保障体制的改革和完善，应该首先明确一个适度的保障水平。

在住房保障制度的发展演变过程中，有不少西方国家由于住房保障支出占国内生产总值的比重不断增长，导致预算赤字大幅度上升，政府被迫巧立名目，增加税收，致使群众不满，社会不安定。同时，由于住房福利过多，增加了生产成本，相应就减弱了产品的市场竞争能力，制约了经济的发展。所以，中国住房保障体系的改革与完善，不能忽视住房保障水平的研究和确立。住房保障水平具有刚性特征，基线一旦确立，就易升不易降。倘若起点过高，就会处于骑虎难下的境地，使住房保障成为不堪承受的重负。

确定住房保障水平所用的“住房保障人口占总人口的比重”指标我们在第一节已做了研究，因此，本节主要研究保障型住房的质量标准和面积标准。

一、保障型住房的质量标准

住房质量可以概括为工程质量、功能质量、环境质量、服务质量。具体地说，还包括住宅区位、朝向、房型结构、使用功能、开间进深、私密性、三明度（明厨、明厕、明厅）、内外装修、小区的环境和文化品位等①。

在现代文明社会里，随着社会经济的发展和收入水平的提高，住房在人们的生活中占有越来越重要的位置，在数量和质量上呈现不同的层次，从低到高可以概括为生存需求和改善需求。所谓生存需求，一般是指一个家庭的人口能住得下、分得开、生活方便、质量可靠的居住条件。改善需求一般是指在生存需求的基础上，住宅面积较宽松、综合质量更高的居住条件。

一般来说，经济起飞国家在解决本国居民住房问题的过程中，一般都要经历以下三个阶段：第一阶段是以生存需求为主，改善需求为辅；第二阶段是生存需求和改善需求并重；第三阶段是以改善需求为主，生存需求为辅。从总体上来说，目前我国中

① 曹振良等．中国房地产业发展与管理研究．北京大学出版社，2004年，第114页。

低收入阶层住房需求还处于第一阶段，即以生存需求为主，改善需求为辅。因此，我国住房保障的质量标准的定位应是满足人民的生存需求，保障居民对住房质量最基本的要求。

随着社会的进步，对住房质量标准的基本要求是，住房质量首先应满足人们的生存需求，生存需求最起码的标准是要有能遮风挡雨、休养生息、繁衍后代的空间和面积。这相应的要求住房有自来水、卫生间、厨房、用餐、卧房，现在人们普遍认为住房内应当有这些专门的功能空间，相互分隔。同时，居住质量更为重要的内容，就是居住的私密性。在旧福利分房制度下，一些地方规定 12 岁以上子女应当与父母分室，12 岁以上异性子女应当分室，可以认为这是对私密性的最低要求，长期以来已被人们所普遍接受。

二、保障型住房的面积标准

在上述居住质量认识的前提下，我们进一步讨论住房面积标准。居住质量标准中蕴含着对面积的要求，自来水、卫生间都需要一定的空间，住房要满足居住私密性要求，则更需要有一定的面积。

关于住房的面积标准，到目前为止，并没有从满足人类的健康需要出发制定的最小居住面积标准，一些国家从实用和经济角度提出过相应的标准，主要用于受政府补贴的住房建设和作为房租补贴的依据。

世界健康组织（World Health Organization，WHO）的住房公共健康专家委员会指出，为住户提供安全、结构坚固、合理维护和独立自足的住房单元，是健康的居住环境的基石之一。每一个住房单元至少应提供充分的房间数、建筑面积和体积，以满足人类的健康需求和家庭的文化、社会需求，确保起居室和卧室不过度拥挤。为此，最小程度的私密性要求保证每个家庭成员在家庭中的个人私密性要求，和整个家庭不被外界干扰的家庭私密性要求，房间的分割要求除夫妻之外的异性青少年和成年人分室居住。世界健康组织的欧洲地区机构提出人均的居住面积为 12 平方米。

国际家庭组织联盟（International Union of Family Organization，IUFO）、国际住房和城市规划联合会（International Federation of Housing and Town Planning）于 1958 年也从“居住面积”概念出发，联合提出了欧洲国家的住房及其房间统一的最小居住面积标准建议。标准要求每套住房应至少有一间 11.3 平方米的房间，每个卧室的面积至少为 8.5 平方米等（表 5－15）。

表 5－15　欧洲不同规模家庭住宅的最小居住面积标准①

单位：平方米

房　间	居住面积指数（分子为住房卧室数，分母为家庭人数）								
	2/3	2/4	3/4	3/5	3/6	4/6	4/7	4/8	5/8
白天房间：									
厨房一就餐	6	7	7	8	8	8	8	8	8
餐　厅	5	5	5	6	6	6	7	8	8
起居室	13	13	13	14	16	16	17	18	18
合　计	24	25	25	28	30	30	32	34	34
睡眠房间：									
父　母	14	14	14	14	14	14	14	14	14
1 个子女	8	12	8	12	12	12	12	12	12
2 个子女	—	—	8	8	12	8	12	12	12
3 个子女	—	—	—	—	—	8	8	12	8
4 个子女	—	—	—	—	—	—	—	—	8
合　计	22	26	30	34	38	42	46	50	54
总　计	46	51	55	62	68	72	78	84	88

① Ranson R. Healthy Housing. A Practical Guide. London. E & FN Spon, 1991.

日本在《建筑工法》中对最低居住水准也作了规定：对于1口之家，如为青年，则每套住宅有1间卧室加厨房，建筑面积为16平方米；如为中老年人，则为1间卧室加餐厅兼厨房，面积增至25平方米。对于4口之家，每套为3间卧室加餐厅兼厨房，面积为50平方米。6口之家则比4口之家再增加一间卧室，面积为66平方米。

我国城镇于上世纪80年代初建设的很多住房，特别是北方地区的住房，其设施及功能空间的设计体现了最小面积标准。以当时北京典型的多层建筑为例，卫生间一般为2平方米，厨房约3平方米，主卧室15平方米，次卧室9平方米，门厅（餐厅）8平方米。一居室的使用面积通常为30平方米，二居室通常为40平方米，三居室通常为50平方米。1994年建设部门提出的安居工程，大体上体现了这样的标准，提出安居房以二居室和三居室为主，一般不超过56平方米。

我们知道，关于贫困救助标准的确定，通常有两种方法：一种是考虑家庭结构，例如英国、中国香港，按照单身成年人、夫妇、1个子女、第2个子女等分类，确定不同的标准；另一种办法是按照家庭人均收入确定贫困标准，目前我国的低保即是这样。相比较而言，第一种方法更能反映家庭需要的实际，因为在家庭中，有的必需品是可以共享的，发达国家大体上都采取第一种方法。

从居住质量出发确定住房福利标准，思路和方法都类似于按照家庭结构确定的贫困救助标准。由于住房中共享资源更多，因此它造成的平均面积的差异要比贫困救助领域中的差异更明显。与贫困救助一样，这种按家庭结构确定住房标准的方法更能反映居住基本需要的实际。

目前，我国的低保制度是按照人均收入确定保障标准，这种方法也影响到住房福利的研究。近年来各地启动的廉租房政策，大体上都是按照人均面积确定住房困难标准。如我国制定颁布的

《城镇最低收入家庭廉租住房管理办法》，明确规定“城镇最低收入家庭人均廉租住房保障面积标准原则上不超过当地人均住房面积的60%”。目前我国廉租房的保障范围十分狭小，以双困户为主，按照60%的标准，则2004年廉租房人均住房建筑面积不能超过15平方米（25×60%），考虑到随着社会进步、经济发展、居民居住条件的改善，居民住房面积会逐步提高（见表5-16），从这个意义上讲人均建筑面积15平方米应成为今后保障性住房的最低面积标准。至于具体住房面积标准，应由各城市主要依据其城市的平均住房面积因地制宜地加以确定，但不能低于人均建筑面积15平方米的最低标准（换算为人均住房使用面积为10平方米①）。

表5-16　收入水平与住宅发展水平的对比

按收入分组的城市	人均建筑面积（平方米）	每间房人数
低收入国家	6.1	2.47
中低收入国家	8.8	2.24
中等收入国家	15.1	1.69
中高收入国家	22.0	1.03
高收入国家	35.0	0.66

说明：此表为1996年以前的水平。

资料来源：全球住房状况评价（Assessing Global Housing Conditions）．杨学安译自：An Urbanizing World-Global Report on Human Settlements，1996。

有学者按无尊严住宅的标准来考虑住房困难户的判断标准，认为根据中国国情，家庭居住水平低于社会（指某一城市）平均水平一半的，可称之为居住困难户，政府需对该家庭的住房提供帮助②。按此标准来看，2008年我国城镇居民人均住房建筑面积

① 住房面积换算系数为1.33，使用面积1平方米＝建筑面积1.33平方米。

② 张泓铭．住宅经济学．上海财经大学出版社，1998年，第143页。

为28平方米，换算为使用面积（28/1.33）是21平方米，则住房困难户标准为人均使用面积10.5平方米，这与我们设定的10平方米的保障标准是高度一致的，进一步证明了我们的标准设定科学合理。

这种按照人均面积确定住房困难标准的方法，其优点是操作简单，缺点是不能准确反映居住需要的实际。在住房保障制度起步时，可以这样做，但随着制度的完善，应当按家庭结构确定住房福利标准。

本研究中，在制定住房面积保障标准时，为使住房保障模型更加简单、更易于实际操作，笔者仍然是选择按人均住房面积确定住房困难标准。

三、住房面积保障标准的确定

根据上述原则，按照分步实施的战略，我们分别确定了各步住房补贴面积标准，共给出了住房保障面积标准的4个方案（见表5－17、表5－18、表5－19和表5－20）。

表5－17　面积保障标准方案1

	家庭人数	双困户（2.5%）	困难户（5%）	最低收入户（10%）	低收入户（10%）	中等偏下收入户（20%）
人均使用面积（平方米）	—	10	11	12	13	14
建筑面积控制标准（平方米）	1人	15	20	25	30	35
	2人	30	35	40	45	50
	3人	40	45	50	55	60
	4人	55	60	65	70	75
家庭年收入中房租（购房）支出比例	—	5%	15%	20%	25%	30%

表 5-18　面积保障标准方案 2

	家庭人数	双困户（2.5%）	困难户（5%）	最低收入户（10%）	低收入户（10%）	中等偏下收入户（20%）
人均使用面积（平方米）	—	10	11	12	13	14
建筑面积控制标准（平方米）	1人	13	15	16	17	19
	2人	27	29	32	35	37
	3人	40	44	48	52	56
	4人	53	59	64	69	74
家庭年收入中房租（购房）支出比例	—	5%	15%	20%	25%	30%

表 5-19　面积保障标准方案 3

	家庭人数	双困户（2.5%）	困难户（5%）	最低收入户（10%）	低收入户（10%）	中等偏下收入户（20%）
人均使用面积（平方米）	—	7	9	11	13	15
建筑面积控制标准（平方米）	1人	10	15	20	25	30
	2人	20	25	30	35	40
	3人	30	40	45	55	60
	4人	40	50	60	70	80
家庭年收入中房租（购房）支出比例	—	5%	15%	20%	25%	30%

表 5-20　面积保障标准方案 4

	家庭人数	双困户（2.5%）	困难户（5%）	最低收入户（10%）	低收入户（10%）	中等偏下收入户（20%）
人均使用面积（平方米）	—	7	9	11	13	15
建筑面积控制标准（平方米）	1人	9	12	15	17	20
	2人	19	24	29	35	40
	3人	28	36	44	52	60
	4人	37	48	59	69	80
家庭年收入中房租（购房）支出比例	—	5%	15%	20%	25%	30%

方案 1、2 是以人均使用面积 10 平方米为第一步住房补贴面积标准，此后逐步增加 1 平方米；方案 3、4 是以人均使用面积 7 平方米为第一步住房补贴面积标准，此后逐步增加 2 平方米。4 个方案相比较，方案 1、2 的特点是第一步的保障水平相对较高，以后各步增长的速度慢，每步只增加 1 平方米；方案 3、4 的特点是第一步的保障水平相对较低，以后各步增长的速度快，每步增加 2 平方米。

各方案中不同人数的申请家庭的住房建筑面积控制标准是各步骤的人均使用面积标准乘以家庭人数，再乘以使用面积与建筑面积的换算系数（1.33）的积。其中，方案 1、3 中的数据是计算所得乘积经过适当“圆整”的结果，方案 2、4 中的数据是计算所得乘积没有经过“圆整”的结果。“圆整”就是取比计算所得数值大，而且与其最近的以 5 或 0 为结尾的数为最终结果。“圆整”的目的是为了与市场上现存的房型面积大小相适应，并使面积梯度差别明显、数据整齐。

因为“圆整”后的面积保障标准与市场上现存的房型面积大小相适应，所以，经“圆整”的方案 1、3 适合于采用实物（实物配租或经济适用房）方式时选用。如前所述，笔者不赞成采用实物方式进行住房保障。因此，笔者更倾向于选择方案2、4，这是因为：其一，选用不经“回整”、严格按照计算结果给出控制标准的方案2、4，有利于采用货币补贴方式提供住房保障，因为当采用货币补贴方式提供住房保障时，面积保障标准就不用与市场上的现存房型面积大小相适应，使住房保障操作起来方便、快捷；其二，不经“圆整”、严格按照计算结果给出控制标准，更具有公平性，同时也能体现住房梯度消费的原则。但是方案1、3仍具有使用价值，因为各个城镇中，实物型住房保障总是或多或少的存在。

按照方案2、4得出的住房保障面积标准，中等偏下收入户住房标准面积介于56～80平方米之间。浙江省曾进行过六城市“居民住房现状及对经济适用房面积预期”调查，调查结果显示住房面积预期在50～90平方米之间的占70%（见表5－21①）。可见，浙江省六城市的调查得出的结论验证了本书设计的住房保障面积标准的合理性和正确性。

表5－21　浙江省六城市居民家庭现有住房面积水平及对经济适用房面积的预期

单位：%

住房面积	小于50平方米	50～70平方米	70～90平方米	90～100平方米	110平方米以上
现　状	15.4	32.1	22.1	14.4	14.8
预　期	4	27.1	42.3	21.4	5.2

从以上分析可以得出，本书方案2、4中设计的不同收入阶层的住房保障面积标准是合理的，对于是选择方案2还是选择方案4，各地在实践中可根据本地实际灵活选择。

第三节　城镇住房保障方式的选择

本书在前面已经讨论了各国住房保障方式归结起来有两大

① 褚超孚．城镇住房保障模式研究．经济科学出版社，2005年，第108页。

类：一是“砖头”补贴，二是“人头”补贴。“砖头”补贴因效率低，已被各国实践所抛弃，各国保障方式的选择纷纷指向“人头”补贴。我国住房保障实践也证明了属于“砖头”补贴方式的廉租房建设和经济适用房建设，在实施过程中存在诸多弊端，问题层出不穷。所以，笔者提出我国新型住房保障制度设计中，住房保障方式应以“人头”补贴为主，具体可细分为购房补贴和租金补贴两类。

一、住房补贴方式的确定

从表 5－22 中各收入阶层房价收入比数据我们可以发现，中等偏下收入户的房价收入比多在 6～7 倍之间，按照国际通行的 6 倍标准，这些家庭相对于最低收入户和低收入户来讲，具有较强的住房支付能力，这些家庭只需政府的少许帮助即可具有住房支付能力，且这部分家庭有能力积累起购房的首付款（总房价的 2 成或 3 成）。因此，对于中等偏下收入户，其解决住房问题的途径可以选择租房，也可选择购房，或先租房后购房，如果其选择租房，政府为其提供租房补贴，如果其选择购房，政府为其提供购房补贴。

表 5－22　城镇居民住房保障家庭房价收入比情况（房价调整后）

	年份	合计	最低收入户（10%）	低收入户（10%）	中等偏下户（20%）
全　国	2007	4.5	18.6	9.6	7.0
成都市	2006	4.7	15.5	11.0	8.2
武汉市	2008	5.5	19.3	11.2	8.5
青岛市	2008	5.3	14.1	10.1	7.5

资料来源：根据历年统计年鉴数据整理计算得出。

对于最低收入户和低收入户，其房价收入比普遍在 9 倍以上，特别是最低收入户的房价收入比均超过 10 倍，这部分家庭如果采用购房来解决住房问题，由于其收入低，每月月供的压力将大部分由政府承担，必然导致政府压力过大，况且这也不利于培育住房租赁市场。为此，这部分居民解决住房的途径主要选择租金补贴方式。新城镇住房保障制度建立后，我国城镇居民家庭解决住房问题的方式结构为：租金补贴方式（房价收入比≥9）（占 20%）、购房补贴方式（9>房价收入比>6）（占 20%）、市场化方式（房价收入比≤6）（占 60%），住房保障对象占全体城镇家庭的比例为 40%（如图 5-4、图 5-5）。

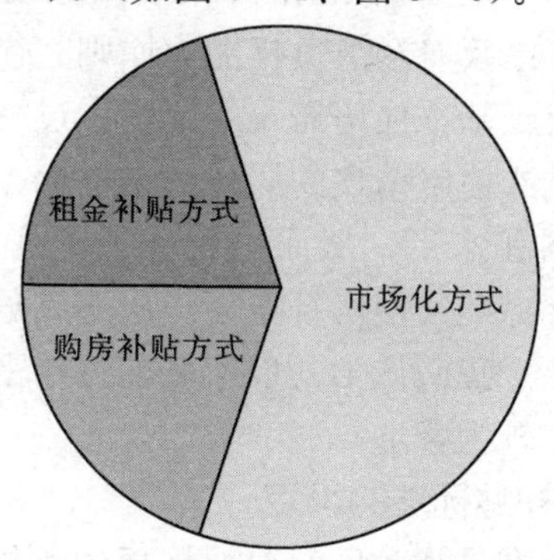

图 5-4　我国城镇居民住房问题解决方式构成比例

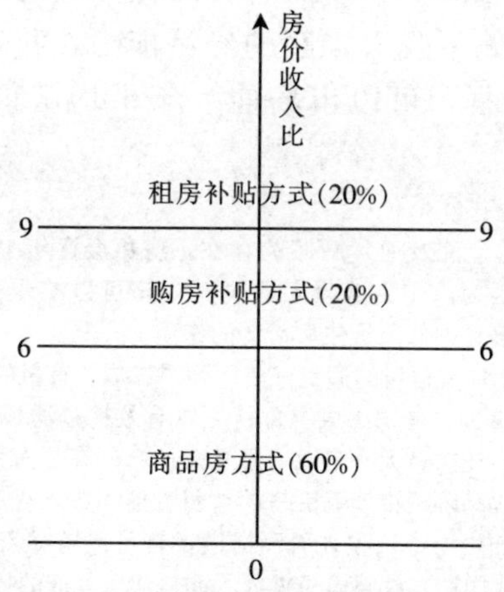

图 5-5　我国城镇居民住房解决方式与房价收入比关系

二、住房补贴标准的确定

（一）月租金补贴标准的确定

月租金补贴标准是指政府每月对住房困难的家庭（房补申请户）租住每平方米建筑面积住房所补贴的租金数额。月租金补贴标准的确定主要考虑政府经济负担能力原则、住房梯度消费原则和满足最低收入家庭基本住房需要的原则。过高的月租金标准致使政府无力承担，或使申请户的居住水平不恰当地提高，甚至超过高收入阶层的居住水平，从而也就失去了住房保障制度的意义；过低的月租金标准又使房补申请户租不到适当的住房，不能满足基本住房需要。我们认为，以市场前一年平均租金的 90%[①] 为月租金补贴标准较为合适。

（二）月购房补贴标准的确定

月购房补贴标准是指政府每月对住房困难的家庭（购房申请户）购买每平方米建筑面积所补贴的购房价款补贴。每月房款为二成[②]首付 20 年或 30 年按揭购房的每月应还款额，在本研究中，考虑到中等偏下收入家庭的经济能力，我们按 30 年计算。如同租金补贴一样，可以市场前一年平均房价的 90% 为补贴

① 虽然由于物价上涨及通货膨胀的存在，房租会逐年上涨，但 90% 的比例，笔者认为是合适的。因为，作为低收入居民其应该可以接受低价位的住房，并且 90% 的比例可以起到培育中低质量住房市场的作用。

② 这里选择“二成”首付的假定一是因为“二成”首付的条件相对于零首付来讲有利于降低银行风险；二是“二成”首付可以有效地过滤掉收入过低家庭；三是考虑到我国房改房所占比重较大，房改房虽然建筑标准高、面积不大，但以旧换新，出售房改房所得对于提高购买市场商品房的首付款能力起着极为重要的作用。同时，笔者认为，在实际操作中为中低收入居民提供零首付按揭贷款也是可行的，如中国香港在 20 世纪 70 年代中期，就曾给予低收入购房居民九成的按揭贷款；新加坡曾规定凡月收入 800 新元以下的家庭购房，购房首付只占房价款的 5%，其余的 95% 可向建屋局申请贷款。因此，是零首付、二成首付还是三成首付，各地可在具体操作中根据实际情况灵活选择。

标准。

（三）住房单价标准的确定

住房保障对象所租赁或购买的住房的单位价格最高不得超过本城区房价或房租的平均值，原因一是规定被保障家庭租住或购买均价以下住房，有利于减轻政府财政负担；二是有利于扩大中低价位住房需求，调整住房供给结构；三是有利于促进住房二、三级市场的发展。考虑到居民消费偏好的不同，如果居民购买或租住市场均价以上的住房，多出的费用自负。

三、住房补贴金额的计算方法

上述两个标准确定后，就可以计算政府对每一个申请户发放的补贴金额。

住房保障政策的目标就是“人人享有适当的住房”，所以，只要政策目标群的住房面积达到适当的标准，也就实现了这个目标。也就是说，政府的职责在于保障申请户的住房达到一定的面积。同时，由于申请户的房租或房价原则上由申请户和政府共同承担，因此，政府发放的补贴金额就等于申请户所租（所买）标准面积住房的房租（房款）减去申请户自己应负担的部分。具体计算方法如下：

（一）房租补贴计算方法

设：每月所发放的房租补贴金额为 W，房补申请户的原有住房面积为 S^* 平方米，房补申请户的家庭年收入为 R 元，政府确定的补贴租金标准为 T 元/平方米·月。再设：房租补贴面积标准为 S 平方米，第一步时 S 的值取所选方案中最困难户所在列的数值，第二步时取所选方案中最低收入户（5%）所在列的数值，第三步时取所选方案中最低收入户（10%）所在列的数值，第四步时取所选方案中低收入户（10%）所在列的数值，且根据家庭人数不同取所选方案中相应行的数值。最后设：房补申请户的家庭年收入中房租支出比例为 G，G 的值在第一步时取

5%，在第二步时取 15%，在第三步时取 20%，第四步时取 25%。根据房补申请户原来有无住房、有无收入，分四种情况计算每月发放房租补贴金额 W，具体计算公式如下：

（1）原来没有住房，没有收入：

$$W=S\times T \tag{5.1}$$

（2）原来有住房，没有收入：

$$W=(S-S^{*})\times T \tag{5.2}$$

（3）原来没有住房，有收入：

$$W=S\times T-G\times R\div 12 \tag{5.3}$$

（4）原来有住房，有收入：

$$W=(S-S^{*})\times T-G\times R\div 12 \tag{5.4}$$

如果申请户原先租住的是公房，则上述公式既适用于公房出售前，也适用于公房完全出售后。当公房完全出售后，可按房补申请户有无收入的情况分别运用公式 5.1 或公式 5.3 进行计算。

只有在 S 大于 S^{*}，即房补申请户的原有住房面积 S^{*} 小于住房面积保障标准 S 时，政府才发放房租补贴；相反，当 $S\leqslant S^{*}$ 时，即房补申请户的原有住房面积 S^{*} 等于或超过保障的面积标准 S 时，政府不发放房租补贴。只有当 W 大于零时，即房补申请户的家庭年收入中按适当的比例（具体数值由政府部门确定）计算的部分不足以按市场平均房租价格的 0.9 倍租到保障标准面积大小的住房时，政府才发放房租补贴；相反，如果 W 小于零，即房补申请户的家庭年收入中按适当的比例（具体数值由政府部门确定）计算的部分足以按市场平均房租价格的 0.9 倍租到保障标准面积大小的住房时，政府不发放房租补贴。

政府住房补贴额度与居民家庭收入水平的关系可用图 5－6 来表示，住房补贴与居民家庭收入水平呈反比关系，家庭收入水平为 0 时，政府对房租实施全额补贴，随着收入增加，住房补贴逐渐减少，居民家庭收入上升到一定水平，其将不再属于住房保

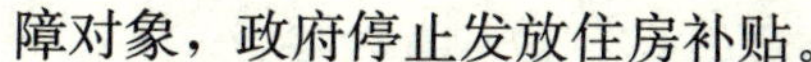
障对象，政府停止发放住房补贴。

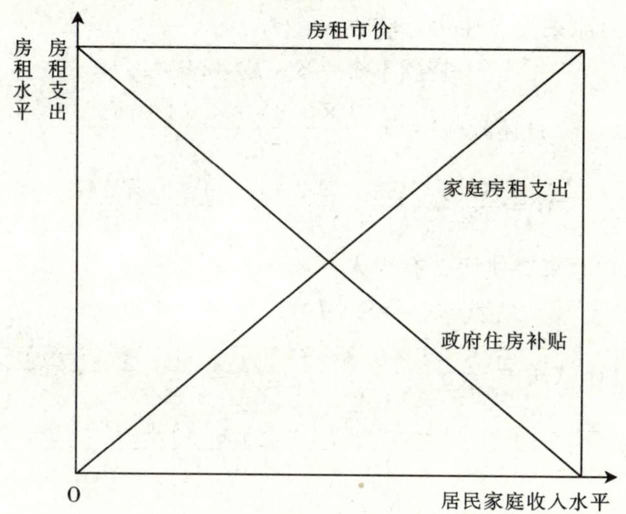

图 5-6　政府住房补贴与居民家庭收入关系模式图

政府只按要求发放房租限额内的租金补贴，保证低收入者租赁达到保障面积标准的住房的资金需求，其余的事项如租房的位置、时间、面积大小、租期长短以及实纳租金多少等，都由房补申请户自行解决。如果房补申请户所租住房的实纳租金超过了房租限额，超过部分由其自行负担，与政府无关；如果低于房租限额，政府同样也发给房租限额额度的租金补贴。

（二）购房补贴的计算方法

设：每月所发放购房补贴金额为 W，房补申请户的原有住房面积为 S^* 平方米，原有住房市价为 T^* 元/平方米，房补申请户的家庭年收入为 R 元，政府确定的补贴房价标准为 T 元/平方米，房价补贴面积标准为 S 平方米。再设：按揭购房年限为 Y，Y 的值取 30 年，购房贷款月利率为 r。最后设：房补申请户的家庭年收入中房款支出比例为 G，G 的值取 30%。则根据房补申请户原来有无住房的情况，分两种方法计算每月发放购房补贴金额

W，具体如下：

（1）原来没有住房，有收入：

$$贷款本金=S\times T\times 0.8$$

$$月还款额=\frac{S\times T\times 0.8\times r\times(1+r)^{360}}{(1+r)^{360}-1}$$

$$W=\frac{S\times T\times 0.8\times r\times(1+r)^{360}}{(1+r)^{360}-1}-\frac{R\times G}{12} \tag{5.5}$$

（2）原来有住房，有收入：

$$贷款本金=S\times T\times 0.8-S^{*}\times T^{*}$$

$$月还款额=\frac{(S\times T\times 0.8-S^{*}\times T^{*})\times r\times(1+r)^{360}}{(1+r)^{360}-1}$$

$$W=\frac{(S\times T\times 0.8-S^{*}\times T^{*})\times r\times(1+r)^{360}}{(1+r)^{360}-1}-\frac{R\times G}{12} \tag{5.6}$$

只有在 S 大于 S^{*} 时，即房补申请户的原有住房面积 S^{*} 小于保障的面积标准 S 时，政府才发放购房补贴；相反，当 $S\leqslant S^{*}$ 时，即房补申请户的原有住房面积 S^{*} 等于或超过保障的面积标准 S 时，政府不发放购房补贴。只有当 W 大于零时，即房补申请户的家庭年收入中按适当的比例（具体数值由政府部门确定）计算的部分不足以按市场平均价格的 0.9 倍买到保障标准面积大小的住房时，政府才发放购房补贴；相反，如果 W 小于零，即房补申请户的家庭年收入中按适当的比例（具体数值由政府部门确定）计算的部分足以按市场平均价格的 0.9 倍买到保障标准面积大小的住房时，政府不发放购房补贴。

按照笔者设计的住房补贴方式，住房补贴的发放与居民家庭的收入和现居住面积实现了双向挂钩，收入少、住房面积小则得到的补贴就多，反之则得到的住房补贴就少，从而充分发挥政府转移支付的功能。这种补贴方式我们可以称之为“反向递减住房补贴模式”。

（三）补贴金额计算模型实例验证

下面以成都市 2006 年数据为例对我们设计的住房补贴金额计算模型进行实际计算：

1. 为计算方便，我们做以下假设：

（1）有 A、B、C 三个家庭，其中 A 属于最低收入户、B 属于低收入户、C 属于中等偏下收入户，三个家庭人口数皆为 3 人；

（2）A 家庭、B 家庭以租房解决住房需求，C 家庭可以在租房与购房中自主选择，如购房则自行承担 2 成住房首付款，贷款期限为 30 年，还款方式为等额还款，年利率按现行住房公积金贷款利率 4.59%执行。

（3）商品房价格按 2008 年成都市商品房均价 3 493 元/平方米（资料来源：《2007 年成都市统计年鉴》）的 0.9 倍，即 3 144 元计算，房租按 14 元/月・平方米计算[①]；

（4）住房补贴按月发放；

（5）A、B、C 三个家庭原先皆无住房，A、B、C 三个家庭人均年可支配收入分别是：3 842.61、5 384.26、7 290.90 元（据《2007 年成都市统计年鉴》）。

（6）三个家庭住房保障面积标准执行"面积保障标准方案 2"，即 A、B、C 三个家庭住房保障标准分别为 55、60、65 平方米。

（7）A、B、C 三个住房支出占家庭可支配收入的比例分别为 20%、25%、30%。

2. A、B、C 家庭住房补贴数额计算：

A 家庭房租补贴：

---

① 成都房地产经济与管理研究会在 2007 年 5 月 8 日发布的《成都五城区房屋租金水平调查报告》显示，成都市五城区住房租金平均为 15.38 元/平方米・月，则 15.38×0.9≌14 元/平方米・月。

按公式：$W=S\times T-G\times R/12$，房租月补贴额＝14×55－3 842.61×3×20%/12＝578 元，家庭自己负担 192 元；

B 家庭房租补贴：

按公式：$W=S\times T-G\times R/12$，房租月补贴额＝14×60－5 382.61×3×25%/12＝504 元，家庭自己负担 336 元；

C 家庭房租补贴：

按公式：$W=S\times T-G\times R/12$，房租月补贴额＝14×65－7 290.9×3×30%/12＝363 元，家庭自己负担 547 元；

C 家庭购房补贴：

按公式：$W=\frac{S\times T\times 0.8\times r\times (1+r)^{360}}{(1+r)^{360}-1}-\frac{R\times G}{12}$，购房月补贴额＝837－637＝200 元，家庭自己负担 637 元。

由 A、B、C 三个家庭获得的住房补贴数额可以发现，A 家庭补贴额＞B 家庭补贴额＞C 家庭补贴额；对 C 家庭来讲，不论其选择租房还是购房，其获得的住房补贴均小于 A 家庭和 B 家庭，符合我们设计的“住房补贴反向递减原则”，即收入越高的家庭获得的住房补贴越少。同时，C 家庭租房补贴大于购房补贴，可以从经济利益上起到鼓励中等偏下收入家庭租房居住的效果，推动住房租赁市场的发展，培育良性的住房消费观念。

按照 2007 年成都市廉租住房政策的相关规定，最低收入家庭的廉租住房租金补贴标准为 12 元；人均承租面积在 16～19 平方米之间的低收入家庭的租金补贴标准为每平方米 9 元；人均承租面积在 19～22 平方米之间的低收入家庭的租金补贴标准为每平方米 8 元；人均承租面积在 22～24 平方米之间的低收入家庭的租金补贴标准为每平方米 7 元①。以 3 之家的低收入家庭租住人均 24 平米住房为例，按成都市廉租房补贴现行规定，该家庭接受的租金补贴为：24×3×7＝504 元/月，正好等于本书设计

① 加大住房保障力度　成都将廉租补贴提高一倍．新华网，2007－05－27。

的B家庭获得的住房补贴额。说明从对低收入家庭的住房保障来看，成都市现行住房保障政策过渡到本书设计的住房保障模式，并不会额外增加政府财政负担，该城镇住房保障模式具有很好的可行性。

按照本书研究设计的住房保障方式，政府只需按要求发放房款限额内的住房补贴，保证中等偏下收入者购买（租赁）达到保障标准面积的住房的资金需求，其余的事项如住房的位置、时间、面积大小以及实际房价的多少等，都由房补申请户自行解决。如果房补申请户的实缴房款（租金）超过了房款（租金）限额，超过部分由其自行负担，与政府无关；如果低于房款（租金）限额，政府同样也发给房款（租金）限额额度的住房补贴。

对于发放给中低收入家庭的住房补贴必须严格规定补贴费用的用途，否则会产生被用于其他消费的情形。美国联邦政府曾做试点研究，发现现金受补贴者大都将补贴用在非住房支出上。后来的做法比较成功：一是向困难户发放租房补贴券；二是直接把市场租金和家庭的承租能力（家庭收入的1/3）之差额发给房屋出租者。我国在补贴发放机制设计上可以借鉴美国的经验，将补贴直接付给出租方或售房方（或抵押贷款银行）。

房租补贴的具体发放方式是，已获得房租补贴资格的家庭选中住房后，即约请该房出租者与其共同到住房保障管理部门去签订租赁合同。房租的一部分由租户支付给出租者，补贴部分由出租人凭管理部门向租户发放的租金补贴书面通知单和身份证到指定的地点或银行专户去领取。

购房补贴的发放方式是，已获得购房补贴资格的家庭选中住房后，即约请该房出售者与其共同到住房管理部门去签订购房合同，然后住房管理部门为购房户担保取得银行抵押贷款，月供的一部分由购房户支付给银行，补贴部分由管理部门通过银行直接支付给贷款银行。这种做法不但可以保障住房补贴专款专用，切实改善申请户的住房条件，而且由政府支付大部分房租或月供款可以打消出租人或银行担心不能顺利收租（月供款）的顾虑，提高他们出租房屋（发放贷款）的积极性，有助于申请户尽快入住适宜的住房。

第四节　我国城镇住房保障制度实施模型

本章的以上三节内容阐述了我国城镇住房保障制度的设计方案，总结起来，我国城镇住房保障制度实施流程可归结为下面的模型（图 5-7）：

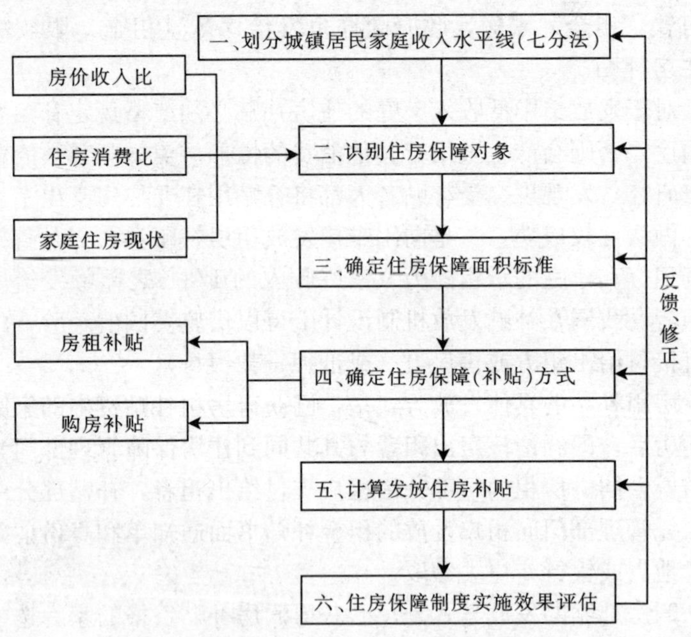

图 5-7　我国城镇住房保障制度实施模型

第一步，划分城镇居民家庭收入水平线（七分法）。由于居民住房支付能力与家庭收入关系最为密切，本设计方案将城镇居民家庭按收入高低划分为七个等级：最低收入户（10%）、低收入户（10%）、中等偏下收入户（20%）、中等收入户（20%）、中等偏上收入户（20%）、高收入户（10%）、最高收入户（10%）。

第二步，识别住房保障对象。根据房价收入比、住房消费比和城镇中低收入家庭住房现状等指标确定住房保障对象范围，本设计方案将房价收入比＞6、住房消费比＞30%，且家庭住房困难的家庭为住房保障对象。在将城镇居民家庭按收入七分法的基础上，得出现阶段占家庭总数40%的城镇中低收入家庭为住房保障对象。

第三步，确定住房保障面积标准。根据我国经济社会发展现状，本方案设定人均基本住房使用面积为10平方米，面积标准随家庭收入的增加而逐步提高。

第四步，确定住房保障（补贴方式）。指出住房保障方式主要有两种：房租补贴和购房补贴，根据不同收入家庭住房支付能力的不同，确定最低收入家庭和低收入家庭享受房租补贴，即该收入阶层家庭以租房解决其住房需求；中等偏下收入家庭可在房租补贴与购房补贴间灵活选择，即这部分家庭可以选择租房或购房方式来满足住房需求。

第五步，计算、发放住房补贴。住房补贴＝每月租金或购房月供款－家庭收入×家庭住房负担比例[①]，住房补贴直接发放给房东或购房抵押贷款银行。

第六步，住房保障制度实施效果评估。住房保障制度运行一段时间（1～2年）后，对其实施效果进行评价，以修正、优化城镇住房保障制度设计方案。

① 住房家庭负担比例为双困户（5%）、困难户（15%）、最低收入户（20%）、低收入户（25%）、中等偏下收入户（30%）。

第五节　城镇住房保障制度的管理运行机制

城镇居民住房保障工作涉及包括收入审查、住房审查、户籍审查、公示、轮候、配租、退出等多个环节，是一项复杂的系统工程，我国城镇住房保障制度的顺利实施和高效运行，需要建立一套完善的管理运行机制。

一、建立健全组织管理机构

由于住房保障制度是政府社会保障制度的重要组成部分之一，并将长期存在，再加上住房货币补贴发放等各项工作具有连续性。因此，政府应设立专门的常设机构，名称可以定为“住房保障管理中心”。

住房保障管理中心按城市设立，大中城市可以分成市、区县两级，小城市只有市一级。它的负责范围是行政区划的全部城镇户籍居民，不分系统不分就业单位。城镇住房保障管理中心不应单独设立，而应同城镇的住房及房地产管理机构一起办公。它负责处理与城镇住房保障有关的一切事项，包括住房保障政策的理论研究和具体的实际操作。理论研究包括住房保障政策模式的选择、住房保障标准和住房保障收入线以及住房货币补贴发放条件的确定和适时调整等；实际操作则包括定期向社会公布住房保障收入线和住房货币补贴的条件、住房货币补贴资格的审批和公告、发放货币补贴、监控中低收入家庭的收入变动情况并适时进行货币补贴调整等工作，以及对各区（县）住房保障工作给予协调、指导和服务。

各区（县）住房保障办公室主要负责本地区内住房保障的一系列工作。将街道办事处纳入住房保障的部门，负责街道中低收入家庭基本住房保障的公告、复核等日常工作，并做好社会保障部门、公安部门、民政部门、居委会、物业管理公司与区住房保障办公室等的联络与协调工作。

二、货币补贴资金的筹集、经营和管理

实行货币补贴对资金的需求是一个动态增长过程。因为，实行住房补贴，一方面对住房困难的中低收入家庭的住房补贴只能分期分批逐年解决；另一方面，已租（购）住户在短期内改善经济状况的可能性较小，他们在一定期限内将是保障型住房的稳定住户。因此，每年需解决的中低收入家庭是在累加递增，相应地，对资金的需求是一个分期投入、逐年增长的过程。只有在目前的中低收入家庭住房问题基本解决完毕，群众收入和城市住房建设达到一定水平，承租（购）户的退出和进入保持动态平衡后，补贴资金才会稳定在一个较为固定的额度或有所下降。因此，财政支付能力是保证住房保障机制运行具有可持续性的基础性因素，稳定的资金来源是建立住房保障制度的根本保证，它直接关系到住房保障制度的有效性和稳定性。

住房保障实际上是政府向居民提供的一种公共产品，其效用就是通过转移支付的方式实现社会收入的再分配，使广大中低收入居民家庭也能享受经济发展的利益，从而保持分配公平和社会稳定。住房保障制度的性质决定了它是一项在经济上只有投入没有产出的公益行为，因此其资金供给只能依靠政府和社会的无偿投入。增加对住房保障的资金投入是市场经济条件下建立公共财政的重要内容，也是政府职能转变的重要标志之一。政府实现职能转变，要真正转变观念，树立政府是住房保障最后责任主体的意识，不能仅仅从眼前的经济效益来对待社会保障，而是要从改革、发展、稳定的全局出发，统筹考虑社会保障的资金投入。

在各国政府支出中都有社会住房保障一项，如英国政府此项开支约占 GDP 的 2%以上，占公共支出的 5%左右①。随着我国

① 郭松海，张淑琴．我国小康社会住房问题探讨．理论学刊，2005 年第 1 期。

经济实力的增强，也应调整各级政府财政支出结构，逐步提高财政支出中住房社会保障资金的比重，用于弥补住房补贴缺口。

新的住房保障制度设计中，需要政府投入财政的范围大为扩大，这就大大增加了政府的财政压力。并且可以预见，随着社会经济的发展，当人们的住房需求普遍得到提高时，住房最低保障标准将会不断提高，这样政府将不得不应付潜在、日益扩大的政府财政需求。

因此，实行货币补贴必须要有稳定的资金来源渠道作为保证。为了达到这个目的，一方面，应以政府财政拨付的资金为主，其他方式筹集的资金为辅，多渠道筹集资金。即在筹集住房保障资金时，应坚持“以财政为主，多渠道筹集”的原则[①]。

具体来说包括：①公共财政拨付的专项资金；②住房公积金和其他住房基金的增值部分[②]、直管公共住房的销售收入；③社会福利奖券按适当比例提取部分、接受社会捐赠以及通过其他渠道筹集的资金；④从房地产交易收取的契税和土地出让金、转让金中安排一块（原先安排的经济适用房用地改成商品房用地以后，政府原来免收而现在正常收取的土地出让金全额划转为住房保障资金），通过政府宏观调控，用于社会保障住房领域。另一方面，建立专门的住房保障基金，将货币补贴资金纳入住房保障基金，按照基金方式进行投资和管理，实现资产的保值和增值，以保证货币补贴有稳定的资金来源。

另外，可以考虑将发行公债作为筹集住房补贴资金的一个重要来源。对内发行公债是政府的内债，是政府欠本国人民的债，因而不构成负担，而且政府长期存在，可以用发新债的办法来还

---

① 匡萍．完善城镇居民住房保障制度的财税途径．商业研究，2009年第12期。

② 住房公积金制度作为国家住房保障措施之一，将住房公积金和住房资金增值收益在扣除按规定预留的风险准备金和必要的管理费用后全额转化为住房保障基金，符合国家相关精神。

旧债。即使政府用征税的方式来偿还旧债，也只是社会财富在不同居民之间的再分配，对整个国家而言没有任何财产损失，甚至对子孙后代也不会造成负面影响。因为发行公债可以促成资本更多地形成，加快经济发展的速度，从而给子孙后代带来更多的财富，这就是著名的“公债学说”。因而，我国政府对内发行公债可以为我国城镇住房保障制度的实施筹集到更多的住房补贴资金。

仿效体育彩票和福利彩票等设立专项住房福利彩票，也是一条可行的途径。发行住房福利彩票能较快地筹集资金，政府的负担较小，风险也较小。通过设立住房福利彩票可以吸收较多资金，以其中一部分作为彩金，其余用于专项的住房补贴资金。

补贴资金应实行专户管理，支付补贴资金应在房屋出租人与承租人共同到住房保障管理部门签订统一制定的租赁（购买）合同后，由住房保障管理部门每月通过银行或其他方式向出租方（按揭银行）支付，不得直接支付给补贴对象。这样，既可以保证出租者（按揭银行）逐月按时收租（款），又能够防止接受补贴者将货币补贴挪作他用，减少住房纠纷，同时还能杜绝把住房解困资金挪作生活解困资金的现象出现。

三、实行严格的准入制度

只要是符合条件的中低收入家庭都可以享受住房保障。作为一项基本的社会保障制度，住房保障制度应建立严格的准入标准，以维护社会保障的公正性，并使涉及政府公共财政的资金运作置于社会监督之下。住房保障准入制度的一个最基本条件就是科学划定住房保障收入线。

具体划定方法可以有两种方法：一是不同地区根据当地居民的实际收入水平，进行定量分类，这种方法计算较为复杂；二是根据当年的商品房房价水平，分城市每年计算并公布分层次的住房保障收入线（中等偏下收入线和最低收入线），本研究采取的就是这种方法。在划定分层次的住房保障收入线后，将申请家庭的收入与住房保障收入线相比较，即可得出其是否属于保障对象。为此，申请家庭的收入信息准确与否成为住房保障制度能否成功的关键。

现阶段，我国的个人收入信息统计尚不完善，家庭收入①的统计审核难以准确，有时这种审核形同虚设。在开发商建造、销售经济适用房的情况下更是如此。

在原先实行单位建房、分房制度时，职工的分房资格审核在单位范围内进行是透明的、基本能够按照单位的分房规则操作。而目前的经济适用房，虽仍有福利成分，但改由政府补贴，开发商开发、销售。作为经营者的开发商，其目标是实现利润，不宜作为资格审核者。购房人所在的单位，作为审核者之一，刚刚从为职工建房、分房的重压下解脱出来，又被要求证明职工的收入是否低到符合购买经济适用房的条件，这种证明，在缺乏监督（因为购买行为在开发商那儿发生，同事之间不再直接监督）、缺乏利益机制的约束（证明能否购买不涉及单位的经济利益）的条件下，难免失真，街道出证明的结果也类似。为此，必须专设部门，联合买房人所在的单位或街道，一起充当审核者的角色。

就我国目前现实状况来讲，公告是一种防止或减少审核“失灵”的办法，可以促使利益相关者之间互相监督，也是目前比较

① 有人认为，“隐性收入”问题可能迫使住房保障政策流产。但笔者认为“隐性收入”问题对住房保障政策实施的影响不大。为什么这么说呢？首先，孤老、烈属、残疾人等无民事行为能力的特殊群体的住房和收入情况是明摆着的，他们有“隐性收入”的可能性几乎等于零；其次，随着社会主义精神文明的提高，那种诈取货币补贴的不法分子毕竟是少数，大多数人还是诚实、正直的。另外，可以先制定完善的防范措施，如住房保障管理中心可以会同民政、公安、银行、房补申请者所在单位和街道办事处等相关部门，对房补申请户的家庭收入、人口及住房情况进行审查，采取公告制度，发挥群众监督作用等。

现实的做法。如《上海市城镇廉租住房实施意见》中规定，“经审核符合条件的，区县廉租办将申请家庭的基本情况在申请人户籍所在地进行公告。15 日内无人提出异议的，应当给予登记。”在户籍所在地公告可能对住房面积的审核起到监督作用，而收入的审核可能同时需要在单位的公告。

但是，公告并不能从根本上解决问题。第一，工资收入（包括第一职业和第二职业收入）不是家庭收入的全部，家庭收入应当还包括资产性收入①和转移性收入，从历年的统计数据看，非工资收入占全部收入相当大的比例，上海、北京的情况是约30%。单位审核的仅仅是工资奖金收入，不能反映全部。第二，如果住房补贴的申请者数量众多，再加上困难家庭条件的动态变化，审核工作会牵制职工所在单位和部门的精力。

要避免家庭收入审核的“失灵”，实现准确而高效的审核，最终还是有赖于我国收入申报制②和个人唯一信用账户制度的实施。③

四、实行公平公开的轮候排队制度

在我国各级城镇，中低收入家庭不是一个小数目，而住房保障是一个渐进的过程，不可能在很短的时间内全部解决中低收入家庭的住房问题。因此，在实际操作中，为充分体现住房保障制度公开和公平的原则，对于已登记申请住房保障的家庭，由房地产行政主管部门按照规定条件排队轮侯。即按照住房补贴分配公开化、公平化、货币化和社会化的原则，按家庭收入和家庭结构

① 家庭资产指的是在银行、合作社、邮局等的存款、股票、国库券、公积金等有价证券和其他投资，以及居民自己居住的房产和其他不动产。

② 最根本的办法就是在全国范围内建立“金卡”一卡通，居民收入的取得原则上均应通过银行信用系统，大幅度减少现金流通，增加收入的透明度。

③ 钱瑛瑛．中国住房保障政策研究——经济适用房与廉租住房．中国房地产，2003 年第 8 期。

排定住房需求程度的先后次序，先申请先分配，同等条件下通过抽签或其他选择方式确定入住次序，中签后放弃分配需重新申请轮候，形成政府和住房申请者相互制约的序列化、层级化的分配体制。

由于采用按家庭困难程度排序的方式，存在判断复杂、易受人为因素影响和管理成本较高等问题，笔者建议在对申请者登记排序基础上采用国外普遍实行的摇号制度，摇号补贴根据每年的供应计划至少举行两次，所有符合条件的已登记家庭集中由住房保障管理中心统一进行摇号补贴，摇号前在媒体公布摇号时间及参加户数和补贴户数，摇号活动由电视台直播，并邀请人大代表、政协委员出席并参与摇号，公证部门进行公证。并将补贴对象名单通过当地主要媒体向社会公布，接受各方面监督，对于经查实不符合补贴资格的家庭坚决取消其补贴资格。经民政等部门认定的由于无劳动能力、无生活来源、无法定赡养人、扶养人或抚养人、优抚对象、重度残疾等原因造成困难的家庭可优先予以解决。

轮候期间，申请家庭收入、人口、住房等情况发生变化，申请人应当及时告知房地产行政主管部门，经审核后，房地产行政主管部门应对变更情况进行变更登记，不再符合住房补贴条件的，由房地产行政主管部门取消资格。

五、实行定期审核制度，建立退出机制

与准入制度相对应，住房保障应实行定期审核制度，建立退出机制。城镇中低收入居民家庭的收入情况是不断变化的，对受补贴家庭的收入、人口结构和住房情况每年（或更长时间）应进行一次核查，如被补贴家庭人均收入超过当年城镇居民住房保障标准的，应书面通知其在一定合理期限（如 6 个月）内迁出廉租房或停止发放补贴。如因人数增加而需更大面积住房时，应重新申请。若住户虚报申请资料，住房保障管理中心可终止其租约或

停发其补贴，并可根据法律规定予以检控。如可借鉴中国香港房屋条例的有关规定：任何人士如故意向房屋委员会虚报资料，即属违法，一经定罪，可判罚款 20 000 港元及监禁 6 个月。通过住房保障退出机制的建立，确保只有符合条件的方可享受住房保障政策。

第六章　城镇住房保障制度实施的政策建议

第一节　引导居民树立正确的住房消费观念

观念的转变和更新是新制度建立的思想认识基础。在建立和完善住房保障制度及运行机制的过程中，我们首先要通过加强舆论的宣传，正确引导城镇居民树立正确的住房消费观念。这些观念主要有以下一些：

一、住房梯度消费

从经济学角度看，梯度消费原理就是人们在消费过程中的分层次消费和分阶段消费。人们作为消费者，在同一时期收入水平不尽相同，整个社会的收入水平呈现金字塔形或橄榄形；从个体的角度看，一个人在不同的时期也会拥有不同的收入水平。与此相对应的，社会同一类消费品的价格和档次也会有所不同，以迎合不同收入水平消费者在不同时期的不同需要。消费者的各种消费行为在相对应的消费层面上进行时，才能获得最大化的消费者效用水平。

对于住房这一特殊消费品而言，由于它在人们生活中的重要性及其经济总价值巨大，人们对它的消费更为慎重，“梯度消费”理念引入住房市场也是必然。我国在《中华人民共和国国民经济和社会发展第十一个五年规划纲要》中也提出了“按照保障供给、稳定房价的原则，加强对房地产一、二级市场和租赁市场的调控，促进住房梯次消费”的要求。

一般来说，住房消费是随着社会经济的不断发展而逐步完善的。按照消费者住房有效需求的不同，消费者对住房的需求可划分为空间数量、功能质量、环境质量、服务质量和品味等五个层次。从纵向看，随着经济社会的不断进步和人们收入水平的不断提高，人们的居住消费应该沿着这五个层次由低到高演进；从横向看，由于收入水平等存在差异，在城市居民中，既存在着住房特困户、困难户，迫切需要扩大住房面积，也存在着一些先富起来的人对别墅、公寓等高档商品住宅的需求。就我国的情况看，目前人均 GDP 大约 3 600 美元，也就是说在经济水平上，我国还是一个发展中国家。因此，在个人住宅消费上，大多数人是难以做到一步到位的。也正是由于这个原因，梯度消费成为未来几年人们改善住房条件的一种理想选择。

为此，应鼓励消费者树立梯度消费的观念，在解决居住需求时用梯度消费理念来代替过度负债消费观念，鼓励居民解决住房问题采取“先租后买，先买旧后买新，先买小后买大，先买普通的后买档次高的，从‘安置型’到‘适用型’再到‘舒适型’，逐步改善，逐步到位”的住房梯度消费观念，求得效益的最大化。

鼓励消费者树立住房梯度消费观念，一方面要加强宣传，另一方面，要为居民住房梯度消费观念的树立和贯彻提供条件①。

（1）优化、调整房地产市场供给结构，大力发展普通低价商品住房。为促进住房市场的健康发展，正确引导居民住房消费，应进一步优化、调整市场供给结构，降低高档住宅比例，大力发展普通低价住房，加大面向中低收入家庭的住房供应，健全住房保障制度，妥善解决中低收入家庭住房问题。开发商要加强市场研究和市场定位，多生产适销对路的产品。政府部门要通过加强宏观调控，制定科学的供地计划，调整住房开发用地结构。

（2）活跃二级市场，实现一、二、三级市场联动。一方面，

① 季朗超．中国住房迎来梯度消费时代．消费经济，2003 年第 10 期。

搞活住宅二手市场可以增加有效需求，可以分层次、有步骤地改善人民群众的生产、生活条件，带动一手市场的消费，消化留存于一手市场里的大量的积压商品房，从而盘活沉淀在积压商品房上的资金，促进住房建设，以带动整个国民经济的增长。另一方面，城镇居民也可以通过一、二级市场的活跃，使自己既可获得合适满意的住房，逐步改善家居条件。同时居民亦可通过在二手市场出售旧房，以筹措购买新房的资金。

同时，住房梯度消费观念的形成也有利于住房二、三级市场进入一个联动的、互补的、活跃的良性循环，二者是相辅相成的。

二、政府住房保障是“保障居民基本居住需求”

我国还是一个发展中国家，一方面，尽管各地房价不同、居民收入水平不同，住房保障面存在较大差异。但从整体上来说广大城镇居民的收入水平还比较低，中低收入居民家庭是城镇居民家庭的主体，需要政府提供住房保障的范围比较广。特别是，我国经济正处于工业化加速、经济起飞时期，人口城市化进程加快，住房供求关系短期内还不能从根本上缓解，新进城镇人口也将对住房保障产生巨大的新的需求，这使得我国的住房保障制度必须是一种覆盖面较广的保障制度。

另一方面，财政对建立我国住房保障制度的支持能力又非常有限。尽管随着财税体制改革顺利进行，财政保持了较高的增长幅度，但与同等发展水平国家相比，我国财政收入占 GDP 的比重还维持在较低水平，住房保障只能是较低水平的基本保障。基本保障体现了住房保障制度的可持续性要求，同时又使每一个保障对象都能够满足基本的生活需求和发展机会，也保证了覆盖面广的要求。过高的住房保障水平不符合当前财政的承受能力，也容易使我们陷入西方福利国家曾经出现或正在出现的福利制的困境。

因此，我们构建住房保障制度的目的，是为解决中低收入家庭的住房困难，满足其基本的住房需要，而非满足居民改善居住水平的要求。逐步改善居住水平主要靠市场来解决，政府的住房保障承担的是有限责任。①

三、买房与租房都是住房消费的合理形式

西方国家的经验告诉我们，买房和租房都是住房消费的形式。美国1999年全部住房是1.15亿套，非季节性住房为1.12亿套，居住有居民的住房为1.03亿套，自有住房率为66.9%；日本1983年，私有住房所占比例为62.4%，1988年为61.3%，1993年私有住房进一步减少，仅为59.8%，其中三大城市圈为51.8%，其他地区为66.7%；法国1999年住房自有率为55%；德国1999年自有住房率为41%；英国2001年自有住房率为67%；澳大利亚目前私人拥有住房产权占69%。由此可见，各国的住房自有率均在70%以下，德国、瑞典、荷兰、瑞士甚至在50%以下。

市场经济发达国家住房租赁率一般在1/3以上，其中最有代表性的是美国。美国居民生活水平很高，住房消费的市场化程度也很高，美国政府也一直在鼓励居民拥有自己的住宅，但租赁住房的比例一直在1/3以上。美国1940年租赁住房的比例为56.6%，随着二战后经济的发展、基尼系数的逐步降低和社会财富的均化，住房租赁率从1940年到1960年期间降低了18.5%。从1960年以来，住房租赁率40多年来稳定在大约33%～38%之间，即略高于1/3。在美国，住房自有、租赁结构稳定合理，促进了住房经济的繁荣。

英国租赁住房的比例略低于美国，2001年为30%；日本1993年为38.5%，澳大利亚为28%；1999年法国高达45%的居民租赁住房②。

---

① 提高认识　探索创新　建立适应各地实际情况的住房保障制度．摘自刘志峰副部长在廉租住房研讨会上的讲话．北京房地产，2001年第5期。

② 刘美霞．自有和租赁住房消费结构研究．城市开发，2004年第5期。

所以，在市场经济比较发达、收入水平较高的国家，并不是每个家庭均拥有私人产权的住房，一般有1/3以上的居民依靠租赁住房实现自己的住房消费。联合国提出的"人人享有适当的住房"，是保证每个家庭都有可居之所，而非一定要拥有产权。

住房作为商品，其使用价值是作为人类最基本的生存需要的使用权；其价值则体现财产属性。因此，城镇居民最基本的住房需求即是拥有住房的使用权，而非完全实现使用权和财产权的完全拥有。因而，解决城镇居民的最基本住房需求的首要目标是保证城镇居民拥有适当的住房使用权。

我国深化城镇住房制度的目标之一是停止住房实物分配，逐步实行住房分配货币化。但在实际操作过程中，目前还存在一个误区：认为住房商品化就是卖房，租房则不是住房商品化。由于受这种错误观念的影响，我国城镇居民住房自有率远高于西方国家。2002年我国城镇居民住房自有率为82.1%[①]，我国城镇居民只有17.9%租赁住房，远远低于其他各国。如江苏省连云港市2002年末城镇居民调查中，租赁住房的仅6%。并且越到中小城市，租赁住房的需求也就越低[②]。

其实，所谓住房商品化就是住房的生产、分配、交换、消费都必须按照市场经济的机制运行，也就是说，在住房的生产上，住房建设由国家或单位为主转为以个人或房地产开发商为主；住房分配由实物分配变为货币分配，根据价值规律，按住房的商品价格出售或出租；在住房的交换上，将开放和完善地产市场，个人的住房买卖、交换行为成为住房市场交易的主体；在住房的消费上，由于住房是一种使用年限长、价值量大的特殊商品，在消费过程中的管理、维修、服务、装饰、改造等也要纳入市场经济轨道，按市场机制运行。因此，住房商品化的实现形式既可以是

① 经济日报，2003-03-26。

② 刘美霞．自有和租赁住房消费结构研究．城市开发，2004年第5期。

出售，也可以是出租①。

要解决城市里的所有居民都拥有住房产权，对政府是很大的财政压力。为此，政府不得不为开发商减免土地出让金、减免各种税收，即使如此，许多工薪阶层还是买不起。同时，开发商为了尽快回笼资金，并不愿意过多纠缠于购买者所属的收入阶层，经济适用住房就时不时地落入中高收入阶层，政府只得动用巨大的社会成本去监督开发商的销售行为。国外大城市租赁率很高的经验表明，在大城市和特大城市中，保留较高的住房租赁率，可以促进住房存量的合理流动和配置，解决中低收入阶层和城市新迁入人口的住房消费问题。

为此，对于居民的住房消费，我们应引导其消费观念，提倡“居者有其屋”，而不是“居者买其屋”。为促进住房租赁市场的发展，政府应加强对房屋出租市场的宏观管理，主要是利用税收、补贴等手段来调节租购平衡，并保障住户及房主的合法权益。

第二节　完善住房市场体系

一、完善住房供给结构，大力推行中小户型

按照第五章的分析，保障型住房的单位面积基本在 90 平方米以下，需求结构以中小户型为主。因此，住房保障制度的顺利实施，需要住房市场提供足够的中小户型住房。

（一）我国房地产市场供求结构失衡，中小户型供给不足

中央宏观调控政策实施以来，我国房地产市场发展总体平稳，宏观调控成效已经显现。特别是从 2004 年 6 月以来，房地产开发土地购置面积、商品房新开工面积与施工面积的增幅明显回落，投资需求膨胀势头得到有效控制。但是，当前部分地区存在的中低价位商品住宅供应不足、高房价商品住宅供应过剩的结

① 沈健．住房制度改革要形成租买并举格局．中国软科学，2001 年第 2 期。

构性供需矛盾依然十分突出。

现阶段，我国调整住房供应结构步伐较慢，房地产市场特别是住宅市场呈供不应求状态，开发商在高额利润驱动下，大量开发建设中高价位、大户型的商品住宅，造成一些城市高档住宅空置量迅速加大，而中低价位商品住宅供应严重不足。近几年来，90 平方米以下套型供应量占比不足 20%。在提出 90/70 的要求后，总体情况落实较好，全国平均达到了 55%，但远未达到要求的 70%①。

中高价位商品住宅供应比例过大，一方面严重脱离了广大城镇居民的购房支付能力，造成供需结构失衡；另一方面，也在相当程度上拉高了商品房平均价格，进一步刺激开发商投资兴建高档住宅，加剧市场供需关系的脱节。另外，由于我国土地资源的公共属性和稀缺性，单套户型面积过大导致单位土地户承载系数降低，就会出现私权对抗公权，侵犯他人居住权的情况。

（二）推行中小户型低价房

住房发展不仅数量需要调控，而且不同档次的住房比例也需要保持适当，这是取消住房实物分配，实行货币化分配以后，住房发展策略研究必须认真解决的主要问题。

我国是一个人多地少的国家，经济建设、城市发展面临着严峻的土地压力，在房地产业发展过程中，我们不能将房地产业发展问题一切交由市场解决，必须坚持贯彻以人为本的方针，将节约土地资源、保障居民的居住权放在首位，大力实施供应小户型住宅为主的政策。从住房面积保障标准的研究中我们可以发现，现在我国城镇居民家庭中户均人口只有 3 人，户均建筑面积达到 90 平方米已经足矣。中小户型是可以满足我国现阶段居民基本居住需求的，中低收入居民的住房需求应以中小户型为主。因

① 胡少维．加大住房保障政策实施力度，促进经济平稳健康发展．金融与经济，2009 年第 1 期。

此，住宅供应以中小户型为主，以中小户型解决住房困难户和特困户的住房问题。在推广中小户型方面，新加坡的经验值得借鉴，2004年新加坡人均国内生产总值达到2.5万美元，仍然坚持供应较小的户型，70%以上的住房低于100平方米。

此外，坚持住房供应以中小户型为主还有以下重要意义和作用：

第一，有利于在住宅建设上更好地贯彻建设节约型社会的方针，发扬艰苦奋斗的作风。

第二，可以从根本上解决住房供应的结构性矛盾，改变目前住宅套型过大的问题。

第三，在同等容积率的条件下，150平方米以上户型住宅比70～80平方米户型住宅占地多一倍。而许多几百平方米、上千平方米户型的豪宅绝大多数是低层的，占地更多。我国人口众多，每年的住宅建设量巨大，坚持供应以小户型住宅为主的政策，可以节约大量宝贵的土地。住宅面积大，供热和制冷的能耗也相应增大，因而大力推行中小户型住宅，还会使推行“节能省地型住宅”具有最大的广度。

第四，在房屋拆迁中，居民往往要求按现有的高房价进行评估补偿，从而增大了磋商时间和拆迁难度。在大幅度增加中小户型低价位住宅的比重后，就会相应地降低拆迁难度。

对于开发单套住宅标准150平方米以上的项目，我国必须考虑通过行政立法的方式加以严格限制。

二、发展住房二级市场和三级市场①

采取货币补贴的住房保障方式，要具备的一个基本的先决条

① 在住房市场一、二、三级市场的分类中，住宅一级市场又称为增量住房市场或一手房市场，即新建住宅的交易市场；住宅二级市场又称为存量住宅市场或二手房市场，泛指新建住宅经过第一次流通交易之后的再交易市场，包括已购商品房的流通交易和售后公房的上市交易，以及房屋使用权的有偿转让；住房三级市场指的是住房租赁市场。

件就是当地有足够的价格低廉的空置房屋以备出租或出售。

从国外不同收入阶层的住房变动情况看，住房市场"过滤"的特征非常显著，即高收入阶层总是最高标准的新建住房的最新消费者，其腾空房成为中产阶级的理想住房，而低收入者则住进中产阶级的腾空房。由于住房市场上的过滤效应的存在，随着经济发展，市场上会有大量的二手房流通。再加上发达国家和地区由于人口增长减速，进入了老龄社会，以及经济结构调整、城市中心的衰败等因素，许多城市都出现了大量空置房屋，导致国外的二手房市场、住房租赁市场已相当发达①，为住房需求补贴提供了良好的房源条件。目前，我国一些城市开展的差价换房和住房二、三级市场联动的方式符合这一趋势。

但由于我国房地产业的发展起步较晚，一方面，住房总量还不够，能够腾出来供中低收入者选择的住房量有限；另一方面，我国居民住房的升级换代才刚刚开始，也就是住房过滤效应还没有充分显现，这使得我国住房市场呈现一级市场一支独秀、二级市场和三级市场发展滞后的局面②。但随着我国住房存量越来越大③，人们住房支付能力的差异不断扩大，住房过滤效应开始发挥作用，住房二、三级市场将步入一个快速发展期。为此，政府应遵循住房市场发展的客观规律，大力发展住房二级市场和三级市场（住房租赁市场），为住房保障制度的实施提供可靠的住房来源。

---

① 从国外的情况来看，二手房上市的交易量是一手房交易量的5～6倍，是房地产市场的主体，租赁住房占住宅市场的40%左右。

② 近年来，我国虽然二手房交易的比例逐年提高，但仍然不足全年房屋交易量的10%。以北京为例，北京二手房与一手房的交易比是0.18∶1，与国际上5∶1的比例相差28倍，差距较大。

③ 在一些老城市中，质量尚好的旧公房占有相当大的比重，完全可以供应弱势人群居住。因此，旧公房可以成为保障型住房的重要来源。

（一）大力发展住房二级市场

1. 政府应积极扶持住房二级市场的建立和完善

市场经济条件下，政府的主要职能应该是提供公共服务，较少地直接介入经济领域。但在我国仍然处于社会主义市场经济初级阶段，市场建设尚不规范的情况下，为了加速培育市场，政府的直接扶持往往成为市场的有益补充，起到加快市场发育的作用。这样做并不是要政府用简单的行政命令去替代市场运作，而是根据经济规律和社会发展来选择适当的手段规范市场，通过充分发挥政府职能的宏观调控作用，达到住房资源的优化配置。

2. 建立一个优化的税收体系

目前，国内住房“二级市场”大都出现“有场无市”或“有市无场”状况，主要原因是税费过重，影响存量住房的销售。按照目前存量房交易税赋分析，流转税与所得税偏重。如营业税及附加 5.65%，土地增值税 30%～60%（以增值额为依据），所得税率 33%，流转税与所得税总税负相当于销售收入或经营收入的 23%，不利于培育存量住房市场交易，也造成“灰色交易”盛行，导致房地产收益流失。因此，国家要制定“低门槛”税收政策，切实减轻税收负担，培育、规范、发展房地产“二级市场”，让拥有存量房的消费者愿意出售，使中低收入阶层有能力购买存量房，促进住房“二级市场”的繁荣。

为此，各地首先应因地制宜地确定合理的税费标准，将税率规定在一个合适的标准上；其次，减少交易程序和交易环节，对于一些不必要的重复环节应予取缔，从而节省交易手续费用；最后，对涉及到的各种税费合并，更好地解决当前房地产税制交叉不一、重复征税的现象。

3. 为住房二级市场的健康发展提供快速、畅通的市场渠道

通过新闻传媒为二手房市场重新定位，扭转公众对二手房市场认识的误区。由政府倡导、银行支持，建立和完善个人信

用体系，加强对二手房贷款提供资金支持。拓宽保险业务渠道，加大支持力度，简化办理保险手续，降低收费。增加对二手房评估服务的透明度，树立价值评估的权威性。建立专门的信息网络系统，推行二手房市场信息化管理模式。由政府出面引导，建立一个良好的交易平台，使供需双方只需通过简单的网上点击，就可以清晰掌握整个区域内二手房整体态势，并根据政府指导价格准确、直接地找到满意的二手房源和目标消费者。①

4. 加大对住房二级市场的金融支持

尽管金融业对住房消费的支持力度在不断提高，住房抵押贷款已逐渐成为我国居民购房的重要资金来源，但它主要发生在住房一级市场，而对住房二级市场的支持迟缓。随着我国住房市场的进一步发展，应逐步将金融支持从住房一级市场引向住房二级市场，并逐步深化金融体制改革，加快发展房地产抵押贷款业务，积极完善一、二级市场②。

一方面，金融机构应积极地为二手房交易提供服务，比照一级市场按揭，发展住房二级市场上的组合贷款；另一方面，成立住房收购公司、发展房地产中介机构，为居民售旧买新提供便利；另外，国家对二手房交易给予税收优惠，税制设计要旨在鼓励卖旧买新改善自己居住条件的交易，使中低收入家庭购置二手房的能力获得提高。

5. 健全住房二级市场法律法规

市场经济是法制经济，需要一整套的法律规范来约束市场主体的各种行为。一个完整的市场制度应包括市场进入规则、市场竞争规则和市场交易规则等。通过上述规则的建立，明确规定住房二级市场上的各类交易主体、交易客体；研究并制定交易程

---

①② 徐海鑫．发展住房二级市场　实现居民住房梯度消费．中共乐山市委党校学报，2006年第1期。

序、价格评估、争议仲裁等重要事项；同时要提高交易机构的办事效率，建立较为快捷的产权变更登记管理制度；此外，还要加强对借公房上市之机肆意侵占国有财产的不法行为的打击力度，切实控制“炒楼”现象，促使住房二级市场形成健康有序的流通秩序。

（二）大力发展住房三级市场

培育发展住房三级市场（即租赁市场）是整个房地产业发展的组成部分，它的发展体现了房地产市场的多样性。租售并存，有利于促进房地产市场持续平稳发展，也为切实解决中低收入家庭的住房困难、构建和谐社会创造了良好的条件。

1. 规范住房三级市场的市场秩序

新的住房保障制度实施以后，由于占家庭总数 20%的低收入阶层和最低收入阶层的住房解决方式以租房为主，必然会在短时间内出现租赁住房需求大于供给的问题。为此，要防止私人房主借供求关系的失衡进行敲诈勒索。同时，还要防止他们因贪婪上涨的租金而违章建设不符合标准、容积率过高、违反建设法规的简陋房屋。另一方面要完善住房信息系统。政府应当向中低收入家庭提供信息，帮助他们寻找合适的房屋。

我国目前的中介市场不完善，信息不完全，低收入家庭不但难以找到合适的住房，而且经常上当受骗。如果管理不善，不但达不到保障这些家庭基本住房需要的目的，反而会使政府对中低收入家庭的补贴白白落入私人房主之手，扩大本来就存在的收入分配不公。政府在为低收入家庭提供信息服务时，应灵活利用合适的宣传手段，在充分利用互联网的时候，要考虑这一社会群体利用这种手段的能力。

2. 提高住房租金，纠正住房租售价格比失衡问题

从经济学供求原理来看，造成我国住房租赁市场不发达的一个重要原因是“住房租售价格比严重失衡”，导致出租房屋无利可图，住房租赁市场自然难以发展。为此，应以提高公房租金作

为切入点促进住房租赁市场的发展[①]。

长期以来，福利分配体制下的公房租赁占有很大比重，近年来，租赁市场开始出现，使得公房租赁体系和私房租赁市场并存。私房租赁市场，是符合市场经济运行机制的市场，出租和承租的主体都是市场的“经济人”，在经济学上被假设为“自私”的，是以最小的付出而取得最大效用的个体。公房租赁体系的出租者是政府或单位，沿袭着旧体制，进入租赁消费，其价格不取决于市场的供求，而取决于政府的文件，为执行该价格和进行公平运作，需要一个庞大的队伍，而收取的租金，往往低于成本。比如，2004 年北京四环以内的一居室的租住价格为 1 000～1 300 元之间，粗略地按一居室使用面积大约为 30 平方米计算，则每平方米为 33～43 元之间，而公房租赁的价格为每平方米使用面积 3.05 元，差别是 10 倍以上[②]。

在房改的初期，没有结合职工收入的增长，明确收入中含有的住房消费，没有相应提高公房的租金，使两个租赁体系并驾齐驱。根据有关的政策，公房私租是非法行为，虽然使部分职工获得的额外住房利益不能显化，但同时导致部分房屋资源的闲置，私房租赁市场极为狭小，很难繁荣起来。提高公房租赁租金，将并存的两个租赁体系合二为一，可以有效地促进租赁市场的规范和繁荣。

---

① 中国人民大学顾海兵教授甚至认为，依据我国的国情，至少在相当长的时间内不应把住房私有化作为我国房改的基本目标，而应把提高房租作为住房方向，并认为提高房租优于建立公积金制度。他算了一笔账，如果住房支出占全部收入的比重上升到 10%（相当于每平方米 3 元左右），则全国可筹集住房资金 700 亿～1 000 亿元，若将其中的一般用于住房建设，可增加住房 5 000 万平方米，可解决 500 万人住房问题。也就是说，只要 5～8 年就可解决中国的无房户和住房困难户住房问题。若这一比重上升到 25%，即每平方米月租上升到 8 元，则前景更为乐观。不管顾教授的观点是否正确，但我们通过他的分析至少可以看出，提租对于解决我国住房问题具有重要作用。

② 刘美霞．自有和租赁住房消费结构研究．城市开发，2004 年第 5 期。

与提高租金相反，在发展住房租赁市场时必须注意，如果当地住房，特别是适合于低收入者租金支付能力的住房极度缺乏时，私人房主就会趁机哄抬租金，损害低收入租住者的利益，甚至在租住者不能按时交纳租金时将其驱逐出去。因此，政府应当仿照国外的做法，对租金水平实行适当的管制。在实施管制时还应注意不要因此而挫伤私人房主的积极性，防止因限制租金水平而抑制私人住房租赁市场的发展，进而造成这个市场的萎缩。

3. 营造有利于住房租赁市场发展的外部环境

主要应从两方面入手：一是鼓励银行为开发建设租赁型普通住房的企业提供长期贷款，降低资金使用成本；二是在税收政策上，以适当的方式对以租赁经营为目的投资于普通商品住宅建设给予倾斜和优惠。

通过金融、税收支持，吸引社会闲置资金进入住房市场以租赁经营为目的的商品住宅建设，增加住房租赁市场的有效供给。同时，进一步调整出租普通住房的税收政策。通过合理确定税基，允许出租普通住房在税前扣除住房折旧及维修费用，对出租普通住房的出租人实行个人所得税减免等政策，增加租赁住房的供应，培育发展住房租赁市场。在这方面，美国的做法值得我们借鉴，美国通过对出租住房的业主实行税收豁免政策，对低收入者购房和租房实行税收优惠政策，对为低收入者开发租用住房的私人公司实行税收抵扣等政策，从供需双向鼓励住房租赁市场发展。

4. 发展住房经营公司

由于目前我国住房租赁市场欠发达，可用于出租的住房有限，可以考虑发展住房经营公司。具体操作程序是先由住房经营公司出资买下商品房，然后向居民出租。

发展住房经营公司出于以下两个目的：其一，发展住房经营公司，使它们成为住房租赁市场的做市商或中介，让它们成为连接住房供应者和住房需求者之间的桥梁，以便于低收入者能够较容易地租到适当的住房，可以起到活跃住房租赁市场的目的；其二，政府取消实物配租方式后，接受住房保障的特殊群体如孤老、烈属、残疾人等无民事行为能力人的租房事宜可转交住房经营公司办理，既可以有效解决政府逐步退出后特殊群体无人管的问题，又实现了住房保障的市场化、商品化和社会化。

三、建立以中介服务为纽带的住房交易体制

新的城镇住房保障制度是通过政府发放住房补贴、被补贴居民拿着补贴到住房市场中租房或购房的方式实施的。随着新城镇住房保障制度的建立，住房市场交易将日益扩大。为此，新住房保障制度的顺利实施需要提高住房市场的交易效率，降低住房市场的交易成本。

在住房市场的交易中，由于买卖双方都很难及时了解最新市场行情，而且交易过程中的费用十分昂贵。特别是对住房消费者来说，要想了解最新市场行情，并根据自己欲购（租）住房所处的位置、类型、建筑物及其附属设施的物理状况等确定购买（租赁）价格是件非常困难的事。因此，住房市场需要专业人员如房地产估价师、经纪人、律师等提供专业顾问服务。

房地产交易中介包括金融、法律、咨询、物业评估和经纪等，近年来发展较快，但是从整体上看，我国房地产中介服务还很不成熟，难以适应正在成长的以个人买家为主体的买方市场的需要。一方面是法规不健全，行为欠规范；另一方面是从业人员素质差，管理混乱，手段落后，从而造成许多问题。特别是购房及租房的经济组织，常常发生欺骗用户、随意收费、服务不到位等问题，引起消费者的不满。

发展我国住房市场中介服务体系，应从以下几方面着手①：

① 王来福．我国住宅市场的过滤过程障碍及其影响．东北财经大学学报，2004年第5期。

1. 加强房地产中介服务立法，进一步健全和完善我国房地产的法律法规体系

健全和完善的法律法规体系是规范市场的重要手段，可以为国内外房地产中介企业提供一个公开、公平、公正的外部竞争环境，是政府宏观管理房地产中介行业的具体体现。目前我国房地产中介行业的立法与国际惯例相比，还存在着立法滞后、立法层次低、法律效力差、缺乏系统性和配套性等问题。这严重制约着这一行业的规范化、有序化发展。因此，加强房地产中介服务的立法，建立一套符合我国国情的、适应市场经济要求并与国际惯例接轨的房地产法律法规体系成为当务之急。

2. 使房地产中介行业协会真正成为一个行业自律组织

房地产中介行业协会对本行业的管理有别于政府对行业的管理，政府主要侧重于宏观管理，而行业协会则主要侧重于对其会员的执业标准和职业道德进行自律性质的管理和服务。由于协会与各会员之间的关系较为直接，使其在行业管理中发挥着独特的作用。目前，行业协会应通过制定行业自律公约、开展行业内部资信评估等活动，自觉履行服务、协调、自律的职能，促进全行业整体素质的提高。

3. 强化企业自律，对房地产中介企业的经营机制进行创新，牢固树立“诚信”经营宗旨，加速实施品牌战略

市场经济既是法制经济，又是信用经济。房地产业及其相关的房地产中介行业，因交易的标的物位置固定、价值巨大、使用周期较长，“诚信经营，诚信服务”显得尤为重要。特别是对中介服务业来说，它向客户提供的主要是无形的服务，“诚信”更是立业之本。这就要求建立企业与个人信用档案等社会信用体系来实施社会监督和奖惩；建立起公开、公正、公平的市场竞争基础；最终淘汰“暗箱操作”，靠诈骗客户，蒙骗消费者赚取巨额利润的做法。

4. 严格中介行业的市场准入制度

应制定严格而切实有效的房地产中介行业准入制度。对中介机构准入资格严格审查，限制小规模中介机构数量，鼓励中介机构进行互惠互利的合并；同时吸引有实力的投资者介入住房二级市场，提高房地产中介行业的注册规模和经济实力；通过政府扶持，造就一批住房二级市场的职业投资者，使房地产中介行业真正成为一种规范化的、市场化的企业；加强对个人从事房地产中介行业的准入限制，通过开展房地产中介执业资格考试、房地产估价师考试、律师考试等努力提高从业人员的专业素质；大力提高从业人员的业务素质、职业道德和专业化水平，尤其是要建立科学规范的房地产经纪人制度，强化房地产经纪人的资格管理，建立健全专业资格的证书准入制度。对住房中介组织实行特许经营制度，从业人员实行持证上岗制度，加强对从业人员的法规与专业知识培训。

5. 推行房地产全程式代理服务

使中介机构从“以产定销”的后期代理走向“以销定产”的全程服务，介入房地产项目开发经营的全过程，从项目可行性研究开始，提供市场调查、项目定位、提出建筑规划及设计要求、物业管理及经营规划、销售策划、推广执行策划、全面推广销售等一条龙系列服务。

6. 建立中介信息反馈服务机制

在政府的监督和指导下，利用计算机网络等工具，建设住房租售价格动态检测系统，面向社会开放，实行有偿服务。

四、完善住房产权管理

住房市场是一个关于住房权益交易的市场，住房权属的转移是住房交易的核心。住房产权管理制度的不健全和管理手段的落后，是导致当前住房市场混乱（如多重抵押、一房卖二主、产权证书重复发放、无权证住房交易、产权性质界定不清难以确定住房价格等）的根本原因，更是制约启动和发展各级住房市场的一个关键环节。为全面启动住房市场，建议政府采取如下措施：

(1) 尽快出台相关法规，从法律上对住房的所有权、使用权、租赁权、占有权、处分权、收益权、抵押权、他项权和土地使用权等项权益范围作出明确的界定。

(2) 花大力气、下大决心做好住房产权普查、分类和发证工作，积极推进住房产权登记发证的规范化和制度化、产权产籍管理手段的现代化和产权产籍查询服务的公开化工作，为住房市场交易提供及时、准确、高效的服务，同时也为以住房为对象的税费征收提供可靠的基础。

(3) 在一个城市内部，以垂直领导的管理机构为保障，实现住房产权的统一管理，完善住房产权管理制度。规范和简化产权产籍登记过户手续，促进住房产权的流动，降低住房交易成本，提高广大居民投资住房的积极性。彻底消除由于部门之间、地区之间的利益冲突导致的多头管理、重复发证问题。

第三节　加强商品房价格的宏观调控

居民住房支付能力主要取决于居民收入和房价两个因素，住房保障政策主要是从需求方面增强中低收入阶层的需求能力，在供给方面，政府还应致力于降低与住房消费水平相差过大的住房价格，而不应该单纯地依靠住房消费水平的提高。

加强房价调控，稳定住房价格，已成为当前我国房地产市场的主旋律。而住房价格问题又是极为复杂的经济现象，必须从多方面协调配套，综合治理才能取得应有的成效。为此，笔者提出如下几点政策建议：

一、完善土地市场，严格控制地价

我国目前商品房价格构成中的地价、税、费和利润所占比重均比国外高很多。要降低我国商品房的价格，地价、税、费和利润都有下调的空间。据国土资源部对我国重点地区和主要城市2003年地价的动态监测报告显示，北京、上海、广州、深圳、杭州、苏州、常州、中山等大多城市的地价占房价的比例基本上都在20%～40%之间，北京住宅用地占商品住宅的价格比例约为35%[①]。可见，地价已经达到了建安成本的比例。

1. 改变土地拍卖市场“价高者得”的拍地规则

国土资源部于2002年5月发布第11号令，颁布实施《招标拍卖挂牌出让国有土地使用权规定》，明确规定包括商业、旅游、娱乐、商品住宅用地的经营性用地必须通过招拍挂方式出让。但是自土地交易实行招标拍卖制度以来，如何评标的问题一直未能得到科学解决。“价高者得”的拍卖规则使得“地王”不断出现，不仅拉高周边地区房价，而且使本地区的房价明显上升。其实“价高者得”并不等于高效利用，中标后建豪宅不能惠及普通百姓，应改为“高效利用者得”。所谓高效利用包括集约、节约利用土地，实现经济效益、社会效益和环境效益的高度统一，可通过研究设置若干标准，具有可操作性，提高配置土地资源的公平性和透明度。

我国是一个人多地少的国家，建设用地将长期处于紧缺状态，地价也将呈上升趋势。住宅作为民生需求，掌握好土地供给和需求的关系十分重要，为使二者平衡，适当增加住宅用地供应，对于平抑土地价格和住房价格是十分必要的。土地是最重要的资源，自由放任市场调节不足取，必须加强国家的宏观调控，除了强化国土规划之外，还应严控土地价格，使之集约、节约、合理、高效利用。

2. 变一次性拍卖为收取土地年租金

当前我国国有土地使用权出让是一次性批租，属于寅吃卯

---

① 安体富，王海勇．我国房地产市场发展和房地产税收制度改革研究．经济研究参考，2005年第43期。

粮，这不仅造成当前地价居高不下，而且使得国家损失了后期几十年的土地增值收益。往后城市政府要增加财政收入，仍需不断地征地、卖地，从而形成恶性循环。因此，不论是从保护政府土地收益角度还是从降低地价从而降低房价角度，都必须改革当前的土地供应管理制度，将现行的土地批租制改为土地年租制，由一次性收取几十年的土地出让金改为每年收取一次土地年租金（使用费），这样可以降低地价在商品房成本构成中所占比重，从而降低商品房的价格，提高房地产市场的有效需求。

改革后的土地年租金将改为在土地保有环节课征，因此有人提出将土地年租金并入物业税统一征收，但笔者不同意此观点，因为土地年租金具有明显的地租性质，将它以税收形式进行征收会形成“以税代租”的现象。以税代租的存在，很容易形成土地属于部门所有、企业所有甚至个人所有的观念，同时还会大增加税务部门工作量，甚至造成征管失控。

二、开征统一规范的物业税

按我国现行房地产税费政策，当前涉及房地产业的税种有九个，大致可分为三类：房地产取得税类、房地产保有税类和房地产转让税类。我国现行房地产税制的特点是：在房地产流通环节税种较多，税负较重；而在房地产保有环节税种较少，税负较轻。其中，在房地产开发、销售过程中，仅税种就多达 10 种，如营业税、契税、印花税、房产税、企业所得税、个人所得税、城乡维护建设税、城镇土地使用税、土地增值税、教育税附加等。收费项目就更多，这必然增加建房成本，同时也会助长不正之风。而在房地产保有阶段，却只有房产税、城镇土地使用税、城市房地产税以及耕地占用税等 4 种税，不但税种较少，而且是在一次减除原值 10%～30%的基础上征收的。

鉴于我国现阶段房地产税制“轻保有、重流转”的局面，房地产保有环节的税制改革已成为整个房地产税制改革的重心。关于房屋保有环节的税制改革，目前各界讨论较多的是物业税的问题。物业税中的“物业”是房地产的别称，物业税即是房地产税，属于财产税的一种。针对当前我国房地产税制存在的问题，参考国际物业税相关规定，我国物业税的基本框架应该作如下设计[①]：①将现行房地产保有环节的房地产税和城市房地产税合并，对土地、房产开征统一的物业税。②统一内外税制，纳税人为内外资企业单位、经济组织和个人。③适当扩大税基，要将物业税扩大到农村地区；同时，规范税收减免政策，清理税收优惠政策，实现公平税负。④以房地产评估价值作为计税依据，客观反映房地产价值，为避免重复征税，对房屋的租金收入不再征收新的物业税，而主要由营业税、城建税、教育附加以及所得税来调整。

对于社会各界担忧的、物业税征收可能导致一般居民住房实际负担增加的问题，可仿效美国的物业税制度来设计我国的物业税政策，对于自用房屋，采取一家人拥有第一套房屋免税、第二套房屋缴税的方式征收，并且第三、第四套住房的税率有一个较大幅度的提高。这样既能保护普通老百姓的正常购房需求，又能起到抑制房地产市场过热的作用，另外也可以体现国情。因为我国现阶段还处在物质资料不丰富、人民群众尚未达到基本居住水平的阶段，要努力促使我国房地产市场从当前投资多于消费的局面转向以消费为主导的购房局面。

另外，对城镇房地产开征统一的物业税，可能需要将原来不需交纳物业税的住房并入纳税范围。由于购房在前，物业税开征在后，旧房拥有者当时在进行购房决策时，物业税并没有形成一种成本预期，在这种情况下，如果以一刀切地方式对新房、旧房一律征收统一的物业税，对旧房拥有者而言显然有失公平。另

① 安体富，王海勇．我国房地产市场发展和房地产税收制度改革研究．经济研究参考，2005年第43期。

外，由于土地批租制已经实行了二十多年，目前相当数量的房地产已经一次性交纳了几十年的土地出让金，即旧房所有者已负担了多年的土地年租金，而新房购买则是采取每年交付土地年租金的形式，由于货币具有时间价值，很显然旧房已经承担了一部分额外的税费负担。解决对旧房征税问题的一个可行办法是对原有住房进行评估时，要考虑到货币的时间价值，将一次性交纳的土地出让金科学、准确地换算成土地年租金并加以扣除，然后对房地产评估价值适用较低的税率。

三、弱化住房投资功能，适度控制投资投机性购房

住房具有资产和消费两重属性，从而使得住房具有消费和投资双重功能。从资产属性来看，住房是重要的投资品，允许投资性购房存在，有利于搞活房地产市场，发展住房租赁市场。但从其消费资料属性来看，住房是用来满足居住消费需求的，最终的功能是消费，投资性购房属于住宅生产和消费之间的中间环节。投资性购房的存在有利于理顺流通环节，促进居住消费的实现。如果投资性购房需求过旺，会从两方面拉高房价：一是造成住房市场需求中的虚假因素，出现需求拉动型房价上涨；二是投资者的经济实力远高于一般自住需求者，在竞价竞争中为争夺房源，抬价购买也必然引起房价上涨。同时还要看到投资性需求的进入和退出，还会引起房价大起大落。所以，对投资性购房既要允许其存在，又不能放任自流，要控制在适度的范围内，在国外一般掌握在住房销售总量的20%以下。在政策设计上，购买第二套房的税收、贷款利率、首付款和年限等要实行必要的限制。对炒买炒卖的投机性购房活动，更要采取严厉的政策予以抑制。

四、强化房价监管，整顿房地产价格秩序

住房价格长期过快上涨，居高不下，物价部门必须担负起相应的物价监管责任。商品住宅属于市场形成价格范畴，但并不意

味着物价部门可以放弃监管。住房是人们的生活必需品，其价格高低直接影响人们的生活质量和水平。如果房价过高还影响社会安定。在市场经济条件下，政府对生活必需品的监管应当更加严格一些。

对房价加强监管的内容包括：一是成本价格监管。成本是定价的基础，物价部门可以组织建房成本调查，实施成本监督。二是利润监管。可以设置住房建设和销售最高利润限制，对哄抬房价，攫取暴利者进行经济惩处。三是建立房价申报制度，住房价格涨价要到物价部门备案，抑制任意涨价行为，维护房地产市场价格秩序。

第四节　解决进城务工人员的住房问题

一、我国解决进城务工人员住房问题的背景

目前，我国正处于由农业社会向工业社会转型的过渡时期，城镇规模不断扩大，大量人口从农村涌入城镇。20 世纪 80 年代末至 90 年代初，中国社会出现首个暴发似的大规模劳动力转移，形成了一支庞大的进城务工人员队伍。这些进城务工人员给城市带来繁荣的同时也带来了很多问题。由于进城务工人员是一个典型的由经济和社会双重因素造就的弱势群体，他们受教育程度低，收入较低。经济上的贫困决定了其生活质量较低、承受能力较弱，从而诱发了众多的社会问题。同时，进城务工人员一直被排挤于主流社会群体之外，在社会保障等方面受到一些不平等待遇，这与他们对城市建设的贡献形成了巨大的反差。有效地解决进城务工人员的住房问题对于国家的稳定、经济的发展，以及和谐社会的构建，具有深远的社会意义。

二、进城务工人员在居住方面存在的问题

成都市有关部门对进城务工人员住房现状的问卷调查显示，

进城务工人员在居住问题上存在着以下问题①：

1. 进城务工人员人均居住面积过小

近80%的人均居住面积不足15平方米，其中又有60%的务工人员居住面积在10平方米以下，且10多人甚至20多人混住的现象普遍，缺乏最基本的个人空间。

2. 进城务工人员的收入水平普遍较低，难以承受目前的房地产价格

平均月收入仅为740元左右的现状，使进城务工人员根本无力消费商品房，在没有相关政策扶持的前提下，超过半数的被调查者都没有在成都购房的打算。同时，调查也显示25～40岁这一年龄段的务工人员在成都购房的意向性比较高，他们正是处于人生的青壮年时期，对于自身的事业发展有着良好的预期，条件成熟的情况下，在成都购房是他们的梦想。但是由于现实的收入和房价的差距过大，未来的发展又带有太多的不确定性因素。所以，他们在选择购房类型时，都锁定郊区住房、政策性福利房和市区二手房等低价位房屋，而且普遍希望得到政策上的扶持。

3. 周边配套设施不到位，生活质量难以保证

由于单位提供的免费集体宿舍往往安排了过多的人员入住，使得员工的人均居住面积极低，各项生活设施紧张，缺乏基本的个人空间。在自行租赁或与人合租房屋居住的情况下，为了最大限度的降低租金，务工人员多选择城乡接合部条件简陋的民房，这类住房配套设施差，环境较为恶劣，生活质量无从谈起。

4. 用工单位在解决务工人员的住房问题上提供保障不足

建筑行业和餐饮行业一般都向员工提供集体宿舍，但是住宿条件非常有限，多人聚居的现象非常普遍，其他行业一般都没有提供住宿，由员工自行解决。调查显示，42%的务工人员所在单

① 成都市房管局进城务工人员住房问题课题组．成都市解决进城务工人员住房问题研究报告（主报告第四稿），2006年，第27～29页。

位都不提供任何形式的福利，在16%提供了住房补贴的单位中，补贴金额大多在30元/月左右，使得务工人员只能租住条件最简陋的房屋。

三、解决进城务工人员住房问题的政策建议

笔者认为解决进城务工人员住房问题的总体思路应是：把进城务工人员的住房纳入城镇建设总体规划之中，按照城镇总体规划、土地利用总体规划和房地产业发展规划，多角度、多层次统筹分析，采取多渠道解决措施，研究制定适合进城务工人员基本特征和实际情况的住房保障政策。

1. 多角度解决进城务工人员住房问题

第一，从政府的角度，解决进城务工人员的住房问题。在十六届五中全会公报和国家“十一五规划”中，都先后提出了要重点解决“三农”问题和进城务工人员的相关社会问题。住房作为基本生存资料，是政府关注的重点。因此，笔者建议：城镇政府实行政府统租制度，由政府直接补贴租金差价；对符合条件的进城务工人员购买中低价位住房提供购房补贴；鼓励用工企业和农村集体经济组织利用自有土地集资建房用于出租；扩大住房补贴、住房公积金保障范围；制定和规范单位集体宿舍、建筑工棚的建筑标准，改善进城务工人员的居住条件。同时在相关部门之间进行协调，加大部门间的配合力度，制定行之有效的政策措施。

第二，从社会的角度，多方面聚集财力解决进城务工人员的住房问题。建立“城镇住房保障基金”。每年都会新增大批的学校毕业生、失地农民、下岗工人以及进城务工人员成为城市的“新市民”，要解决他们的居住问题，除了政府行为以外，还必须发动社会的力量，建立“城镇住房保障基金”，纳入专项社会慈善系统；基金的增值收益主要用于城镇的“租房补贴计划”，解决进城务工人员乃至整个城镇低收入家庭的住房问题。其资金来

源主要是住房公积金增值收益和社会各界尤其是企业的慈善捐赠，捐赠的金额可按比例冲抵企业的一部分税金。

第三，从用工单位的角度，严格执行用工单位的住房保障义务。单凭政府行为很难有效解决大量进城务工人员的住房问题，因此必须充分调动用工单位的力量。用工单位应为员工发放住房补贴、缴纳住房公积金、按政府制定的标准改善集体宿舍和工棚的居住条件，同时，对有条件的企业，鼓励其自建员工住宅。

2. 多渠道妥善解决进城务工人员的住房问题

鉴于进城务工人员结构的复杂性，需要通过多种渠道解决其住房问题。成都市的调查结果显示，目前成都市的进城务工人员约有45%的进城务工人员是通过租赁的方式来解决住房问题，另有约49%的人免费居住建筑工棚和单位提供的集体宿舍。在对住房的需求上，43%的进城务工人员选择了租赁房屋。同时，有超过80%的进城务工人员希望能够改善居住条件，但大多数人认为目前改善尚有困难。结合进城务工人员流动性较强的基本特征，要解决城镇进城务工人员的住房问题，应从供应体系和分配体系两个方面进行。供应体系包括政策渠道和市场渠道，以市场渠道为主要解决渠道；分配体系包括租金补贴、购房补贴和住房公积金等渠道。

第一，供应体系的市场渠道。大力推动城镇住房租赁市场的健康发展，健全中介行业规范，通过行业协会自律和政府监督相结合的方式，促进房屋租赁市场的良性发展；通过对存量住房合理的价格指导、严格的登记管理以及合同规范、降低税费等方式，促进现有的存量住房更多地进入租赁市场，为进城务工人员提供质优价廉的住房。

第二，供应体系的政策渠道。建议各城镇政府在解决好城镇居民基本居住问题的基础上，扩大城镇居民住房制度的保障范围，取消户籍限制，将进城务工人员纳入其中，使得住房保障对象不仅包括具有城镇户口、住房困难的中低收入阶层，而且也包括住房困难的进城务工人员。

第三，分配体系。针对进城务工人员收入较低，住房消费负担能力较弱的特点。除了在住房供应上采取相应措施外，还要采取相应的转移分配措施，增强其住房消费能力，提高其居住水平。建议城镇政府向进城务工人员发放住房补贴，逐步建立进城务工人员的住房公积金制度等形式，调整进城务工人员的住房消费比例，提高其住房消费能力。

目前我国城镇政府的财政支付能力有限，不可能一举解决所有人的住房问题，且进城务工人员具有流动性强、结构复杂等特点。笔者建议，城镇居民的住房保障问题应分类分步解决，首先解决具有城镇户口的居民的基本居住问题，然后再解决进城务工人员的基本居住问题。而且，进城务工人员具有与城镇居民不同的特点，其住房保障模式的建议不能照搬城镇居民住房保障模式。为更好地解决进城务工人员的住房问题，应建立专门针对进城务工人员的住房保障体系。

主要参考文献

[1] Acosta Rodrigo. Urban land and property markets in Franc. London: UCL Press, 1993.

[2] Aldrich Brian. Housing the urban poor: policy and practice in developing countries. London: Zed Books, 1995.

[3] Arnott, R.. Rent control: the international experience. Journal of Real Estate Finance and Economics 1: 3, 1988.

[4] Anas, A. and R. J. Arnott. The Chicago prototype housing market model with tenure choice and its policy implication, Journal of Housing Research 5, 1994.

[5] Apgar, W. C.. Which housing policy is best? . Housing Policy Debate 1, 1990.

[6] Birchall J. ed.. Housing policy in the 1990s. London: Routledge, 1992.

[7] Ching-ling T.. Housing policy and high-rise living: a study of Singapore's public housing. Singapore. : Chopmen Pub, 1988.

[8] Cheshire, P. and S. Sheppard. British planning policy and access to housing. Urban Studies 26, 1989.

[9] Fainstein S, Campbell S.. Readings in urban theory. Oxford: Blackwell, 1996.

[10] Frieden, Bernard J.. Housing Allowances: An Experiment That Worked. The Public Interest 59, 1980.

[11] Galster, G.. Comparing demand side and supply-side housing policies: market and spatial perspectives. Housing Studies 12, 1997.

[12] Gyourko, J. and P. Linneman. Equity and efficiency aspects of rent control: an empirical study of New York City. Journal of Urban Economics 26, 1990.

[13] Hancock, K.. Can't pay, won't pay: or economic principles of affordability. Urban Studies 30, 1993.

[14] Harloe M.. New Idea For Housing: the Experience of Three Countries. London: Shelter, 1990.

[15] Hays R A.. Ownership, control, and the future of housing policy. London: Greenwood, 1993.

[16] HDB.. Annual Report 1994/1995. Singapore, 1995.

[17] Hills, J., Hubert, F., Tomann, H. and Whitehead, C.. Shifting subsidies from bricks and mortar to people: experiences in Britain and West Germany. Housing Studies, 1990. 5 (3).

[18] Holmans, The 1980's National Housing Policy Review in Retrospect, Housing Studies, 6: 3, July 1991.

[19] Joseph Gyourko and Peter Linneman. Equity and Efficiency Aspects of Rent Control: An Empirical Study of New York City. Journal of Urban Economics 26, 1989.

[20] Joseph Gyourko and Peter Linneman. Rent Control and Rental Housing Quality: A Note on the Effects of New York City's Old Control. Journal of Urban Economics 27, 1990.

[21] Kemeny J. From Public Housing to the Social Market: Rental Policy Strategies in Comparative Perspective. London: Routledge, 1995.

[22] Kingsley G T.. Housing and Family Wealth: comparative International Perspective. London: Routledge. 1995.

[23] Maipezzi Stephen K. Mayo with David J. Gross: Housing Demand in Developing Countries, World Bank Staff Paper No. 733, World Bank, Washington D. C, 1985.

[24] Malpezzi, S. and G. Ball. Rent Control in Developing Countries. World Bank Discussion Paper No. 129, 1991.

[25] Margolis, S.. Depreciation of housing: an empirical consideration of the filtering hypothesis. Reviews of Economics and Statistics 64, 1982.

[26] Mayo, S. K.. Sources of inefficiency in subsidized housing programs: a comparison of U. S. and German experience. Journal of Urban

Economics 20，1986.

[27] Mulkh Raj，and Peter Nientied. Housing and Income in Third World Urban Development. Oxford & IBH Publishing Co. Pvt. Ltd.，1990.

[28] Navarro，Peter.. Rent Control in Cambridge，Massachusetts. Public Interest 91，1987.

[29] Ohls，James C.. Public Policy toward Low-Income Housing and Filtering in Housing Markets. Journal of Urban Economics 2，1975.

[30] Olsen，Edgar.. Housing Programs and the Forgotten Taxpayer. The Public Interest 66，1982.

[31] Pryor E G.. Housing in Hong Kong. Hong Kong：Oxford Univ. Pr，1983.

[32] Peterson，W.，C. Pratten and J. Tatch. An Economic Model of the Demand and Need for Social Housing. Department of Environment，Transport and the Regions，London，1988.

[33] Pozdena，R. J.. The Modern Economics of Housing：a Guide to Theory and Policy. Quorun Books，Greenwood Press，1988.

[34] Retsina，N. P. and Belsky，E. S.（eds.）.. Low Income Homeownership：Examining the Unexamined Goal. Washington D. C：Brookings Institution Press，2002.

[35] Rosen，K. T. and L. B. Smith. The price adjustment process of rental housing and the natural vacancy rate. American Economic Review 73，1983.

[36] Rydell，C. P.. Measuring the supply response to housing allowances. Papers of the Regional Science Association，37，1976.

[37] Smeeding，Timothy M.. Alternative Methods for Evaluating Selected In-Kind Transfer Benefits and Measuring Their Effect on Poverty. Technical Paper no. 50，U. S. Bureau of the Census，Washington D. C.，1982.

[38] Smith，Lawrence B.，and Peter Tomlinson.. Rent Control in Ontario，Roofs or Ceilings. American U. S. Department of Housing and Urban Economics Journal 9，1981.

[39] Struyk，Raymond J.，and Mac Bendick.. Housing Vouchers of the

Poor. Washington D. C.：Urban Institute，1981.

[40] Vale Brenda. Prefabs. a history of the UK temporary housing programme. London：E & FN Spon，1995.

[41] Weicher，J. and T. Thibodeau. Filtering and housing market. Journal of Urban Economics 23，1988.

[42] Wheaton，W. C.. Life-cycle theory，inflation and the demand for housing. Journal of Urban Economics 18，1985.

[43] Whitehead，C. M. E.. From need to affordability. Urban Studies 8，1996.

[44] William B. Brueggeman. Federal Housing Policies：Subsidized Housing，Filtration and Objectives. A Reply. Land Economics，Vol. 50，No. 3，1974.

[45] Yongheng Deng，John M. Quigley，Robert Van Order，Freddie Mac. Mortgage loans：The costs of public subsidy. Regional Science and Urban Economics 26，1996.

[46] Yu. F.-L. and S.-M. Li.. The welfare cost of Hong Kong's public housing program. Urban Studies，1985.

[47] [法] 卡特琳·米尔丝著，郑秉文译．社会保障经济学．法律出版社，2003.

[48] [美] 阿瑟·奥沙利文著，苏晓燕等译．城市经济学（第四版），中信出版社，2003.

[49] [美] 布兰查德，费希尔．高级宏观经济学．经济科学出版社，1994.

[50] [美] 丹尼斯·C·缪勒著，杨春学等译．公共选择理论．中国社会科学出版社，1999.

[51] [美] 丹尼斯·迪帕斯奎尔，威廉·C·惠顿著，龙奋杰等译．城市经济学与房地产市场．经济科学出版社，2002.

[52] [美] 查尔斯·H·温茨巴奇等著，任淮秀等译．现代不动产（第五版）．中国人民大学出版社，2001.

[53] [美] 理查德·M·贝兹等著，董俊英译．不动产评估基础（第五版）．经济科学出版社，2002.

[54] [英] 保罗·切希尔主编，安虎森等译．区域和城市经济学手册（第1、2、3卷）．经济科学出版社，2003.

[55] [英] 尼古拉斯·巴尔著，郑秉文，穆怀中等译．福利国家经济学．中国劳动社会保障出版社，2003.

[56] 包宗华．住宅与房地产．中国建筑工业出版社，2002.
[57] 蔡德容．中国城镇住房——理论、实践与改革思路．中国统计出版社，1991.
[58] 陈伯庚等．城镇住房制度改革的理论与实践．上海人民出版社，2003.
[59] 曹振良等．房地产经济学通论．北京大学出版社，2003.
[60] 曹振良等．中国房地产业发展与管理研究．北京大学出版社，2004.
[61] 曹政言，黄望平．企业住房分配货币化改革与实践．石油工业出版社，2001.
[62] 陈默．世界住宅概况．励志出版社，1993.
[63] 成思危．中国城镇住房制度改革——目标模式与实施难点．民主与建设出版社，1999.
[64] 成都市房管局进城务工人员住房问题课题组．成都市解决进城务工人员住房问题研究报告（主报告第四稿），2006.
[65] 董寿昆．住宅经济比较研究．中国金融出版社，1988.
[66] 方福前．公共选择理论——政治的经济学．中国人民大学出版社，2000.
[67] 关柯等．现代住宅经济．中国建筑工业出版社，2002.
[68] 国务院住房制度改革领导小组办公室．城镇住房制度改革．改革出版社，1994.
[69] 国务院住房制度改革领导小组办公室，中国经济体制改革杂志社．住房制度改革实用全辑．中国经济体制改革杂志社，1991.
[70] 国务院住房改革领导小组办公室．城镇住房制度改革．改革出版社，1994.
[71] 胡寄窗．中国经济思想史简编．中国社会科学院出版社，1981.
[72] 胡彬．制度变迁中的中国房地产业．上海财经大学出版社，2002.
[73] 胡宁生．现代公共政策研究．中国社会科学出版社，2000.
[74] 建设部住宅与房地产业司，建设部住房制度改革办公室．当前住房制度改革政策问答．中国物价出版社，1998.
[75] 建设部，国家发展计划委员会，国土资源部．关于大力发展经济适用住房的若干意见．第13条，1998.
[76] 李珍．社会保障理论．中国劳动社会保障出版社，2001.

[77] 李振明．经济转型与居民消费结构演进．经济科学出版社，2002.
[78] 李润发．中国房改与房地产实务全书（上、下卷）．中国经济出版社，1998.
[79] 厉以宁．中国住宅市场的发展与政策分析．中国物价出版社，1999.
[80] 孟晓苏．中国房地产业发展的理论与政策研究．经济管理出版社，2002.
[81] 穆怀中．国民财富与社会保障收入再分配．中国劳动社会保障出版社，2003.
[82] 牛凤瑞．中国房地产发展报告．社会科学文献出版社，2004-2008.
[83] 倪鹏飞．中国住房发展报告（2009—2010）．社会科学文献出版社，2009.
[84] 钱世明．公平分配——理论和战略．上海社会科学院出版社，1994.
[85] 上海市房产经济学会．国外（地区）住房法规选编．上海社会科学院出版社，2001.
[86] 孙光德，董克用．社会保障概论．中国人民大学出版社，2000.
[87] 田东海．住房政策：国际经验借鉴和中国现实选择．清华大学出版社，1998.
[88] 王 微．住房制度改革．中国人民大学出版社，1999.
[89] 徐鑫堂．经济住宅．作者书社，1951.
[90] 谢贤程．香港房地产市场．商务印书馆（香港）有限公司，1995.
[91] 姚玲珍．中国公共住房政策模式研究．上海财经大学出版社，2003.
[92] 杨继瑞等．房地产新政．西南财经大学出版社，2005.
[93] 杨鲁，王育琨．住房改革：理论反思与现实的选择．天津人民出版社，1992.
[94] 褚超孚．城镇住房保障模式研究．经济科学出版社，2005.
[95] 郑功成．社会保障学．商务印书馆，2004.
[96] 张世贤．公共政策论．五南图书出版社，1986.
[97] 张京等．房改——无限需求的终止．中国财政经济出版社，1992.
[98] 张泓铭．住宅经济学．上海财经大学出版社，1998.
[99] 张红．房地产经济学讲义．清华大学出版社，2004.
[100] 中华人民共和国国民经济和社会发展第十一个五年规划纲要．新华网，2006-03-16.

[101] 日照首推经济适用房货币化，率先实行货币直补．半月谈．2005 (5).
[102] 日照经济房直补政策由暗补变明补 困难家庭补贴 5 万．半岛网，2005-11-04.
[103] 为穷人建房的宁波方案．南方周末，2005-11-10.
[104] 美国、德国与墨西哥让低收入者安居的经验．文汇报，2005-04-26.
[105] 安体富，王海勇．我国房地产市场发展和房地产税收制度改革研究．经济研究参考．2005 (43).
[106] 包宗华．关于房价收入比的再研究．城市开发，2003 (1).
[107] 包宗华．学习新加坡，大力推行小户型低价房．中国房地产报，2005-06-14.
[108] 成都市房管局．成都市建立廉租住房制度的实践与探索．2001-03-08.
[109] 陈承明，安翔．居民收入分布的偏态格局及其矫正．经济理论与经济管理，2003 (8).
[110] 陈泽奎，郭红兵．低收入者住房问题的国际比较及借鉴．贵州商业高等专科学校学报，2004 (9).
[111] 陈新政．浅析住房社会保障制度中存在的问题．长江建设，2003 (3).
[112] 陈则明．住房占有的 X^2 分布模型．中国房地产研究，2002 (4).
[113] 陈敏等．浙江省城镇居民住房消费情况调查报告．浙江统计，2002 (1).
[114] 蔡兴发．试论住房政策目标的选择．城市管理，2002 (3).
[115] 常州市城调队．居民住房消费之心态．江苏统计，2000 (9).
[116] 代英姿．房改给低收入家庭带来了多大好处——关于沈阳市城镇低收入家庭住房状况的调查研究．经济社会体制比较，2003 (5).
[117] 董潘．关于房地产市场的 17 个观点与两万言书．新浪房产频道，2005-07-29.
[118] 杜伟．当前住宅市场的需求态势分析——以成都市住宅市场为例．中国房地产，2003 (6).
[119] 杜文．论我国小康进程中的住房保障体系建设．经济体制改革，2004 (6).
[120] 邓宏乾．关于住房保障制度的政策选择．中国房地产，2000 (6).

[121] 方瑛梅．英国的住房制度及其借鉴．上海财税，1997（8）．
[122] 冯宗容．廉租房运作机制评析及创新．经济体制改革，2002（3）．
[123] 高波，毛丰付．房价与地价关系的实证检验：1999—2002．产业经济研究，2003（3）．
[124] 郭松海，张淑琴．我国小康社会住房问题探讨．理论学刊，2005（1）．
[125] 郭晓玲．住宅市场逆向选择问题研究．内蒙古科技与经济，2003（2）．
[126] 郭惠英．中国居民消费演变的实证分析．消费经济，2002（5）．
[127] 辜胜阻，李正友．住房双轨制改革与住宅市场启动．社会学研究，1998（6）．
[128] 构建社会主义和谐社会与社会保障体系建设．经济研究参考，2005（21）．
[129] 韩冰．我国城镇居民住房消费水平研究．城市问题，2002（2）．
[130] 胡志刚．建立和完善住房保障体系的新思考（上）．中国房地产，2003（3）．
[131] 胡志刚．建立和完善住房保障体系的新思考（上）．中国房地产，2003（4）．
[132] 湖南省住房保障发展战略研究课题组．经济适用住房问题理性思考．求索，2004（3）．
[133] 宏观经济研究院投资研究所课题组．居民住房支付能力评价指标比较与分析．宏观经济研究，2005（2）．
[134] 建设部政策研究中心课题组．全面建设小康社会居住目标研究．经济研究参考，2005（23）．
[135] 空竹．中国城镇住房制度改革理论政策与实践的发展（上、中、下）．北京房地产，1996（10）-（12）．
[136] 季朗超．中国住房迎来梯度消费时代．消费经济，2003（5）．
[137] 柯年满．美国的公共住宅政策及启示．中外房地产导报，2000（11）．
[138] 龙驰．住房政策中“砖头补贴”与“人头补贴”的经济学分析．中国房地产金融，2004（7）．
[139] 刘玉录．城镇居民收入与住房政策设计．中国房地产，1997（9）．

[140] 刘颖．城市贫困群体住房保障政策的经济效应分析．经济体制改革，2004 (5).

[141] 刘琪．成都市经济适用房供应机制解析．四川省情，2005 (5).

[142] 刘洪玉，沈悦．房地产价格 VS 社会经济的协调发展．中国房地信息，2004 (1).

[143] 刘洪玉，耿媛元．住房支付能力分析．建筑经济，1999 (7).

[144] 李小荣．瑞典的住房．中国房地产，2004 (4).

[145] 李斌，孙玉波．亟待解决的难题：住房"夹心层"．新华网，2002-08-07.

[146] 李明．联合国在包头召开的中低收入者住房发展会议综述．山东房地产，2002 (5).

[147] 李鹏雁等．从有效需求看政府在提高居民购房能力中的作用．商业研究，2002 (1).

[148] 李维哲．香港住房保障：不干预原则下的'干预'措施．中国房地信息，总第 206 期．

[149] 李松龄．公平与效率的准则——福利经济学公平、效率和分配观的比较．广西经济管理干部学院学报，2002 (7).

[150] 李曰琴，李风圣．论市场体制与效率和公平的关系——从福利经济学三个定理谈起．社会科学辑刊，1995 (1).

[151] 李文诞，刘洪玉．中美住房支出比较．中国房地产，2002 (10).

[152] 李勇辉，修泽睿．我国城镇住房制度改革对收入分配影响分析．当代经济研究，2005 (5).

[153] 厉伟，但承龙，李志国．梯度消费与住房二级市场建设．消费经济，2001 (5).

[154] 孟晓苏．住房政策的国际经验与启示．中国软科学，1998 (7).

[155] 穆怀中．社会保障适度水平研究．经济研究，1997 (2).

[156] 聂梅生．中国低收入家庭住房的政策与措施．联合国第二届世界城市论坛，巴塞罗那，2004 年 8 月．

后　记

本书是在我的博士学位论文《中国城镇住房保障制度研究》以及我主持的四项课题：四川省哲学社会科学“十一五”规划项目《四川省城镇住房保障与政府职责问题研究》(SC07C009)、成都市社科基金《成都市廉租房制度设计研究》、西南民族大学中央高校基本科研业务费专项项目《西部地区加快保障性住房建设的实现路径》(09SZYZJ11)、西南民族大学博士创新基金《住房保障的路径选择与制度创新》等五项研究成果的基础上修改而成的。

借本书出版之际，我首先要衷心感谢我的博士导师白云升教授。师恩难忘！正是白老师的言传身教和悉心指导，将我带进了房地产领域学术研究的殿堂，并教给我严谨的求学态度和治学之风。攻博三年，除了在学术研究上给我指导以外，白老师的专业精神和高尚人格，也将是我终生学习的楷模。

其次，感谢培养我的西南财经大学工商管理学院，赵国良教授、郭元晞教授、刘灿教授、丁任重教授、赵振铣教授、李一鸣教授、何永芳教授、马明宗教授以及其他老师的学术思想深深影响着我。感谢曾永江博士、程林林博士、文杰博士、吴凡博士、翁志刚博士、许宁博士、张伟博士、谢强博士、何志强博士、陈云川博士、罗永明博士等众多师兄弟姐对我的帮助。

第三，感谢西南民族大学管理学院的张为波书记、刘晓鹰院长、刘晓红副院长、聂晶副院长以及全体同仁在工作和学习等多个方面给予我的关心和指导。感谢西南民族大学研究生部蔡伟民部长、科技处卢亚兰处长、成教院高阳院长、学生处韩秀英处长、民族研究院时光院长等领导一直以来的关心和爱护。感谢管理学院刘成高博士、李勇博士、叶樊妮博士、赵新军博士等在学术研究方面提供的大量帮助。

第四，感谢达州市国土资源局朱明仓局长、四川省国土资源厅信息中心王帆飞、四川省国土资源厅土地利用处杨韬硕士以及成都市国土局周鸿德局长、杜文博士、白肖云等在学术观点的讨论和研究资料的收集上给予的帮助。

第五，我要深深感谢我的妻子杨坤，她默默无私地支持我，殷殷地期盼激励着我不断进取，有了她的理解和支持，才使我有更多的精力和时间来从事学术研究。

最后，我要感谢我的父母。在我的人生道路上，父母的爱与教诲给了我极大的激励。多年在外求学、工作，不能时时照顾他们，使他们不能尽享天伦之乐，深感内疚。

谨以此文献给我最最可爱的宝贝女儿——郭思齐。

郭玉坤

2010年5月于成都

图书在版编目（CIP）数据

中国城镇住房保障制度设计研究／郭玉坤著．—北京：中国农业出版社，2010.6
ISBN 978-7-109-14561-0

Ⅰ.①中… Ⅱ.①郭… Ⅲ.①城镇-住宅-社会保障-研究-中国 Ⅳ.①D632.1

中国版本图书馆 CIP 数据核字（2010）第 079658 号

中国农业出版社出版
（北京市朝阳区农展馆北路 2 号）
（邮政编码 100125）
责任编辑 赵 刚

中国农业出版社印刷厂印刷 新华书店北京发行所发行
2010 年 7 月第 1 版 2010 年 7 月北京第 1 次印刷

开本：850mm×1168mm 1/32 印张：9.5
字数：233 千字 印数：1～2 000 册
定价：30.00 元